“十二五”国家重点出版物出版规划项目

教·育·改·革·与·发·展·研·究·书·系

教育优惠法理研究

马雷军 著

黑龙江教育出版社

图书在版编目（CIP）数据

教育优惠法理研究 / 马雷军著. -- 哈尔滨 : 黑龙江教育出版社, 2015.12
（教育改革与发展研究书系 / 田慧生主编）
ISBN 978-7-5316-8561-6

Ⅰ. ①教… Ⅱ. ①马… Ⅲ. ①教育制度－优惠政策－法理学－研究 Ⅳ. ①G512②D912.101

中国版本图书馆CIP数据核字(2015)第321642号

教育改革与发展研究书系

教育优惠法理研究

Jiaoyu Youhui Fali Yanjiu

马雷军 著

责任编辑	王　爽　张　晶
封面设计	朱建明
责任校对	唐彦伟
出版发行	黑龙江教育出版社 (哈尔滨市南岗区花园街158号)
印　　刷	黑龙江远东联达教育文化传媒有限公司
开　　本	787毫米×1092毫米　1/16
印　　张	13.25
字　　数	200千
版　　次	2016年1月第1版
印　　次	2016年1月第1次印刷

书　　号 ISBN 978-7-5316-8561-6　　**定　　价** 40.00元

黑龙江教育出版社网址:www.hljep.com.cn
如需订购图书,请与我社发行中心联系。联系电话:0451-82533097　82534665
如有印装质量问题,影响阅读,请与我公司联系调换。联系电话:0451-84560820
如发现盗版图书,请向我社举报。举报电话:0451-82533087

丛 书 主 编:田慧生
丛书副主编:刘　芳
丛 书 策 划:丁一平　赵　力
政策卷主编:吴　霓
学前卷主编:霍力岩

序

马雷军的书稿《教育优惠法理研究》终于要出版了,我由衷地为他的成长感到高兴。马雷军是我在西南大学担任博士生导师以来培养的第一位教育法学方向的博士。对"教育优惠"进行法理研究,其一是因为系统地对教育优惠进行研究不仅可以填补理论研究中的空白,更可以为当前教育改革和发展中的实践难题提供解决的思路,而且这个难题不仅是我国现阶段所呈现的问题,更是世界领域中共有的问题。其二是因为我在2007年出版了《教育优先法理研究》一书,教育优惠的研究是教育优先相关研究的延伸和拓展,其着眼点从人的优先发展、受教育权的优先发展逐渐延伸到教育内部成员间资源分配的合理化问题。针对教育优惠的法理进行研究,是在教育优先法理研究基础上的进一步拓展。

教育优先和教育优惠都是教育政策、教育法学领域的重要主题,涉及国家的教育政策和教育立法以及社会科学的众多领域。应当说,教育优先的研究更加着重于教育外部领域,是对教育与政治、经济、军事、文化等解决社会发展因素的次序研究,并通过此研究揭示教育对于社会发展的基础性作用及其实施途径。相对于教育优先的研究,教育优惠的研究更加聚焦于教育内部领域,是对教育资源再分配的深入研究。《国家中长期教育改革和发展规划纲要(2010-2020年)》提出了"优先发展、育人为本、改革创新、促进公平、提高质量"的二十字工作方针,确定了我国教育改革与发展的基本方向。应当说,教育优先为我国教育实现跨越式发展提供了良好的政策基础。而在教育资源日渐丰富以后,教育内部现有资源的合理分配就成了一个新的问题。在有限的资源范围之内,是对所有受教育者平均地分配教育资源,还是应当对一些特殊受教育者群体倾斜式地分配教育资源就成为问题之一。这些特殊受教育群体如何确定,向他们倾斜配置的资源种类与数量如何确定就成为问题之二。这种倾斜式的资源配置如何确定,是决定我国教育改革和发展中能否实现教育公平的重要基础,也是举办人民满意教育的重要保障。马雷军在这方面的研究和探索,应当说具有理论研究和实践探索的双重价值,其中的一些结论在今后教育政策制定与立法中都有重要的参考价值。

马雷军在攻读博士之前就具有丰富的教育实践经验,也具有扎实的法学功底,这都为其能够成功地完成教育优惠的法理研究奠定了坚实的基础。希望他在今后的研究中,能够取得更多的、更高质量的成果。

孙霄兵

2016 年 1 月于北京

目　录

绪论 …………………………………………………………………………… (1)

一、问题提出 …………………………………………………………………… (1)

(一)教育规模发展给教育公平带来新挑战 ……………………………… (1)

(二)教育优惠研究是一个亟待解决的问题 ……………………………… (4)

(三)教育优惠制度是一个社会关注的现实问题 ………………………… (4)

(四)本研究的研究范畴与研究定位 ……………………………………… (6)

二、概念界定 …………………………………………………………………… (6)

(一)优惠 ……………………………………………………………………… (6)

(二)教育优惠 ………………………………………………………………… (8)

三、研究意义 …………………………………………………………………… (10)

(一)理论意义 ………………………………………………………………… (10)

(二)实践意义 ………………………………………………………………… (11)

四、文献综述 …………………………………………………………………… (12)

(一)各类教育优惠制度研究 ……………………………………………… (13)

(二)优惠性差别待遇的研究 ……………………………………………… (16)

(三)现有研究评述 ………………………………………………………… (17)

第一章　教育优惠的历史与现状 ……………………………………… (18)

一、教育优惠的历史演进 ……………………………………………………… (18)

(一)特权起源期:基于等级权利基础之上的教育优惠 ………………… (18)

(二)平权过渡期:基于平等权利基础之上的教育优惠 ………………… (22)

(三)多样发展期:基于平等事实基础之上的教育优惠 ………………… (28)

二、教育优惠的现状 …………………………………………………………… (31)
(一)补偿式教育优惠的现状 ……………………………………………… (34)
(二)激励式教育优惠的现状 ……………………………………………… (59)
(三)引导式教育优惠的现状 ……………………………………………… (63)
(四)连带式教育优惠的现状 ……………………………………………… (67)
第二章　教育优惠的理论分析……………………………………………… (70)
一、教育优惠的多学科理论基础 ………………………………………… (70)
(一)教育优惠的法理学理论基础:权利平等 …………………………… (70)
(二)教育优惠的社会学理论基础:社会分层与社会流动 ……………… (75)
(三)教育优惠的伦理学理论基础:补偿正义 …………………………… (80)
(四)教育优惠的教育学理论基础:多元文化教育 ……………………… (83)
二、教育优惠中的价值选择 ……………………………………………… (87)
(一)教育平等 ……………………………………………………………… (87)
(二)全体人的全面发展 ………………………………………………… (113)
三、教育优惠的理论分析框架:比例待遇理论 ………………………… (124)
(一)比例待遇的含义 …………………………………………………… (124)
(二)比例待遇的基础 …………………………………………………… (127)
(三)比例待遇的内容 …………………………………………………… (130)
第三章　教育优惠的制度分析 ……………………………………………… (137)
一、制度分析理论……………………………………………………………… (137)
(一)教育优惠中的制度 ………………………………………………… (137)
(二)制度分析理论的内容 ……………………………………………… (143)
二、各类教育优惠合理性的制度分析…………………………………… (146)
(一)补偿式教育优惠制度的合理性分析 ……………………………… (147)
(二)激励式教育优惠制度的合理性分析 ……………………………… (149)
(三)引导式教育优惠制度的合理性分析 ……………………………… (153)
(四)连带式教育优惠制度的合理性分析 ……………………………… (155)

三、我国教育优惠制度中存在的问题 …… (157)
(一)教育优惠制度的对象分层 …… (157)
(二)教育优惠制度的内容引导 …… (159)
(三)教育优惠制度的幅度规范 …… (160)
第四章　完善我国教育优惠制度的建议 …… (162)
一、我国教育优惠制度体系的建构 …… (162)
(一)我国的教育法律体系 …… (162)
(二)我国教育优惠制度体系的地位 …… (164)
(三)我国教育优惠制度体系的构成 …… (165)
二、我国教育优惠制度基本原则的确立 …… (168)
(一)公益原则 …… (169)
(二)差别原则 …… (170)
(三)比例原则 …… (171)
三、我国教育优惠制度立法内容的发展趋势 …… (172)
(一)补充教育优惠的法条 …… (172)
(二)明确教育优惠的对象 …… (173)
(三)健全教育优惠的方式 …… (176)
(四)完善教育优惠的程序 …… (180)
(五)调整教育优惠的时效 …… (184)
结　　语 …… (187)
参考文献 …… (189)

绪　论

一、问题提出

（一）教育规模发展给教育公平带来新挑战

近年来，中国在教育方面取得的成绩是举世瞩目的。在基础教育方面，到2008年底，实现“两基”（基本普及九年义务教育和基本扫除青壮年文盲）验收的县（市、区）累计达到3 038个（含其他县级行政区划单位207个），占全国县（市、区）总数的99.1%，“两基”人口覆盖率达到99.3%。以上数字表明，我国用了20多年的时间走完了发达国家上百年才完成的普及义务教育历程，义务教育的普及程度已经位居发展中人口大国的前列，并达到或超过世界中等收入国家的平均水平。在高等教育方面，经过10年努力，我国高等教育规模先后超过俄罗斯、印度、美国，成为世界第一。2002年，我国高等教育毛入学率达到15%，进入大众化发展阶段。2009年，全国各类高等教育在学总规模2 979万人，是1998年的3.8倍；高等教育毛入学率达到24.2%，比1998年增长14.4个百分点；具有高等教育文化程度的人口数达9 830万人，主要劳动年龄人口受过高等教育的比例达到9.9%。

从上面的数字我们可以看出，我国教育几年来在“量”的方面取得重大进展，基本解决了“有学上”的问题。但是值得我们注意的是，社会各界对教育公平的批评声音，并没有因为教育规模的发展而削弱。为什么教育发展了，对教育公平的批评声音却越发激烈与尖锐？其背后的原因究竟是什么？

2010年，在我国颁布的《国家中长期教育改革和发展规划纲要（2010—

2020年)》(以下简称《纲要》)当中就提出,要把提高质量和促进公平作为今后教育发展的两大战略要点。对此,我们可以做这样一个比喻:我国自改革开放至今,教育发展的重心更多是放在将"蛋糕"做大上,即让更多的人能够接受教育,保障人民群众基本的受教育权。而在将"蛋糕"做大,大家都可以吃到"蛋糕"之后,我国教育发展面临的主要问题就转化为以下两点:一个是将"蛋糕"做好,让大家不仅能够吃上"蛋糕",而且要吃上好"蛋糕",甚至要努力吃到世界上最好的"蛋糕",即提高教育质量;另一个就是分"蛋糕",让"蛋糕"分得公平而又合理,让吃"蛋糕"的人都对自己分得的份额满意,即促进教育公平。

做"蛋糕"是分"蛋糕"的基础,假如我国教育在改革开放之后没有得到跨越式发展,很多人根本就没有机会接受教育。而当大家都有接受教育的机会时,如何分配有限的教育资源成为大家关注的焦点,即"有学上"的问题已经转化为"上好学"的问题。

从某种程度上说,分"蛋糕"的任务并不比做"蛋糕"轻松。"蛋糕"做大了,更多的人能够吃上"蛋糕",或者吃到了比以前更多的"蛋糕",棘手的问题就是如何分"蛋糕"。不同的人站在不同的立场,对于如何分"蛋糕"是公平的,都有自己不同的理解。有的人认为,每个人都应当分到一样多的"蛋糕";有的人认为,年老的人应当分到更多的"蛋糕";有的人认为,饭量大的人应当分到更多的"蛋糕";还有的人认为,体力劳动量大的人应当分到更多的"蛋糕"……于是,以往很多人吃不到"蛋糕"的时候,人们对如何分"蛋糕"的争论还不至于如此激烈,可是当每个人都有机会分到"蛋糕"时,人们对如何分"蛋糕"的关注度却达到了前所未有的高度。

尽管我国的教育规模在近些年取得了令人瞩目的发展,但教育资源毕竟是有限的。因此,如何将有限的教育资源分配给每一位受教育者就成为一个我们必须直面的问题。正如美国法学家博登海默指出的:"正义具有一张普洛透斯似的脸,变幻无常,随时可呈不同形状,并具有极不相同的面貌。"①正是因为不同的群体,不同的利益集团,对于什么是"教育公平"都具有基于自身出发点的

---

① [美]E. 博登海默著,邓正来译:《法理学:法律哲学与法律方法》,252页,北京,中国政法大学出版社,1999。

利益衡量,所以不同的人对于“教育公平”都有着自己的判断。如何在这种多元的价值判断之中选择一种适宜的公平价值观,就成为一种极为困难的决策。

在现实中,教育资源并不是绝对均等地分配到每一位受教育者的,即对某些受教育者的群体要进行倾斜式的资源配置,享受某种程度的教育优惠。而这种教育方面的优惠一旦使用不当,就会引发“教育公平”方面的争议。

例如,从 2004 年开始,深圳市教育局就在每年下发的《关于深圳市高中阶段学校招生考试工作的意见》中规定:“对于深圳金融界高层的子女,加 10 分投档录取。”据深圳市招生办的工作人员介绍,这项中考加分的规定是根据深圳市人民政府发布的《关于扶植金融业发展的有关文件规定》精神制定的,在深圳已经实行了好几年。该规定的理由是,由于很多金融机构如银行、保险及证券等的总部设在深圳,为了留住这批人才,政府规定他们的子女读书过程中享有深圳户籍的待遇,同时在中考中给予适当加分。有群众对此质疑道:“学好数理化,不如有个好爸爸!”根据新浪网的调查,94.7% 的网友都认为这样的规定有损公平。① 事件被新闻媒体曝光之后,教育部有关负责人明确表示,深圳市对金融高管子女中考加分的做法,有违教育公平和国家现行教育政策,已责成深圳市予以调查和纠正。② 随后,深圳市教育行政部门宣布:深圳市“金融高管子女中考加分”的规定从 2008 年开始停止执行。据统计,从 2004 年至 2008 年,深圳市共有 23 名金融高管子女享受了这一政策。③

以上的现实问题不能不引发我们的思考:什么是教育优惠?为什么要实行教育优惠?教育优惠对受教育权是如何提供保护的?教育优惠对人的发展起到了什么样的作用?在教育优惠这种倾斜性的保护中,如何实现权利的平等保护?假如教育优惠的问题在制度层面不能得到良好的解决,那么保证教育公平就会成为一个美丽的幻影,保证公民平等接受教育权利也不可能真正实现。

---

① 《深圳规定金融界高层子女参加中考可加 10 分》, http://news.sina.com.cn/c/2008-04-19/033815386408.shtml.

② 《金融高管子女中考加分有违教育公平》, http://www.edu.cn/ji_jiao_news_279/20080424/t20080424_293368.shtml.

③ 《深圳叫停“金融高管子女中考加分”的规定》, http://politics.people.com.cn/GB/14562/7170051.html.

(二)教育优惠研究是一个亟待解决的问题

我们注意到,教育优惠作为一种制度性规范,在教育立法和政策制定两个不同的层面都有所涉及。例如,在教育法、义务教育法等法律法规、部门规章中,都有大量关于教育优惠方面的规定。教育优惠的种类也是多种多样的,有针对民族学生的优惠、针对残疾学生的优惠、针对贫困学生的优惠、针对品学兼优学生的优惠、针对特长学生的优惠、针对女性学生的优惠、针对师范生的优惠和针对中职生的优惠等。这种优惠从现象层面表现为教育资源的不平等分配,而其背后则是有限的教育资源在分配过程中的利益博弈或妥协。目前这类问题受到社会各界的关注,成为当前教育体制改革中的一个热点问题,新闻媒体对此进行了大量的报道和评论,互联网上对此的讨论也是异常火热。在当前教育立法日趋完善的大背景下,如何在教育制度层面对教育优惠问题进行合理规制,以保障教育立法的公平性,更是教育法学与教育政策学领域亟待解决的一个重大问题。

教育优惠在国外也是一个受到关注的问题,针对部分群体的教育优惠也同样存在激烈的争论。例如,美国就曾经出现了大量逆向歧视的诉讼案件,其中2003年密歇根大学入学案引发了从联邦地方法院到联邦最高法院、从总统到国务卿、从法官到国会议员的激烈争论,甚至有22个州都卷入了这场针锋相对的论争之中。其争论之激烈、影响之广泛,在美国司法史上都是少见的。由此,一些涉及教育优惠的基本理论问题开始进入笔者的视野:为什么要设立教育优惠制度?教育优惠制度的教育功能和意义是什么?教育优惠制度对人的发展有什么样的意义?什么人可以享受教育优惠?他们为什么要享受优惠?这些人可以在多大程度上享受教育优惠?这些人应当享受何种形式的教育优惠?教育优惠制度存在的问题及其原因是什么?教育优惠制度的公平性如何?如何保障这些人在享受教育优惠过程中的合理性与合法性?

(三)教育优惠制度是一个社会关注的现实问题

带着以上问题,笔者开始了针对教育优惠问题的考察,走访了包括民族学校、特殊学校、职业学校、师范院校在内的数十所各级各类学校，对教育部及各级教育行政部门的相关工作人员、学校管理人员、教师和学生等不同的对象进行了访谈，并深入西南民族地区考察了民族教育优惠的实际情况。经过大量的考察，笔者越发感觉我国的教育优惠存在着大量理论与实践中的难题。例如，2008 年，重庆市将特殊教育学校学生公用经费从每人每年 420 元提高到1 070元，但在相关考察中基层教育行政部门和特殊学校的领导反映，特殊教育的人均经费开支几乎达到普通教育的八到十倍，所以目前经费的使用依然非常紧张，经费的短缺形成了特殊教育发展的瓶颈。在生活补助方面，特殊教育学校的学生只能依靠地方政府的“擦边球”政策，即以贫困生的身份来享受经济方面的资助，而缺乏专项的补助经费。在民族教育优惠方面，我国长期以来的优惠政策虽然在一定程度上改善了民族教育的办学条件，保障了民族学生的受教育权，但是单纯经费倾斜式的优惠方式无助于民族文化的保护和传承，民族地区“汉化”现象愈发严重。在对重庆市唯一开展民族语言、汉语双语教学的民族小学所在地——梅江镇民族村进行考察时，看到村里最好的建筑就是学校，可以说教育优惠的政策在很大程度上促进了当地教育的发展，使当地村民子女的受教育权得到了基本的保障。但当地的村民认为，目前的教育优惠对于当地民族文化的保护和传承来说几乎是杯水车薪，不能从根本上改变当地苗族文化逐渐被汉族文化“同化”的现状。相反，这种教育优惠的倾斜幅度越大，当地“汉化”的速度就越快。在对民族村的实际考察中，近些年日益凸显的民族文化传承断代问题也在一定程度上印证了村民的看法。对于少数民族教育来说，这种不能完全适应少数民族教育发展的优惠制度也是亟待解决的问题之一。在对职业学校的走访中，笔者了解到，目前国家对中职生设有专项的助学金，其资助对象是具有中等职业学校全日制正式学籍的在校一、二年级所有农村户籍的学生和县镇非农户口的学生以及城市家庭经济困难学生。但在实际执行过程中就有一些城市学生抱怨，一些家庭经济条件明显优越于自己的农村家庭学生得到了每年1 500元的补助，而自己却得不到经济补助。所以，单纯以城乡为依据划分补助对象虽然在实践中便于操作，但也会形成一定程度的不公平，使一些家庭经济状况非常好的农村中职生纳入了补助范围，而一些经济条件不如他们的城市中职生反而得不到补助。以上这些问题的存在，一方面有碍教育公平的实现，另一方面也不适应人的发展规律，在一定程度上形成了教育的畸形。

从考察的情况来看，目前教育优惠的缺位与错位问题还是在一定程度上存在的，所以对教育优惠进行研究具有极强的社会意义。

（四）本研究的研究范畴与研究定位

在我国教育界追求教育公平的大环境下，关于教育优惠这种与“均等分配”思维相逆的倾斜式保护制度的公平性问题凸显出来。在教育实践中，一方面是我国的教育优惠制度遇到了种种问题，另一方面我国有关教育优惠的现有立法还有待完善。在教育理论的研究中，针对教育优惠的整体性研究还比较薄弱，几乎属于空白领域。从理论的角度对教育优惠问题加以论证，分析教育优惠制度存在的合理性和必要性，建立教育优惠问题的相关理论分析框架显得尤为重要，因此笔者决定将研究的范畴定位在教育优惠的理论与实践问题上。

教育优惠的一个显著特征就是对特定主体的教育权利进行倾斜性保护，这种倾斜性保护与权利平等性之间的关系如何在政策立法中得到调和，以及这种倾斜性的优惠制度对于人的发展起到了什么样的作用，则是教育优惠研究的中心和重点。因此，本研究试图从教育优惠制度的现象和制度层面入手，分析目前教育优惠制度的现状与存在的问题，进而深入教育优惠制度的理念层面去探索影响教育优惠制度的一些基本因素，最后从理论上建构教育优惠的理论分析框架，在实践中提出完善教育优惠政策立法的实务建议。综上，如何在促进人的发展、维护教育平等的定位上，从理论和实践两个方面对教育优惠问题进行整体性的宏观研究，将是本研究的重点。

二、概念界定

（一）优惠

目前有关优惠的研究，主要集中在有关税收的相关研究中，当部分群体在纳税方面享有一般群体所没有的减免待遇时，即称为税收优惠。而在其他领域，则鲜见有关优惠的研究。

根据《汉语大词典》，“优”字有十四种解释，其中第九种是胜过，比别的好的意思。《汉书·王贡两龚鲍传赞》：“王、贡之材，优于龚、鲍。”汉王允《论衡·须颂》：“世见五帝、三王为经书，汉事不载，则谓五、三优于汉矣。”南朝宋谢灵运《初去郡》：“彭薛裁知耻，贡公未遗荣。或可优贪竞，岂足称达生。”清黄宗羲《陈苇庵年伯诗序》：“陈苇庵先生风度闲绰，早优名辈。”此外，“优”的第十种解释是优待、嘉奖的意思。《汉书·车千秋传》：“初，千秋年老，上优之，朝见，得乘小车入宫殿中。”《后汉书·东平宪王苍传》：“昔萧相国加以不名，优忠贤也。”唐韩愈《论孔戣致仕状》：“虽求退罢，无不殷勤留止，优以禄秩，不听其去。”宋范仲淹《邠州建学记》：“增其庙度，重师礼也；广其学宫，优生员也。”又如：拥军优属。在唐元稹《弹奏剑南东川节度使状》中有文：“临御五年，三布赦令。殷勤晓谕，优惠困穷。”其中的意思就是给予贫困的群体或较一般群体更丰厚的待遇。

《汉语大词典》对“惠”字有多种解释，其中第三个解释是恩惠的意思。《左传·庄公十年》：“小惠未遍，民弗从也。”汉恒宽《盐铁论·授时》：“今日施惠悦尔，行刑不乐，则是闵无行之人，尔养惰奢之民也。”宋王安石《晏元献公挽辞》之三：“宿惠留藩屏，余忠在禁庭。”亦指施与恩惠。《尚书大传》卷三：“振贫穷，惠孤寡。”宋苏轼《张龙公祠记》：“惠于有生，我则从之。”其中第六种解释是赐予、赠送的意思。《宋书·庾悦传》：“身今年未得子鹅，岂能以残炙见惠！”唐杜甫《佐还山后寄》诗之三：“甚闻霜薤白，重惠意如何。”元耶律楚材《西域从王君玉乞茶因其韵》之三：“高人惠我岭南茶，烂赏飞花雪没车。”《儒林外史》第一回：“前日小婿来家，带二斤干鹿肉来见惠。”

“优惠”在《现代汉语词典》中的意思为较一般优厚。在《汉语大词典》中，“优惠”有两个意思，第一个是优待照顾；第二个意思是较一般优厚，如优惠条件、优惠贷款。

优惠在英语中对应的单词为“preference”。其英文原意为“favour show to one person, group, etc. rather than another”。

在本文中，优惠的内涵即为较一般优厚的意思，也就是部分个体或群体得到较一般个体或群体更为优厚的待遇。优惠可以具有以下的特性：

首先，优惠是一个比较性的概念。优惠是部分个体或群体得到较其他个体或群体更为优厚的待遇，即其优厚的待遇是同其他个体或群体的比较中显现出来的。优惠的产生，必须要有两个以上的个体或群体，没有比较的对象，就没有优惠。

其次，优惠是一个时间性的概念。优惠指向的是在同一个时间范畴之内，而并非是不同时间的比较。一个主体是否得到了优惠，是相对于同时间其他主体的待遇而言，而非自己现在的待遇与其他人过去的待遇或者将来的待遇相比较，即优惠是共时性的，而非历时性的。

再次，优惠是一个权利性的概念。一个主体能够得到优惠于其他主体的待遇，是基于自身享有某种受到制度规则体系保护的权利。这种权利，在原始社会是受到习惯法的保护，在现代社会则会受到政策、法律或其他制度规则的保护，即优惠是受到一定强制力保护，而不能被他人随意剥夺的权利。

（二）教育优惠

根据教育优惠实施领域、针对对象的不同，我们可以将教育优惠划分为两个层次：

第一个层次的教育优惠是指国家对于教育事业的整体优惠，即教育领域外部的教育优惠。这个层面的教育优惠是指教育事业作为一个整体得到较国家其他事业优厚的待遇，即在国家发展中的优先地位，是教育关系的优先、教育活动的优先、受教育权的优先和人的发展优先。在2010年颁布的《纲要》当中，将“优先发展”列为今后一段时间教育发展的首要方针，甚至排在“育人为本、改革创新、促进公平、提高质量”等方针的前面。《纲要》中强调：“切实保证经济社会发展规划优先安排教育发展，财政资金优先保障教育投入，公共资源优先满足教育和人力资源开发需要。”由此可见，首先，教育领域外部对于教育的优惠，表现为教育在国家的发展中具有优先发展的地位，其主要表现为国家在教育规划、教育投入、人力配置等方面对教育的倾斜式优惠。其次，教育领域外部对于教育的优惠还表现在学校、教师、学生等教育内部关系主体可以享受到较教育领域外部主体更为优惠的待遇。例如,学校可以享受税收方面的优惠;教师可以享受住房、医疗等方面的优惠;学生可以享受到乘车、门票等方面的优惠;等等。在教育领域外部对教育的优惠中,教育领域内部的主体优越于教育领域外部享有优惠是普遍的。

第二个层次的教育优惠是与教育领域外部优惠相对应的,即教育领域内部的教育优惠。这个层面的教育优惠是指国家或者地方政府根据教育政策与法律的规定,对教育领域内某一部分特定的教育主体给予较一般同类教育主体优厚待遇的措施。例如,国家或地方政策立法中规定的少数民族教育优惠、特殊教育优惠、女性学生优惠、优秀学生优惠和特长学生优惠等。在这种教育优惠中,部分主体享受到了较一般同类主体更为优惠的待遇,如少数民族学生享受到的经济补助、升学加分等较一般受教育者优惠的待遇。

第一个层次的教育优惠主要是指基于教育作为一项事业的基础性、战略性地位,国家对教育事业优先予以发展的政策导向。本文研究的对象主要是指国家给予部分教育主体享有的较其他一般教育主体优惠待遇的措施,即差别式的优惠待遇,也就是第二种教育优惠——教育领域内部的优惠。

我们还可以根据教育优惠对象的不同分为广义的教育优惠和狭义的教育优惠。广义的教育优惠是指针对所有教育主体的教育优惠,即包含着针对学校、教师和受教育者的教育优惠;狭义的教育优惠是仅仅指向受教育者的教育优惠。在不同的语义环境中,教育优惠在广义和狭义上的使用也有所不同。在本文中,考虑到研究的范围限制,主要是从狭义的角度对教育优惠进行论述,即以受教育者的教育优惠为主。另外,本文中所论述的教育优惠强调的是共时性,即在同一时间内,部分主体享有较其他一般主体更为优惠的制度,而不是历时性的,即某些特定的主体享有较之以前更为优惠的待遇。同时,教育优惠还划分为官方的教育优惠和民间的教育优惠。后者是民间的组织机构对一些特定受教育者设立的奖学金、助学金及其他形式的教育支持,这类民间的教育优惠举措仅在西南大学设立的就有新鸿基地产郭氏基金西南大学学生助学奖学金、中国教育发展基金会助学金、汤福荣张志豪西南大学助学金、何康农业教育助学金、明天女大学生奖学金和新长城自强助学金等。另外,在全国比较有影响的,还有中国青少年基金会举办的“希望工程”及全国妇联举办的“春蕾工程”、中国慈善总会举办的“烛光工程”、全国志愿者自发举办的“西部雏鹰助学义工联盟”等。这些优惠行为属于非政府行为,是民间举办的教育优惠,而本文主要从教育制度构建的角度探讨教育优惠,所以民间的教育优惠也不在本文的讨论范围。

综上,本文论述的教育优惠是指:国家或地方权力机关和行政机关制定或认可的,关于给予教育领域内部部分受教育者较其他受教育者更为优惠的待遇。

三、研究意义

当前,教育公平问题已经成为构建和谐社会中一个非常引人关注的问题,按照《纲要》的要求,促进公平和提高质量将成为我国教育今后十年发展的战略重点。教育优惠制度作为一种非常重要的教育制度,本身就具有倾斜性的特征,该特征决定了教育优惠制度是对受教育者受教育权的一种“不平等”保护。在法治社会权利平等的前提下,这种“不平等”的倾斜性优惠制度,其公平性问题就更值得社会与学界的关注。由此,教育优惠制度的存在是否符合公平性的判断标准,如何保护教育优惠制度的公平性,既是教育法学理论亟待解决的一个难题,又是教育实践中亟待突破的一个制度节点。另外,教育优惠问题的研究始终与教育平等的问题相伴。对于教育平等,不同的人有不同的看法,或者说站在不同利益集团的角度就会产生不同的平等观。因此,如何站在中立角度,从理论角度建立能得到各方认同的教育优惠价值观,是相关立法实践非常迫切需要的。

(一)理论意义

目前我国对于教育优惠的研究还非常薄弱,已有的一些研究多停留在对一些具体的教育优惠现象层面的探讨,而缺乏从整体上对教育优惠制度进行理念层面的探究。诚然,针对某种具体的教育优惠制度进行研究相当必要,但从宏观归纳的角度,对教育优惠制度整体的价值定位、公平性分析、对象选择、优惠方式和制度设计进行研究，也是确有必要的。通过具体教育优惠制度表面的现象，去挖掘其背后具有共性的理念，也是教育研究中极其重要的一个组成部分。这种对具体教育优惠制度的研究具有极强的指引意义，有利于具体的教育优惠制度研究形成科学有序的理论体系。

由于当前教育资源的限制，在教育资源的分配过程中不可避免地要对某些群体实行特殊优惠，以更有效地保护受教育者的受教育权。这种倾斜性的优惠方式给公平性保障带来一定理论上的难题。首先，教育优惠制度本身的公平性问题，即教育优惠是否符合教育公平观，这种公平观的判断标准是什么。其次，教育优惠制度设计中的公平性问题，即教育优惠制度如何建构才能保障受教育权得到平等的保护。更为重要的是，教育优惠制度作为一个教育领域的制度，其教育属性是区别于其他制度的一个重要特征，教育优惠制度如何促进人的发展问题也是教育优惠制度建构中的一个重要问题。本研究针对以上问题，以人的发展为分析问题的基点，通过教育优惠制度现象层面和制度层面的分析，探讨其理念层面的价值定位与理论建构，最后试图提出关于完善我国教育优惠制度的对策建议。本研究将在一定程度上丰富教育政策法律的研究。

（二）实践意义

1. 教育优惠制度研究对于受教育权保障的现实意义

2006 年新《中华人民共和国义务教育法》的出台，标志着我国公民的受教育权保障进入了一个新阶段，即受教育权的保障逐步由量的保障转变为质的保障。2010 年《纲要》的出台也意味着我国教育工作的重点是实现从“有学上”到“上好学”的转变。在受教育者受教育权已经普遍得到保护的基础上，如何提高教育的质量，使教育成为适应每一个人发展的教育，使每一个人都有自我实现的机会，使每一个人都能有尊严、有意义地生活，成为受教育权保障的新的任务。教育优惠是教育领域的差别性政策，对不同人给予不同的待遇，借此来创造适应每一个人发展的教育环境。对教育优惠的问题进行研究，一方面，可以为我国民族教育、特殊教育、女童教育和贫困地区教育等教育类型的优先发展提供一定的理论基础；另一方面，对教育发展方向起到一定的引导作用。通过对教育优惠制度的研究，可以使教育沿着正常的途径有效发展，防止教育发展的畸形和教育过程中人的本质的背离，从而促进人的全面发展。同时，如何通过教育优惠的手段和形式促进人的成长，帮助更多具有发展潜质的人才脱颖而出，也是教育优惠制度研究需要思考和解决的问题。所以，教育优惠的系统研究对受教育者，尤其一些有特殊教育需求的受教育者的受教育权的保障具有较强的现实意义。

2. 教育优惠制度研究对于教育立法的现实意义

通过本研究，以期解决教育立法中关于教育优惠的争论，也可以为我国今后的教育立法与政策制定提供指导和借鉴。目前，我国关于教育优惠方面的政策立法还较为薄弱，教育优惠制度中缺位和错位现象还在一定程度上存在。有关教育优惠的内容只在教育法、义务教育法等教育法律当中有一些原则性规定，而缺乏配套、系统、直接和有效的立法体系保障。例如，与教育优惠直接相关的少数民族教育立法、特殊教育立法、教育投入立法、教育奖助立法和性别平等教育立法还都处于酝酿状态。通过对教育优惠制度公平性研究，可以为今后相关政策立法提供理论上的支持，促进教育优惠公平、合法、有效地发展。

3. 教育优惠制度研究对于构建和谐社会具有现实意义

教育优惠制度是实现教育公平的一种途径，但如果制度设计不当，反而会产生双刃剑的现象，对教育公平有所妨碍。教育公平是社会公平的基础，同时也是保障社会公平的一种基本途径。我们看到很多社会矛盾的爆发实际根源就在于教育的失衡。一些不合理的教育优惠必定损害社会和个人利益，引起群众不满，影响社会的稳定与和谐。在 2010 年公布的《纲要》中指出："教育公平是社会公平的重要基础。"这充分体现了教育公平在今后社会发展中的重要作用。从公平性角度论述教育优惠问题，对化解现实中存在的一些社会矛盾，消除社会中的一些不安定因素，具有积极作用。利用教育优惠这一杠杆对教育公平进行必要的调节，达到教育领域的真正平等，从而保障全体公民的受教育权都能得到合理实现，这对整个社会的和谐与稳定有重要意义。

四、文献综述

在 2009 年之前，针对教育优惠方面的系统研究成果还非常少，截至 2013

年年初,以“教育优惠”为关键词在中国知网数据库中进行检索,共查得6篇期刊论文,未查得相关学位论文。在仅有的6篇论文中,有4篇是关于少数民族教育优惠问题的研究,此外两篇中一篇是关于美国税法的教育优惠条款的研究,另一篇是关于法国教育优惠立法研究。

2009年至今,涉及教育优惠方面的文章数量明显增加,其中有期刊论文17篇、博士论文2篇和硕士论文3篇。绝大部分文章主要聚焦在少数民族教育优惠方面,其余主要是关于教育税收优惠方面。

经过文献搜集,目前我国尚没有专门研究教育优惠的论文和专著。相关的文章主要散见于少数民族教育优惠、特殊教育优惠、性别平等教育优惠、贫困学生优惠、师范生优惠和中职生优惠等专门的优惠制度研究文章之中。需要指出的是,孙霄兵教授在《教育优先法理研究》一书中,对教育优先问题进行了全面、广泛、深入的研究,指出教育优先的哲学含义是人的自由优先,教育学含义是人的发展优先,法学含义是受教育权优先;提出了教育活动优先、教育关系优先、教育事业优先和教育优先发展战略等新的重要范畴。因为本研究实际上也是教育优先问题在教育领域内部的进一步延伸,所以该书研究内容和研究思路对本研究具有重要的参考价值。

(一)各类教育优惠制度研究

各类教育优惠制度的研究主要集中在民族教育、特殊教育和贫困学生教育等方面。

民族教育优惠制度的讨论主要是从其公平性与否的角度展开的。例如,中央民族大学滕星与马效义在《中国高等教育的少数民族优惠政策与教育平等》一文中,对目前中国高等教育的少数民族学生入学优惠政策及相关问题进行了探讨。一是对中国高等教育招收少数民族学生降低分数段优惠政策的讨论;二是对高等院校民族预科班的设置、招生与培养政策及存在问题的分析;三是对高等教育实行并轨收费制度后,面对少数民族贫困地区大学生无力负担大学教育费用的现状,国家教育优惠政策应及时介入问题的讨论。文章结合当前少数民族高等教育多样性的现实,运用国内外关于民族政策、民族理论及教育平等理论进行阐释和解析。文章认为，高等教育领域内对少数民族考生降低分数线优惠政策的实施，应该打破传统的单一以民族划分的标准，兼顾到民族间地域差异、经济水平差异、文化差异、社会阶层差异以及少数民族受惠群体融入主流社会程度差异，从多个维度进行综合考察，以“差别对待”的原则来看待差异和多元化。除了民族差异外，由于其他差异造成的弱势群体也应该享受相关的优惠政策。[①] 北京师范大学的敖俊梅在《个体平等，抑或群体平等——少数民族高等教育招生政策理论探究》一文中认为，少数民族高等教育招生政策坚持了教育平等的原则。它是针对群体间客观存在的差异，立足于实现群体平等而实施的政策，最终目的是为了实现个体的平等。[②] 中央民族大学的陈立鹏在其博士论文中详细梳理了我国民族教育立法中的特殊优惠内容，并提出了民族教育立法的基本框架。西南大学的郑白玲在博士论文《特与不特——民族院校招生政策价值取向研究》中梳理了我国民族院校招生政策的历史沿革，考察了我国民族院校招生政策的现状，并在此基础上提出了民族院校招生政策的实质价值和形式价值。

特殊教育优惠制度的讨论集中在两个方面，一方面，对目前我国特殊教育制度存在的问题进行分析，并提出相关务实建议。例如，高丽和程宝良在《我国特殊教育公平现状及应对策略的研究》中分析了我国特殊教育的不公平现象，指出政府应当承担特殊教育的责任，教育资源应当向特殊教育和特殊儿童倾斜。[③] 另外，中央教科所的孟万金教授自 2006 年至 2007 年在《中国特殊教育》杂志连续发表了七篇文章，论述残疾儿童教育的公平问题，提出要建立专项资金保障残疾教育的正常发展。另一个方面，从国际比较的角度，介绍一些特殊教育发达国家的相关立法，并对我国特殊教育的发展思路进行了展望。例如，钟玲的硕士论文《美国 IDEA 的演进与我国特殊教育立法问题研究》梳理了美国特殊教育法的发展历程及其对我国特殊教育立法的启示，并针对如何改善我

① 滕星、马效义：《中国高等教育的少数民族优惠政策与教育平等》，载《民族研究》，2005(5)。

② 敖俊梅：《个体平等，抑或群体平等——少数民族高等教育招生政策理论探究》，载《清华大学教育研究》，2006(6)。

③ 高丽、程宝良：《我国特殊教育公平现状及应对策略的研究》，载《中国特殊教育》，2006(6)。

国特殊教育立法，提出了可行性建议。

在经济弱势学生的教育优惠方面，有的论文、论著从历史文献的角度进行了论述，如陈有春、奉艳云撰写的《新中国高校学生资助制度的历史嬗变》，利用历史文献的方法对新中国成立以来高校学生的资助制度进行了梳理，将新中国成立以来的高校学生资助制度总结为四个阶段，即从供给制和公费制向人民助学金制度为主发生转变；人民助学金制度走向式微，奖学金制度产生；奖学金与贷学金制度并存的新型高校学生资助模式的确立以及“奖、贷、补、助、减”等形式的现行高校学生混合资助制度的形成与完善。[①] 有的论文、论著从国际比较的角度进行了论述，如张民选撰写的《理想与抉择——大学生资助政策的国际比较》一书探讨了大学生资助理念的嬗变，对资助的内容和程序进行了比较研究，提出了一套有利发展、兼顾公平，以贷学金为主，多种资助混合的大学生资助政策体系。[②] 还有的论文、论著从制度分析的角度进行了论述，如冯涛在《和谐社会背景下的高校贫困学生资助体系重构》一文中探讨了贫困学生资助的理论基础，分析了我国高校贫困学生资助体系中的问题，并提出了相应对策。[③]

除此之外，教育优惠的相关研究还包括免费师范生优惠、中职生优惠和高考加分优惠等。例如，北京师范大学胡艳博士撰写的《关于实施免费师范生制度的思考》[④]，万传华、陈何的《中国高考加分规定的法律问题研究》[⑤]，向莉娟、孟立军的《教育公平视阈下我国高考加分政策探析》[⑥]和何银辉的《高考加分制度的宪法分析》[⑦]等。

---

① 陈有春、奉艳云：《新中国高校学生资助制度的历史嬗变》，载《湖南农业大学学报（社会科学版）》，2006(1)。

② 张民选：《理想与抉择——大学生资助政策的国际比较》，北京，人民教育出版社，1998。

③ 冯涛：《和谐社会背景下的高校贫困学生资助体系重构》，载《教育评论》，2007(4)。

④ 胡艳：《关于实施免费师范生制度的思考》，载《陕西师范大学学报（哲学社会科学版）》，2007(11)。

⑤ 万传华、陈何：《中国高考加分规定的法律问题研究》，载《社会与法制》，2005(7)。

⑥ 向莉娟、孟立军：《教育公平视阈下我国高考加分政策探析》，载《内蒙古师范大学学报（教育科学版）》，2008(6)。

⑦ 何银辉：《高考加分制度的宪法分析》，载《湘潭师范学院学报（社会科学版）》，2007(3)。

(二)优惠性差别待遇的研究

优惠性差别待遇本是美国在20世纪中期为了解决少数族裔等弱势群体的教育和就业问题而采取的一项教育优惠政策。该政策不仅对美国的教育产生了巨大的影响,同时也对美国的社会以及政治体系产生了一定影响。直到今天,优惠性差别待遇仍然是美国的一项重要教育政策,依然为保证美国教育的公平和有效发展发挥着重要的作用。同时,优惠性差别待遇的含义已经超越了美国具体政策立法的范畴而成为一种理念。

优惠性差别待遇一词源于美国的"affirmative action",目前国内对该词的翻译并不相同,大陆使用较多的有肯定性行动①、积极行动②、积极差别待遇③、积极行动④、积极补偿行动⑤、认肯行动⑥、优待措施⑦、纠正歧视措施⑧、补偿性行动或补偿性活动⑨、肯定性行为⑩和平权行动。⑪ 在台湾地区的文献中则多翻译为优惠性差别待遇、肯定行动等。截至2009年年初,在中国知网的查询中,有关"肯定性行动"的期刊论文54篇,硕士学位论文11篇;从研究人员的构成来看,对该问题进行研究的,既有教育学界的学者,又有法学领域的学者。其中大部分文章是对肯定性运动历史演变的描述性介绍,如张维平和马立武在《美国教育法研究》一书中详细分析了肯定性行动的起源与发展。还有一些是从理论层面对其进行比较、分析和研究的,具有代表性的有张玉的《美国高等教育"肯

---

① 张维平、马立武:《美国教育法研究》,187页,北京,中国法制出版社,2004。

② 王俊:《美国高等教育政策中的积极行动》,见劳凯声《中国教育法制评论第五辑》,北京,教育科学出版社,2007。

③ 万明钢:《"积极差别待遇"与"教育优先区"的理论构想》,载《教育研究》,2002(5)。

④ [美]波斯纳著,蒋兆康译:《法律与经济分析》,964页,北京,中国大百科全书出版社,1997。

⑤ [美]波斯纳著,苏力译:《法理学问题》,585页,北京,中国政法大学出版社,2001。

⑥ [美]桑德尔著,万俊人译:《自由主义与正义的局限》,281页,北京,译林出版社,2001。

⑦ [美]德沃金著,冯克利译:《至上的美德》,566页,南京,江苏人民出版社,2003。

⑧ [美]德沃金著,刘丽君译:《自由的法》,496页,上海,上海人民出版社,2001。

⑨ [美]罗纳德·德沃金著,信春鹰、吴玉章译:《认真对待权利》,北京,中国大百科全书出版社,1998。

⑩ [美]罗斯科·庞德著,陈林林译:《法律与道德》,98页,北京,中国政法大学出版社,2003。

⑪ [美]C. W. 沃特森著,叶兴艺译:《多元文化主义》,10页,长春,吉林人民出版社,2005。

定性行动”政策价值分析》和蒋先福的《“肯定性行动计划”的法理学思考》等文章。美国法学家德沃金也在《至上的美德》一书中分两章探讨了优惠待遇的合理性和有效性。另外,台北大学的廖维达撰写的硕士学位论文从教育学和法学双重维度分析了美国的优惠性差别待遇,并总结了人们对优惠性差别待遇的支持与反对观点。其中,优惠性差别待遇的支持观点有:补偿理论、种族中立方案无助于改善种族歧视、示范理论和多元化理论。反对的观点有:优惠性差别待遇与功绩主义完全违背、无法照顾真正需要保护的人却过分侵害了无辜者的权益、对少数族裔造成伤害、最高法院的论证有瑕疵和多元化理论本身的谬误。

(三)现有研究评述

从教育优惠制度有关文献来看,几乎没有直接针对教育优惠制度整体进行研究的文章,而是集中在少数民族教育优惠等具体的教育优惠制度上。同时,现有的研究多停留在现象层面和制度层面,教育优惠背后深层次的理论问题尚待挖掘。另外,关于优惠性差别待遇方面的研究目前多停留在对美国的制度性介绍方面,而优惠性差别待遇背后的价值趋向等理念性问题尚待深入探讨。总体来看,对教育优惠进行宏观研究的文献资料相对匮乏,已有的研究也多是具体的、微观的,缺乏从理论上对教育优惠予以分析和研究的文献。

第一章　教育优惠的历史与现状

一、教育优惠的历史演进

（一）特权起源期：基于等级权利基础之上的教育优惠

1. 社会背景

自有人生，便有教育。利基在《人类的起源》一书中认为，人的脑容量增大与适应直立行走的骨盆结构导致了人类的早产。在300万年前，“能人”和早期“直立人”的脑量只有300～600毫升，200万年前“直立人”的脑量增加到500～900毫升，到100万年前增加到600～1 000毫升，现代人类的脑容量则大约有1 400毫升。人类两足行走的工程学原理和由于直立行走所带来的更大的地球引力，导致了有限的骨盆尺寸和产道出口不允许大脑在母体子宫内继续增大，所以新生儿的脑容量大约只有成年人的三分之一，而剩余三分之二的大脑发育空间则留到出生后的人生历程中去发展。人刚刚降生之后，并没有生存的能力，只具有一些本能式的反应，如吮吸。人之所以能在自然界生存，不仅仅是因为身体的后天发育，更重要的是后天的学习。作为“生理上早产儿”的婴儿，在神经系统上专门化、定型化程度相对不足，则进一步提高了成人照料和个人学习的重要性。就在这些内外压力的作用下，教育的发生和发展就成了一件理所应当的事情。[①] 杨贤江就曾指出，“自有人生，便有教育”。人类社会形成的初期，存在着一些社会分工，但这些社会分工完全是基于年龄、性别、经验和健康

① 康永久：《教育制度的生成和变革》，163页，北京，教育科学出版社，2003。

程度等。这种自然状态的社会关系是建立在权利平等与资源分配完全平等的基础之上的。卢梭曾把这个阶段描述为一种自由平等的状态，认为在这种状态下不存在私有制，也不存在人与人之间在政治上的不平等关系，更不存在奴役与被奴役的现象。在他看来，在这种状态下如果有不平等存在的话，那也只是一种“自然的或生理上的不平等”，这种不平等“是基于自然，由年龄、健康、体力以及智慧或心灵的性质的不同而产生的”。[①] 原始社会的教育是自发与内在性质的，是在长期氏族生活中逐渐形成的，其表现为具有教育意义的仪式、规则、惯例、习俗、信仰和宗教等形式。在原始社会，教育是整个氏族生存斗争的工具，而不是氏族中某一部分成员的特权，社会成员都平等地接受一定的教育。由于没有阶级分化，教育权利方面的人为限制和不平等现象还没有出现，实行的是原始状态人人平等的教育权，体现了人际关系的平等性质，是一种原始状态的教育公平。[②] 在这种环境中，全体社会成员，特别是所有的儿童都能得到同样的教育。

在氏族公社接替的过程中，由于开始出现了少数特权人物和知识被特权人物所独占的现象，因此也就出现了阶级教育的萌芽。在原始社会后期，社会的经济结构发生了根本性变化，农业和畜牧业逐渐发展起来，手工业也从农业中独立出来，私有制的产生使得阶级逐步分化，形成了以等级性为特征的社会结构。在这种社会结构中，教育资源的分配完全是依照人的等级进行划分，划分依据主要是身份、职业和经济状况，也就是具有一定身份、经济条件和高级职业的人及其子女可以得到教育方面的优惠待遇。在这里，教育优惠更多表现为一种特权。对于什么是特权，《法学词典》中解释为：“特权是剥削阶级国家法律上允许统治者个人、等级或社会集团在经济、政治和其他方面享有的特殊权利。特权是阶级不平等在法律上的反映，在奴隶制社会和封建制社会中公开确认阶级的不平等，并反映和维护统治阶级内部的等级不平等。”[③]在西方古代思想家

---

① ［法］卢梭著，高煜译：《论人类不平等的起源和基础》，70 页，北京，商务印书馆，1962。

② 华桦、蒋瑾：《教育公平论》，3 页，天津，天津教育出版社，2006。

③ 《法学词典》编委会：《法学词典》，774 ~ 775 页，上海，上海辞书出版社，1984。

中，古希腊的亚里士多德所著的《政治学》[①]中，较早地使用了“特权”一词，并对特权问题进行了论述。他认为人类社会中本来就存在着自然自由人和自然奴隶的区别，两者各随其“天赋的本分”而成为统治和从属，并且认为这种从属关系是“有益而合乎正义”的。亚里士多德还认为具有特殊德行和才能的人，不应当享有与其他人同等的权利，否则就是“不公平”。换言之，这样的人理应享有超出其他一切人的特殊权利。亚里士多德不仅主张“自然自由人”对“自然奴隶”享有特权，而且城邦里其他的自由人相对于工匠、技工甚至匠师来说，也应当享有某种特权。[②] 中世纪时期，意大利思想家阿奎那认为，在人类社会中，除了存在着奴隶与自由民之间的不平等之外，还在自由民之间，存在着“天然的不平等”。因为人类社会不得不受“那些比较聪明的人管理”，具有“聪明和正直”的“天赋”的人应成为统治者。甚至在男女之间，由于“男子比妇女天赋着更多的合理判断的能力”，因此“妇女才自然而然地服从男子”。[③] 英国思想家洛克的《政府论》第十四章的“论特权”指出，人类曾经生活在一种自然状态中。“在这种状态中，一切权利和管辖权都是相互的，没有一个人享有多于别人的权力”。

这种特权在社会的各个方面都有所表现。例如，在婚姻家庭方面，中国封建社会基于夫权而专门设定了“出妻”的离婚方式，即有七种情况丈夫可以直接“休妻”，称为“七出”。这七种情况包括“不顺父母”“无子”“淫”“妒”“有恶疾”“口多言”和“盗窃”。再例如，中国古代的“官当”制度，该制度的起源可以追溯到春秋战国时期。当时的刑罚在具体执行时会参考罪犯的身份等级，实行轻重不同的处罚，在法律面前实行公开的不平等原则，官吏和有爵位的人可以从轻处罚，官爵高的人和贵戚甚至可以享有减刑和赎罪的待遇。[④]《唐律疏义 · 名例律》中规定：“诸犯私罪，以官当徒者，五品以上，一官当徒二年；九品以上，一官当徒一年。若犯公罪者，各加一年。以官当流者，三流同比徒四年。其有二官，

① ［古希腊］亚里士多德著，吴寿彭译：《政治学》，18 页，北京，商务印书馆，1997。

② 李守庸、彭敦文：《特权论》，5 页，武汉，湖北人民出版社，2000。

③ 李守庸、彭敦文：《特权论》，9 页，武汉，湖北人民出版社，2000。

④ 李丹阳：《封建官当制度和官僚特权政治》，载《学术研究》，2000(10)。

先以高官当，次以勋官当。行、守者，以本官当，仍各解现任。若有余罪及更犯者，听历任之官当。其流内官而任流外职，犯罪以流内官当及赎徒年者，各解流外任。”与此类似的还有“八议”制度。“八议”是指议亲、议故、议贤、议勇、议功、议贵、议勤、议宾，上述八种人犯罪，享有减免特权。三国两晋南北朝时期，曹魏制定《魏律》将“八议”入律，此后历代相沿至明清。

2. 优惠现象

在这一时期的教育领域，教育资源的分配是向具有特定身份的人士倾斜优惠的。在中国古代官方开办的公学中，这一点表现得更是十分鲜明，其招生对象主要限定在社会上层子弟，一般平民很难享受由统治阶级所垄断的教育形式。在民间的私学，虽然招生对象面向所有平民，但其办学条件无法与官学相提并论，所以教育效果可想而知。在这种教育的优惠制度之下，达官贵族的子弟可以依照自己的品级进入专门为其设置的贵族学校，如国子学、太学等；一般庶民百姓的子弟只能进入水平较低、待遇较差的学校。前者大都进入了以讲授儒学为主的学校，毕业后就成为各级各类封建官吏的候选人，后者只能进入一些专科性的学校，接受专业知识的教育，毕业后成为一名专业人才。① 以西周为例，学校分为国学和乡学，其中国学又分为小学和大学，小学是贵族子弟就学的地方，大学是皇家私学。乡学则是地方官学，是地方小吏子弟和平民子弟的学校。人的身份等级在就学的学校形式上表现得非常明显，在教育方面能够享受到优质教育资源的前提条件是具有特定的等级身份。在古代埃及，专门为最上层的统治者子弟开办了宫廷学校和职官学校，其教学内容有奴隶主阶级道德、政治、生活习俗、初步的天文、数学、地理、建筑和医学等知识，及书写训练和与职务相关的训练。在古代印度，寺庙学校和神庙学校也是为统治阶级子弟开办的，主要是培养一些官吏和僧职人员为宗教服务。在古希腊，无论是雅典还是斯巴达，它们的教育都是为奴隶主服务，并被其垄断。英国的奥尔德里奇对英国的教育历史总结道：“多少世纪以来，儿童基本上就是按照他们的社会地位来接受教育的。因此，贵族子女所受的教育当然不同于劳动者或农奴孩子所受的

① 孙培青：《中国教育史》，159 页，上海，华东师范大学出版社，2000。

教育。教育上的导师制(Tutorial Systems)是17世纪的洛克和18世纪的卢梭提倡的,而从定义上说,导师制只为少数人服务,与多数人无关。"①但这种建立在等级基础之上的教育资源分配方式也并非绝对不考虑其他社会成员的利益。例如,孙霄兵就曾指出:"在这种建立在社会等级基础之上的教育资源分配方式中,统治阶级也不得不考虑其他社会成员的利益,同时又为了发现和使用人才,让一部分优秀的平民子弟入学,或者让社会成员自己举办学校,有条件地满足社会成员的要求,以获得统治的长治久安。如果不让少数优秀的平民子弟得到有效的系统的教育,则会影响到统治阶级的统治或社会稳定。但是,统治阶级的这种开放是极为有限的,不可能让太多的平民子弟接受教育。"②

3. 阶段特征

从以上的论述来看,建立在等级性权利基础之上的教育优惠特征主要表现在以下两方面。一方面,这个阶段教育优惠是建立在人与人之间权利不平等的基础之上,所以特权性就成为当时教育优惠的显著特征,人们占有教育资源的多少与优劣依据的完全是人的权利等级。这种权利的等级又是依照人的身份、职业和经济等状况加以区分的。另一方面,教育优惠的形式单一,主要表现为入学优惠,即拥有特定身份的人才可以享有平民无法享受到的教育资源。一般的平民无法享受到国家所提供的优质教育资源,或者只能享受到质量较低的教育。

(二)平权过渡期:基于平等权利基础之上的教育优惠

1. 社会背景

在我国,19世纪的一系列丧权辱国的不平等条约让国人开始反省复兴之路。以康有为、梁启超和严复等为代表的维新派,将西方学说与传统的儒家思想结合,形成了完整的变法理论并付诸实践,领导了一场维新变法运动。在教育方面,维新派指出中国的教育存在严重的等级性,妨碍了教育的普及和发展。

① [英]奥尔德里奇著,李洪绪、尹斌苗译:《简明英国教育史》,6页,北京,人民教育出版社,1987。
② 孙霄兵:《受教育权法理学》,174页,北京,教育科学出版社,2003。

如严复在《原强》中所指出的:“至于吾民,则姑亦无论学校义废久矣,即使尚存如初,亦不过择凡民之俊秀者而教之。至于穷檐之子,编户之氓,则自襁褓以至成人,未尝闻有孰教之者也。”[①]康有为在1895年的《公车上书》中也提到:“其余州、县、乡、镇,皆设书藏,以广见闻。若能厚筹经费,广加劝募,令乡落咸设学塾,小民童子,人人皆得入学。”[②]在1898年给光绪皇帝的奏折中,他再一次呼吁:“乞下明诏,遍令省府县乡兴学。乡立小学,令民七岁以上皆入学。”[③]在1904年颁布的《奏定学堂章程》(癸卯学制)中,第一次把普及义务教育列入政府和各级官员的职责范围,并明文规定:“设初等小学堂,令凡国民七岁以上者入焉。”20世纪初,基于权利平等基础上的平民教育思想得到了进一步宣扬,并在五四时期达到了顶峰。例如,李大钊于1919年发表的《劳动教育问题》一文指出:“因为Democracy的精神,不但在政治上要求普通选举,在经济上要求分配平均,在教育上、文学上也要求一个人人均等机会,去应一般人知识的要求。”[④]20世纪上半叶,陶行知、梁漱溟、晏阳初等一批教育家,都在自己的教育实践落实中实行着“人人平等”的平民教育理想。新中国成立后,更是将“权利平等”的理念在教育领域推广开来,让更多的人开始接受系统的学校教育。

在西方,受“天赋人权”“社会契约”等观念的影响,追求人与人之间的教育权利平等也成为这一阶段的主调。例如,早期空想社会主义思想家莫尔在《乌托邦》中就提出建立公共教育制度,让所有的儿童都进入学校受教育。捷克教育家夸美纽斯在《大教学论》中提出“无例外地对每个人实施教育”,“教一切人一切知识”,希望有更多的人能够得到接受教育的机会。法国思想家卢梭除了在《论人类不平等的起源和基础》中揭露了封建等级下的不平等现象及其根源,还在《爱弥尔》一书中表达了教育平等的思想,提出“各种身份的人都是一样的,……自然的需要人人都是一样的,满足需要的方法人人都是相同的”。[⑤] 他还提

---

① 严复:《原强》,见陈学恂《中国近代教育文选》,178页,北京,人民教育出版社,1983。

② 康有为:《公车上书》,见陈学恂《中国近代教育文选》,98页,北京,人民教育出版社,1983。

③ 康有为:《请开学校折》,见陈学恂《中国近代教育文选》,100页,北京,人民教育出版社,1983。

④ 李大钊:《李大钊全集》,第三卷,162页,石家庄,河北教育出版社,1999。

⑤ [法]卢梭著,李平沤译:《爱弥尔》,260页,北京,商务印书馆,1978。

出一个人的教育应该适应他这个"人"，而不应依据不同等级、财产和职业去进行教育。由此，我们看到卢梭倡导的是一种人人平等、解放学生个性的教育。[1]德国思想家费希特提出，教育不应属于特定阶级，而应不分贫富贵贱普及于全体国民。[2] 在这种追求平等与自由的思想推动下，西方各国纷纷推行普及型教育，并用立法的形式加以保障。

在美国，南北战争结束之后，国会通过了一系列的宪法修正案，废除了奴隶制，并赋予所有人同样的权利保护。其中，第十四宪法修正案规定："凡出生或归化于美国并受其管辖之人皆为美国及其所在州之公民。"此规定是为了防止以往在司法实践中否认黑奴为美国公民的现象再次出现。该修正案还规定："不得否认管辖区内任何受平等保护的权利。"该条规定被称为平等保护条款(Equal Protection)。但上述修正案并没有完全使有色人种拥有同白人完全同等的地位，美国南方就制定了一系列法规，企图隔离白人与其他有色人种，这些法律被统称为吉姆克劳法(Jim Crow Law)。该法在公园、医院、学校、教堂、监狱和电话亭等都设置严格的黑白分离规定，甚至在葬礼、海滩、划船和吃饭时，都不允许黑人与白人有接触的机会。1896 年，一个拥有八分之一黑人血统的混血男子普莱西(Plessy)，因违反"禁止白人与黑人同坐于火车车厢"的吉姆克劳法而遭到逮捕，随后联邦最高法院以八票对一票宣告种族隔离制度的合宪性。尽管唯一反对的大法官哈兰(Jone Marshall Harlan)认为："我们的宪法是色盲的，它不知道也不允许阶级的存在"(Our constitution is color - blind, and neither knows nor tolerates classes among citizens)，但判决书判定只要公用设备是"平等的"，那么即使公用设施是"隔离的"，也没有违反平等的保护原则，并由此确立了"隔离但平等"(Separation But Equal)的原则。[3] 一直到 1954 年，布朗诉托皮卡教育局案件(Brown v. Board of Education of Topeka)才改变了这一认识。布朗是一名小学生，其所在学区要求她必须到一个离家较远的黑人学校就读，而不能到离家较近的白人学校读书。所以布朗以违反宪法第十四修正案为由，向法院提起

---

① 华桦、蒋瑾：《教育公平论》，9 ~ 10 页，天津，天津教育出版社，2006。

② 龚向和：《受教育权论》，68 页，北京，中国人民公安大学出版社，2004。

③ 163U. S. 537(1896).

诉讼。她认为,“隔离的公立学校是不平等的,也不可能达到平等,因此他们被剥夺了法律赋予的同等权利”。[①] 联邦最高法院最后一致认为:“仅因为种族不同,而使少数族裔学童与其他年龄相仿、学力相当的学童隔离,必将使其痛感社会地位低贱,进而摧残其身心以致无法弥补。”“本庭的结论是公共教育事业决不容许‘隔离但平等’原则的存在,隔离的教学措施本身就是不平等的”。[②] 1964年,美国又通过了《民权法案》,进一步确立了人与人之间在受教育等方面的权利平等。在争取教育权利平等的过程中,也是历尽曲折。典型的例子是小石城高中抵制黑人学生入校,联邦政府不得不动用在民间享有较高声望的101空降师,来保护黑人学生正常入学。

2. 优惠现象

在受教育权在教育立法中普遍确立起来,并得到平等保护之后,那些等级社会中残存的特权式教育优惠逐渐消失。1931年6月1日,国民政府公布的《中华民国训政时期约法》第五章(国民教育专章)第四十八条规定:“男女教育之机会一律平等。”第五十条规定:“已达学龄之儿童应一律受义务教育,其详以法律规定之。”第五十一条规定:“未受义务教育之人民,应一律受成年补习教育,其详以法律定之。”1936年5月5日,国民政府公布《中华民国宪法草案》,其中第一百三十二条规定:“中华民国人民受教育之机会,一律平等。”保障全民教育机会均等第一次被明确写入宪法。1947年1月1日,国民政府公布《中华民国宪法》,第一百五十九条再次重申“国民受教育之机会一律平等。”[③] 1931年,中国第一个红色苏维埃政权在毛泽东的领导下正式成立。中华苏维埃第一次全国工农兵代表大会宣布:“工农劳苦群众,不论男子和女子,在社会、经济、政治和教育上,完全享有同等的权利和义务。”“一切工农劳苦群众及其子弟,有享有国家免费教育之权”。[④] 1934年1月,第二次工农兵苏维埃代表大会进一步

① 张维平、马立武:《美国教育法研究》,174页,北京,中国法制出版社,2004。

② 374 U. S. 483(1954).

③ 宋恩荣、章咸主:《中华民国教育法规选编》,转引自丰向日《教育平等观念在中国》,80页,上海,华东师范大学教育科学学院,2008。

④ 顾明远:《中国教育大全——马克思主义与中国教育(下)》,1 029页,武汉,湖北教育出版社,1994。

明确了这一思想,并将它载入了宪法性文件——《中华苏维埃共和国宪法大纲》中。在《中华苏维埃共和国宪法大纲》中规定:“中华苏维埃政权以保证工农劳苦民众有受教育的权利为目的,在进行革命战争许可的范围内,应开始实行完全免费的普及教育,首先应在青年劳动群众中施行。”①1954 年,中华人民共和国第一部宪法第九十四条规定:“中华人民共和国公民享有受教育的权利。国家设立并逐步扩大各种学校和其他文化教育机关,以保证公民享有这种权利。”德国是最早对普及教育进行立法保障的,早在 1528 年,德国的布施魏格地区(后来的下萨克森)就颁布了《学校法令》,推行强制义务教育。② 一般认为,义务教育立法肇端于德国魏玛 1619 年公布的《学校法令》。③ 自此,以立法的形式保障公民受教育权的运动在世界各国纷纷开展起来,很多国家不仅制定了专门的法律保障公民接受教育的权利,并开始将保障公民受教育的权利写入宪法。

与此同时,其他形式的教育优惠只是在有限的范围内存在。例如,我国古代为了使优恤残疾人的举措能够实施,从隋唐开始就不同规模地设立了“悲田制”(隋朝)、“福田制”(宋朝),以便残疾人从这些田产中得到比较固定的经济支持。此外,还设置“普救病坊”(隋朝)、“惠民药局”(元朝)和“养济院”(清朝)这类具体给残疾人提供救济的机构。但这些措施仅仅停留在“生活救济”或者“生存教育”上,很难说残疾人能得到教育方面的优惠。清朝政府在光绪二十八年(1902 年)颁布的《钦定小学章程》中还明确规定:“凡(1)资性太低,难期进益者;(2)困于疾病者都应退出学堂。”在第二年发布的《奏定初等小学章程》中仍然规定:“学龄儿童,如有疯癫痼疾,或五官不具不能就学者,本乡村绅董可奏明地方官,经其查实,准免其就学。”由此可见,封建社会是把残疾儿童的教育排除在外的。④ 我国近代正规特殊教育的出现是与西方传教士密切相关的。例如,我国第一所盲校“瞽叟通文馆”是 1874 年由英国苏格兰长老会传教士威廉·穆恩在北京兴建的;第一所聋校“登州启喑学馆”是美国传教士梅理士·查

---

① 温辉:《受教育权入宪研究》,92 页,北京,北京大学出版社,2003。

② 成有信:《九年普及义务教育》,198 页,北京,人民教育出版社,1985。

③ 温辉:《受教育权入宪研究》,92 页,北京,北京大学出版社,2003。

④ 张福娟、马红英、杜晓新:《特殊教育史》,204 页,上海,华东师范大学出版社,2000。

理夫妇在山东登州创办的。新中国成立后，曾在中央教育部设立了专门机构，并发布过很多规定，在统一和推广现行盲文，制订统一的盲、聋教学计划，进行教学改革，推动聋校口语教学，编印聋校专用课本，规范特殊教育学校工作，增加特殊教育学校的经费和提高特殊教育工作者的待遇等方面做了大量工作。1956 年《关于盲童学校、聋哑学校经费问题的通知》（提出特殊学校的行政费、一般设备费、教学设备费、助学金等均高于普通中小学）、《关于 1956 年全国普通教育、师范教育事业工资改革的指示》（提出为鼓励盲聋哑中小学的员工，加发 15% 工资）、1957 年《办好盲童学校、聋哑学校的几点指示》（对特殊学校的任务、入学年龄、班级名额、教师编制、教学改革等多方面做了原则规定）等文件，促进和指导了特殊教育几十年的发展。1957 年《办好盲童学校、聋哑学校的几点指示》中提出了："盲聋哑教育是国家整个教育事业的一个组成部分，……今后必须有计划地发展起来。"新中国成立初期的十几年，特殊教育学校有了不少发展，1957 年盲聋学校发展到了 66 所、546 个教学班、7 538 名学生、1 103 名教职工，到 1965 年盲聋学校已达 266 所、22 850 名学生、教职工 3 712 人。[①] 虽然这一时期的特殊教育从无到有，得到了长足的发展。但是，从全国应当接受教育的残疾人总量来看，无论是特殊学校的设置数量，还是对特殊教育的倾斜性投入，当时的教育优惠都是远远不够的。

3. 阶段特征

在这个时期，以往人与人之间在受教育方面的不平等现象开始逐渐改善，建立在等级性权利基础之上的教育优惠制度开始瓦解，公民权利的平等形成身份上的平等，并逐渐形成政治权利上的平等，这一趋势使得教育资源开始在公民之间进行平均分配。旧的带有特权色彩的教育优惠制度逐渐消失，其他形式的教育优惠制度大多还处在酝酿时期，缺乏以立法形式进行的规范和保护，所以对部分受教育主体进行倾斜性保护的教育优惠制度在这一阶段开始变得式微。但是，这个阶段的调整是必需的，也是非常重要的，它改变了以往教育优惠的畸形模式，即根据教育对象的身份等级提供不同的优惠性待遇。在"天赋人

① 朴永馨：《特殊教育》，296 页，长春，吉林教育出版社，2000。

权”等观念的影响下，人们关注更多的是如何将以往建立在等级基础上的不平等现象消除，以达到人与人之间在政治、经济和文化等领域的资源配置完全一致。所以，带有差别性、倾斜性特征的教育优惠制度在这个时期尚属于一个调整和过渡的时期。为了达到教育方面的公平，各国政府一方面取消了建立带有特权性质的教育优惠，另一方面建立了公民教育的最低保障体系，从而在量上达到了教育资源的均衡配置。这个阶段强调更多的是如何使每一个人都能得到同样的公共教育资源支持，以实现自己的受教育权。而具有倾斜性、差别性资源配置特征的教育优惠问题在此时就显得比较敏感，所以只能在很小的范围内存在，也缺乏立法方面的保护。换言之，此时的教育优惠制度所在的旧的体系被打破，而新的体系尚处于萌芽阶段的调整时期，只在一些特定的范围内发挥着有限的作用。

（三）多样发展期：基于平等事实基础之上的教育优惠

1. 社会背景

新中国成立后，我国的教育取得了很大的进展，尤其在进入 21 世纪之后，随着义务教育法等教育法律的进一步完善，适龄儿童受教育程度有了很大的提高。1949 年以前，中国的基础教育十分薄弱，1946 年，全国只有幼儿园1 300所，小学 28.9 万所，中学4 266所。1949 年中华人民共和国成立后，中央和地方各级政府非常重视发展基础教育，投入大量的人力和财力普及教育。特别是 1978 年改革开放以来，中国的基础教育事业进入了一个新的发展时期。1985 年中共中央发布的《关于教育体制改革的决定》中提出了“实行基础教育由地方负责，分级管理的原则”，从而极大地调动了地方各级政府，尤其是县、乡两级政府办学的积极性。1986 年全国人民代表大会颁布《中华人民共和国义务教育法》，使中国的基础教育走上了法制的轨道。1993 年中共中央、国务院发布《中国教育改革和发展纲要》，明确了中国基础教育的发展方向和基本方针。1999 年初国务院批转了教育部制定的《面向 21 世纪教育振兴行动计划》，这一计划是教育战线落实“科教兴国”伟大战略的具体举措，是在落实《中华人民共和国教育法》及《中国教育改革和发展纲要》基础上提出的跨世纪教育改革和发展的施工蓝图。同年6月,中共中央、国务院发布了《关于深化教育改革,全面推进素质教育的决定》,为构建21世纪充满生机活力的具有中国特色的社会主义教育体系指明了方向。新中国成立50年来,中国的基础教育事业取得了巨大成绩。到20世纪末,我国实现了基本普及九年义务教育、基本扫除青壮年文盲的目标。进入21世纪后,国家将义务教育全面纳入财政保障范围,义务教育进入巩固提高和全面普及新阶段。2008年,全国小学净入学率达到99.5%;初中毛入学率达到98.5%;青壮年文盲率降低到3.58%以下。2002年,我国高等教育毛入学率达到15%,实现了高等教育大众化。2008年,全国普通高校招生608万人,各类高等教育在学人数达到2 907万人,毛入学率已经达到了23.3%。目前,我国15岁以上人口平均受教育年限超过8.7年,新增劳动力平均受教育年限接近12年,超过世界平均水平,我国已经从人口大国转变为人力资源大国,正在加速向人力资源强国转变。至此,我国教育发展的重点开始由量的扩充转向质的提高阶段。

在这个阶段,人们发现单纯给予所有人平等的权利保护并不能保障每一个公民都能得到同样的教育。例如,我国的特殊教育虽然已经取得了很大发展,但根据最新的统计数字,尚有一半的适龄残疾儿童因为种种原因不能接受学校教育。国外的情况也是一样。根据澳大利亚的相关研究,具有低社会经济背景的群体在全国总人口中的比例是25%,但在第三级教育中,具有低社会经济背景的学生所占的比例只有14.5%。根据法国的研究,父亲是上层官员或教授的学生参加大学预科班的机会是工人的孩子的17倍,而上大学的机会则是5倍。根据德国的统计,来自低社会经济背景的学生只有33%能够成功进入高级中学(大学预科)学习,而来自高社会经济背景的学生,相对应的数字则是84%。根据英国的调查,在独立(私立)学校学习的学生进入英国顶尖的13所大学的机会是那些来自比较低的社会阶层或生活在一个贫困地区的学生机会的25倍。根据美国研究人员在1996年的调查,低收入家庭的学生中有46.8%能够上大学;中等收入家庭学生的比例是62.7%;而高收入家庭学生相应的比例是

78%。[①] 从以上的情况来看，虽然在现代社会，公民的受教育权得到了立法的保护，但一些在社会某些方面中处于不利地位的受教育者仍无法与其他受教育者展开平等竞争。美国思想家罗尔斯在《正义论》一书中提出了补偿正义的观点，认为在资源配置中，对社会不利群体应当给予倾斜式的分配。美国法学家德沃金在《至上的美德》一书中也专门分两章论述了给予弱势群体教育方面优惠政策的合理性和优惠政策的有效性，他指出："大学的优待措施以这种方式使社会经济和社会结构更为自然，而不是更不自然；它并未引起社会分裂，而是有助于消除现在严重存在的社会断裂。"这些主张都从不同角度论述了给予部分群体优惠性待遇的合理性和必要性，从而为实践中教育优惠制度的实施提供了理论方面的依据和指导。

2. 优惠现象

在实践中，我国也已经建立起了贫困生优惠、残疾学生优惠、民族学生优惠、优秀特长生优惠和师范生优惠等一系列教育方面的优惠制度。在我国教育法、教师法、高等教育法及义务教育法等法律中，也有不少条文涉及对某些群体或个体给予教育优惠的规定。在美国，二次世界大战后为安置退伍军人而制定的《退伍军人重新适应法》(Servicemen's Readjustment Act)，给予了大量退伍军人接受高等教育方面的优惠待遇。20 世纪中叶，为了对少数族裔和妇女的升学和就业提供帮助，美国发起了"积极行动"(Affirmative Action)，以引导学校和企业在教育和就业上给予上述人员适当的优惠待遇。英国在二次世界大战后也颁布了《1944 年教育法》(又称《巴特勒法案》)，该法案除了规定公立中等教育实行免费之外，还规定了大量针对部分群体的优惠性措施。例如，地方当局必须特别照顾那些身心有缺陷或心智有障碍儿童的需要，保证为他们设立特殊学校或提供特殊教育措施，并对他们进行合适的教育和治疗；地方教育当局必须为所属学校和地方学院学生提供免费医疗、牛奶、午餐和其他点心以及运动衣等，有责任向贫困家庭的学生提供衣着和膳食；教育部和地方教育当局有责任让学生使用他们所能享受的教育设施，并为其支付儿童进入公立学校的费用，

① 经济合作与发展组织著，范文曜、谢维和等译：《教育政策分析 2001》，61～62 页，北京，教育科学出版社，2003。

为收费学校的儿童负担学费及其他费用，为超过义务教育年龄的学生提供奖学金或其他奖金；在大学设立大学生奖学金（包括学费和生活费），以帮助有才华的青年上大学。[①] 在21世纪初，英国政府又发起了"确保开端计划"（Sure Start），发布了《每个儿童都重要》《高等教育的未来》等报告，进一步为特殊群体提供教育方面的优惠。例如，《高等教育的未来》提出要为不同家庭背景的学生，尤其是低收入家庭的学生提供高等教育机会；设立额外基金用于帮助困难学生、允许延期交费、扩大学生资助范围、简化学生资助程序及为残疾学生提供入学方面的优惠等具体的优待措施。

3. 阶段特征

在这一阶段，为了适应社会发展以及每一个人的发展需要，各国政府都制定了大量教育优惠方面的政策和法律。这一阶段的教育优惠制度具有以下特点。首先是多样化。其表现一是优惠对象的多样化，优惠的范围已经不仅限于一些常见的不利群体，而且扩大到了优秀生、特长生、师范生和中职生等一些新的优惠对象；表现二是优惠形式的多样化，从以往的经济优惠扩大到了就学优惠、升学优惠和环境优惠等。其次是保障性。该阶段的教育优惠制度多以国家法律或政策的形式出现，具有一定的法律强制力，确保了制度的执行力和有效性。各类教育优惠制度的建立，有效地保证了每一个个体都能得到适合自己的教育，以达到自我价值的实现。

二、教育优惠的现状

目前，教育优惠的种类是非常丰富的，各种教育优惠的对象、形式和机制等都是不一样的。为了对这些纷繁复杂的教育优惠类型及其现状进行分析，本研究首先需要对教育优惠进行建模，然后再对各种模式的教育优惠进行描述、分析。

"模"在《辞源》中有三种含义：一是模型、规范；二是模范、楷式；三是模仿、效法。[②] 在《汉语大词典》中，"模式"的含义为"事物的标准样式"。

---

① 余秀兰：《社会弱势群体的教育支持》，133页，北京，中国劳动社会保障出版社，2007。

② 商务印书馆编辑部：《辞源》，1 622页，北京，商务印书馆，1981。

美国学者托马斯·戴伊认为:“模式是对真实世界某些方面的简单化表述,它既可以是实物模型,也可以是抽象事物的图表或流程图,而用来研究政策的模式是一些概念模型,其作用是用来界定政策问题中的重要方面,以引导我们更好地理解公共政策。”①美国学者盖斯认为:“政策模型是对问题情势的选定方面的简化表达,这一问题情势是为特定的目的而建构的。”②日本学者药师泰藏则认为,模式是对研究者的分析方法及其理论的概括总结,是对现实生活的情景予以简化的过程,以便使现实情境中的复杂现象简单化。因此,在政策分析之前必须设想一个特定的模式,预先制订出推理程序和前提条件,选择好变量。③

我国学者张金马认为,模式是现实世界的部分化约而成的简单代表,模式与原型具有相似性,这种相似性原则,从哲学上讲是体现了世界物质的同一性,从逻辑上讲是运用了类比推理,从数理理论上讲是刻画了运动形式的同一性,从而认为人们在建模时要把握原型的本质规律和特征,突出事物的本质特点,忽略次要因素,以便于我们把握纷繁复杂的现实世界,因而可以说简单性是模式赖以生存的基础。④ 宁骚认为:“简单地讲,模型就是对原型的抽象与模仿(仿真)。它是认识主体为着一定的认识目的,依据相似性原则而构建出来的一种理念系统,以代表作为研究对象的真实系统即实际存在的事物。模型有实物模型和理论模型之分。教育政策分析中运用到的模型一般是理论模型。所谓理论模型或者概念模型,指的是一组概念或命题按照其相互间的本质联系被组织在一起,从而形成的一个逻辑结构严整的网络或框架。理论模型是在合理假设的基础上,经过删减真实系统或实在系统的非本质性因素并突显其本质性因素,抽象而成的一种逻辑系统。”⑤查有梁在《教育建模》一书中认为:“模式是一种重要的科学操作与科学思维的方法。它是为解决特定的问题,在一定的抽

---

① [美]托马斯·R. 戴伊著,彭勃等译:《理解公共政策》,11 页,北京,华夏出版社,2004。

② [美]威廉·N. 邓恩著,谢明、伏燕、朱雪宁译:《公共政策分析导论》,169 页,北京,中国人民大学出版社,2002。

③ [日]药师泰藏著,张丹译:《公共政策》,77~78 页,北京,经济日报出版社,1991。

④ 张金马:《公共政策分析:概念、过程、方法》,106~107 页,北京,人民出版社,2004。

⑤ 宁骚:《公共政策学》,276 页,北京,高等教育出版社,2003。

象、简化、假设条件下，再现原型客体的某种本质特征；它是作为中介，从而更好地认识和改造原型客体，建构新型客体的一种科学方法。从时间出发，经概括、归纳、综合，可以提出各种模式，模式一经被证实，即有可能形成理论；也可以从理论出发，经类比、演绎、分析，提出各种模式，从而促进实践发展。模式是客观实物的相似模型（实物模型），是真实世界的抽象写真（数字模型），是思想观念的形象显示（图像模式和语义模式）。”[①]从上我们可以认识到，模式实际是客观世界在人的大脑中的精神影响，它是人们对客观世界的简化、模拟和抽象，将客观世界中事物的本质特征加以提取和分类，用以进行理论分析的工具。

在现代科学方法论中，模式方法是一种重要的研究方法。用模式方法分析问题，简化问题，便于较好地解决问题。在自然科学中常称为模型研究方法；在社会科学中常称为模式研究方法。如物理模型研究、数学模型研究、经济模式研究、文化模式研究等。模式（模型）方法的主要特点是排开事物次要的、非本质的部分，抽出事物主要的、有特色的部分进行研究。模式（模型）方法要将事物的重要因素、关系、状态和过程，突出地显露出来，便于人们进行观察、实验、调查、模拟及理论分析。[②] 在现实世界中，社会问题往往是错综复杂的，而且都蕴含着数不尽的事实与变量，加之政府所采取的各种行动取向，使这些社会问题之间的关系更是因果互致、难以理清。于是，从事政策分析的研究者和决策者为了分析的方便起见，便将这种关系进行简化和抽象，仅关注其中的某些问题或问题属性的某些方面，而将其余问题或属性暂时搁置一旁。这样，他们就可以在所面临的繁杂事实和现象中，抽取最为重要的因素与变量，再通过一定的逻辑推理与演绎，将它们加以综合。[③] 将现有的制度在理论上建模，可以使决策者、研究者和分析者更好地理解现实问题，准确地预测政策走势与发展趋势，有效处理现实社会中纷繁复杂的制度系统中存在的理论与实际问题。正如霍林所说：“任何模型都是对现实的不完全的模仿，忽略所有非本质的东西，模仿才能取得成效；忽略不相关的细节，模型才能发挥作用。正如没有什么有力的

---

① 查有梁：《教育建模》，4 页，南宁，广西教育出版社，1998。

② 查有梁：《教育建模》，12 页，南宁，广西教育出版社，1998。

③ 負杰：《公共政策研究的理论与方法》，318 页，郑州，河南人民出版社，2003。

模型会描述现实的所有方面一样，有效的模型通常不会试图预测所有的细节。”①

在对现有的政策立法进行模型分析时，模型是分析的核心，是分析的基础。实际的问题可以进行提炼建模，利用模型对政策进行分析，最后提出实际的分析与解决方案。查有梁先生提出定性建模的八个步骤，即建模目的、典型实例、抓住特征、确定关键词、简要表述、具体实施、形成子模式群、建模评价。②

根据以上建模理论，笔者提取现有教育优惠制度的主要特征，对现有的教育优惠进行建模分类。现有教育优惠根据其优惠性质，可以分为补助优惠和奖励优惠两大类。补助优惠的目的在于对某些不利群体进行适当补偿；而奖励优惠的目的分为三种，即对优秀特长学生给予的奖励优惠、对选择符合国家与社会发展求学路径的学生给予的奖励优惠和对其直系血亲为社会做出一定贡献的学生给予的奖励优惠。综上，这四种教育优惠的类型可以归纳为补偿式教育优惠、激励式教育优惠、引导式教育优惠和连带式教育优惠。下面对这四种教育优惠模式进行详细的介绍和分析。

（一）补偿式教育优惠的现状

补偿式的教育优惠是针对教育中的弱势群体所采取的优惠措施，其目的在于弥补该群体在教育中的不利地位，以保障其与一般群体享有平等的受教育权利。

1. 补偿式教育优惠的对象

补偿式教育优惠的对象是教育领域内处于不利地位的弱势群体。

（1）一般弱势群体的界定

国际上最早将“社会弱势群体”作为社会学研究对象始于20世纪初的美国。在20世纪50年代，弱势群体是社会学、政治学和社会政策学研究中的核心概念。③ 在国外，弱势群体概念的发展是与福利国家的演进相联系的。也就

① 娄成武、魏淑艳：《公共政策学》，28页，沈阳，东北大学出版社，2003。

② 查有梁：《教育建模》，23页，南宁，广西教育出版社，1998。

③ 余少祥：《弱者的权利》，5页，北京，社会科学文献出版社，2008。

是说，谁是社会中的弱势群体的问题，涉及特定社会的阶级结构、社会分层模式和流行的社会价值观，反映了特定国家、特定时期社会福利对象的政策取向。[①]

在英文文献当中，与弱势群体相对应的有“vulnerable groups”（脆弱群体）和“disadvantaged groups”（不利群体）两个相似的词汇。从字面看，“vulnerable”的意思是易受伤害和攻击，也指易受责难、诱惑，易于屈服的。根据美国社会工作专家罗斯曼的理解，脆弱群体（Vulnerable Groups）是指由于缺乏生活机会而造成依赖性的人群，包括身体或精神残疾的人、年老体弱的人、孤儿或父母丧失监护资格的儿童。[②] 不利群体（Disadvantaged Groups）是一个与有利群体（Advantaged Groups）相对的概念，主要指长期、普遍处于就业和社会生活各领域不利环境的群体，而这种不利环境是由结构性因素和制度性安排造成的。“不利”意味着生活机会和社会奖励分配中长时间和系统性不公平待遇，主要表现在社会不平等程度上。根据斯比克的表述，这种不平等是相对于社会认可的正常化生活状态而言，其比较标准和参照群体是普通民众及其一般生活状态，即这种不利地位导致了这一人群在生活水准和权利状态上低于普通民众。[③]

针对上述两个不同的英文词汇，北京大学的刘继同认为“vulnerable groups”指在生活中比较脆弱和易受伤害的社群，主要指老人、孤儿、儿童、残疾人、精神病人和长期患病者等，称“弱势群体”；“disadvantaged groups”称“劣势群体”，指那些在就业和社会生活中长期处于不利社会境况的社群，这种不利处境主要是由社会结构性因素和制度性安排造成的，劣势意味着生活机会和社会奖励分配中长时间和系统性的不公平待遇。社会中的劣势群体主要包括低下阶层、边缘化群体和受压迫群体，如在美国是指在内城地区木屋和贫民区中的低下阶层、黑人和有色人种、少数民族和女性、移民、亚洲裔和拉丁美洲裔美国人、老年人、退休人员、同性恋、妓女、短期和长期失业者、福利依赖者、单亲父母、未婚母亲、前犯罪和吸毒者等人群。它与“vulnerable groups”的最大区别是他们都具有劳

---

① 余秀兰：《社会弱势群体的教育支持》，12 页，北京，中国劳动社会保障出版社，2007。

② Rothman, Practice with Vulnerable Clients: Case Management and Community Based Service, New Jersey, Prentice hall, 1995, pp. 3 – 4.

③ 余少祥：《弱者的权利》，4 页，北京，社会科学文献出版社，2008。

动能力。通过对现有英文文献的分析,笔者认为"vulnerable groups"更加侧重于生理的弱势,即由于年龄、性别、疾病和残疾等生理因素造成的弱势群体。而"disadvantaged groups"更加侧重于制度性弱势,即由于社会结构性因素和制度性因素造成的弱势群体。

在国内的相关研究中,弱势群体也经常被称为不利群体、边缘群体等。2002年,弱势群体一词被写入我国的《政府工作报告》,体现了政府对弱势群体问题的重视。不同学科的学者从经济状况、社会结构、权利保护等角度分别对弱势群体的概念进行了界定。有的学者从经济的视角对弱势群体进行界定,认为弱势群体是指那些依靠自身的力量或能力无法保证个人家庭成员最基本的生活水准,需要国家和社会给予支持和帮助的社会群体。① 还有的学者认为"弱势群体"概念与"贫困人口"概念之间虽然不是完全等同的,但至少应该是高度重叠的。② 有的学者则从社会结构的角度,认为弱势群体是那些由于某些障碍及缺乏经济、政治和社会机会,而在社会上处于不利地位的人群。③ 还有的学者从权利保护的角度,认为弱势群体可以泛指所有在维护自己的正当权益方面处于弱势的人群。④

相对于上述从某一单独视角对弱势群体进行界定的方式,南京大学的余秀兰用综合的视角对弱势群体这一概念进行了归结。她认为,弱势群体是生活上有困难的群体,其个人和家庭生活达不到社会认可的最基本标准;弱势群体因为某些障碍及缺乏经济、政治等机会,在社会上处于不利地位;弱势群体依靠自身力量无法改变目前的弱势地位,需要政府和社会给予支持和帮助;弱势群体有一些共同特征,如贫困性、低层次性、脆弱性、边缘化;弱势群体既包括老年人、残疾人、精神病患者、处境困难的儿童和女性等主要由生理性因素导致的弱势群体,也包括失业者、下岗职工、进城民工、城乡贫困人口、非正式就业者以及

---

① 郑杭生:《全面建设小康社会与弱势群体的社会救助》,载《中国人民大学学报》,2003(1)。

② 孙立平:《断裂——20世纪90年代以来的中国社会》,9页,北京,社会科学文献出版社,2003。

③ 刘浩林:《论弱势群体权益受损问题的解决维度》,载《萍乡高等专科学校学报》,2004(1)。

④ 唐钧:《关心和帮助弱势群体》,载《科学中国人》,2003(24)。

在劳动关系中处于弱势的人等主要由社会性因素导致的弱势群体。[①]

(2)教育弱势群体的界定

教育范畴中的弱势群体是指在受教育权实现方面处于不利地位的人群。教育优惠制度中弱势群体的含义既与普通意义上的弱势群体含义有一定的重合,又具有一定的特殊性。例如,老年人被列为一般意义上的弱势群体,但其作为一个整体在受教育权的保护方面并没有明显处于不利的现象,所以并不属于教育法律关系中的弱势群体。

法律关系是指法律规范在指引人们的社会行为、调整社会关系的过程中所形成的人们之间的权利义务关系。[②] 教育法律关系是教育法律规范在对教育领域各种活动进行调整的过程中所形成的教育主体之间的权利和义务关系。本文的弱势群体即教育法律关系中的弱势群体,其在范围上属于教育领域之中的弱势,在内容上属于受教育过程中的弱势,在主体上属于教育法律关系主体的弱势。所以,在教育法律关系中的弱势群体与一般意义上的弱势群体尽管在很大程度上有着重合,但是两者之间还是有着明显的区别和不同。

赵中建认为,表现在教育上的弱势群体包括"残疾儿童和天才儿童、街头流浪儿童和童工、偏远地区或游牧人口的儿童、语言或种族或文化方面属少数民族的儿童,以及来自其他不利处境或边际区域或群体的儿童"。[③] 胡劲松认为教育弱势群体具有三个特征。第一,它的成因既可能是客观的或自然的,也可能是主观的或人为的。前者如性别差异,先天或后天残疾等,后者如社会歧视。第二,它是一个相对于社会优势或正常群体的概念,并且由在享用受教育权方面具有"低下状态"这一共同类别特征的人所组成。这种共同类别特征的形成,则由于社会优势群体所制订的标准使然。第三,他们被有意无意地以不公正的方式对待。相对于其他正常群体而言,他们在教育方面所应该占有的份额未能

---

① 余秀兰:《社会弱势群体的教育支持》,19 页,北京,中国劳动社会保障出版社,2007。

② 张文显:《法学基本范畴研究》,160 页,北京,中国政法大学出版社,1993。

③ 赵中建:《教育的使命——面向二十一世纪的教育宣言和行动纲领》,135 页,北京,教育科学出版社,1996。

得到公平分配，其公正待遇也未能得到制度的有效保证。①

在我国教育法学界，一般按照受教育权的入口、过程和出口的历时顺序，将受教育权划分为受教育的机会权、受教育的条件权和受教育的成功权三个子权利。受教育权弱势群体的弱势地位有可能表现在某一种子权利实现的困境上，也有可能表现在两种甚至三种子权利实现上同时面临困境。例如，一些贫困农村地区的女童，首先，面临着比男童更加严重的失学危险；其次，其就学的学校无论设施条件还是师资条件可能都无法与城市学校相比，甚至基本的学习条件都无法保障；最后，因为各方面的条件限制，使其通过学习获得成功的机会又大大降低。对于有的弱势群体来说，也许其只是某一方面的子权利面临困境。例如，一个少数民族的学生，其所在地方提供了良好的就学条件，使其受教育机会权和受教育条件权都得到了良好的保障，但因为所在民族文化同汉文化存在很大的差异，很容易使其学习产生障碍，学习成绩在与汉族学生竞争时面临困境，也就是说学习成功权不能很好地实现。

同时，弱势群体对于受教育权的三个子权利所面临的困境，彼此之间又相互关联。例如，虽然一些少数民族学生在受教育机会权和受教育条件权上没有障碍，但学习成功权面临的困境很容易使其产生厌学的情绪，从而放弃自己的受教育机会权和受教育条件权。另外，一个阶段的受教育成功权又往往直接影响到下一阶段的受教育机会权，从而产生受教育权实现障碍的不良循环。

综上，凡是在受教育机会权、受教育条件权和受教育成功权任何一项权利的实现过程中处于明显弱势地位的群体都属于教育弱势群体。

(3)教育弱势群体的主要类型

①经济弱势

伴随着经济体制改革的进行，我国社会的结构分层产生了重大变化。中国社会科学研究院的陆学艺研究员在其主编的《当代中国社会阶层研究报告》中认为：1978 年以来的改革开放，经济体制的转轨和现代化进程的推进促使中国社会阶层发生结构性变化，原来的“两个阶级一个阶层”（工人阶级、农民阶级和

① 胡劲松：《从教育公平看弱势群体的受教育权》，载《中国教育报》，2001－07－21。

知识分子阶层)的社会结构发生了显著的分化。新的社会阶层包括:国家与社会管理者阶层、办事人员阶层、个体工商户阶层、商业服务人员阶层、产业工人阶层、农业劳动者阶层和城乡无业失业半失业阶层,以上阶层属于五种社会地位等级:上层、中上、中中、中下和底层等。新的社会阶层的划分标准是依据各个阶层对组织资源(政治资源)、经济资源及文化资源的占有情况。报告指出,各阶层之间的社会、经济、生活方式及利益认同的差异日益明显。社会阶层的分化不断导致经济收入在各个阶层之间的不平均分配,其结果便导致以往并不明显的贫富差距被逐渐拉大。洪朝辉将这种贫富差距不断加剧的现象归结为七个方面的原因:一是市场一体化;二是收入分配不公;三是保障制度残缺;四是失业人口剧增;五是贫困人口的文化素质不高;六是制度转型和对外开放的结果;七是社会排斥和社会剥夺。①

事实上,贫困这个概念本身就是非常复杂的。世界银行副行长尼古拉斯·斯特恩博士在谈及中国贫困问题时指出,以往经济学家和政策制定者往往关注的是“收入性贫困”——收入低于某一水平的人都算入贫困人口,以及贫困人口接受的教育和其消费结构。其实,贫困是一种多维现象,它不仅仅体现在收入和教育上。收入、教育和消费结构准确地说更应该看成是贫困的结果,而不是贫困的精确度量。世界银行 2001 年 1 月重新严格地进行了定义,贫困主要有以下三个特征:第一是缺少机会参与经济活动,如果机会就在那里,你不接受,那么就是选择的问题,和贫困问题无关了;第二是在一些关系到自己命运的重要决策上没有发言权;第三是容易受到经济以及其他冲击的影响,如疾病、粮食减少、宏观经济萧条。② 有些国家利用一些可观察、可测量的基本指标来判断是否属于绝对贫困以及贫困的程度。例如,我国《城市居民最低生活保障条例》规定:“城市居民最低生活保障标准,按照当地维持城市居民基本生活所必需的衣、食、住费用,并适当考虑水电燃煤(煤气)费用以及未成年人的义务教育费用确定。”按照上述规定,各地根据自己当地经济发展和物价水平等不同的因素分别制定了最低生活标准,低于该最低生活标准的人口,即可申请政府的最低生

① 洪朝辉:《论社会权利的贫困》,载《当代中国研究》,2000(4)。

② 张敏杰:《中国弱势群体研究》,100 页,长春,长春出版社,2003。

活保障。例如,2008 年,重庆市主城区、渝西地区、三峡库区和渝东南地区三个经济区域规定的城市居民最低生活标准分别为 260 元/月人、230 元/月人、210 元/月人;经济区域农村居民最低生活保障标准为 1 600 元/年人、1 400 元/年人、1 200 元/年人。1961 年,美国社会保障署提出的贫困线是用恩格尔系数作为参照系的。它拟定两口或三口以上的家庭食品消费占总收入的 33% 或三口之家占 27% 以上的,就是贫困户,并根据城镇和农村具体生活条件的不同,做了适当调整。按照这个标准,美国 20 世纪 60 年代初贫困人口达4 000万,到 1975 年下降到2 500万。世界银行根据若干个发达国家和发展中国家的贫困线和平均生活水准,用数理统计的方法确定了一个贫困标准。这一标准不是一条线,而是一个范围,其上限是 370 美元,下限是 275 美元。按照这个标准,发展中国家有 11.2 亿人口生活在贫困之中,大约是这些国家人口的 1/3。[①] 另外,判断一个国家或地区贫富差距的常用指标就是基尼系数。基尼系数(Gini Coefficient)是意大利经济学家 1922 年提出的定量测定收入分配差异程度的指标。它的经济含义是:在全部居民收入中用于进行不平均分配的那部分收入占总收入的百分比。基尼系数最小等于 0,表示收入分配绝对平均;最大等于 1,表示收入分配绝对不平均。实际的基尼系数介于 0 和 1 之间。基尼系数从数量经济学的角度给出了反映居民之间贫富差异程度的数量界线,可以较客观、直观地反映和监测居民之间的贫富差距,预报、预警和防止居民之间出现贫富两极分化,因此得到世界各国的广泛认同和普遍采用。按照目前国际惯例,基尼系数在 0.2 之下,表示居民之间收入分配“高度平均”,0.2 ~0.3 之间表示“相对平均”,在 0.3 ~0.4 之间为“比较合理”。同时,国际上通常把0.4 作为收入分配贫富差距的“警戒线”,认为 0.4 ~0.6 为“差距偏大”,0.6 以上为“高度不平均”。[②] 我国目前基尼系数的统计数字说法不一。以 2006 年为例,国家统计局的数据为 0.4 左右,中国社科院经济研究所课题组的数据是 0.454,世界银行的统计数字是 0.465,南开大学的研究成果是超过 0.5。[③]

---

① 张敏杰:《中国弱势群体研究》,101 页,长春,长春出版社,2003。

② 张敏杰:《中国弱势群体研究》,102 页,长春,长春出版社,2003。

③ 芦杨:《浅议中国的基尼系数与贫富差距》,载《辽宁行政学院学报》,2008(6)。

在我国,因为贫困接受最低生活保障的城市人口最近几年连续稳定在2 200万人,其中根据2007年9月的统计数字是2 238万人。2007年,我国开始推行农村低保制度,估计年底接受低保的农村人口要达到3 000多万人。[①] 在我国,因家庭贫困、无力提供教育费用而不能上学或辍学是儿童失学的最主要原因。[②] 希望工程效益评估课题组对30个国家级贫困县的543名受助生家庭所做的调查表明,希望工程所救助的孩子的家庭极度贫困。1996年,64.7%的受助生家庭缺粮,88.2%的受助生家庭有欠债。父母双亡或父母一方去世、家庭成员有疾病、残疾和丧失劳动能力的比例相当高;子女多而且年龄接近,没有劳动能力而且都到了该上学的年龄,目前正处在吃饭人口多、干活人手少的家庭贫困周期的最底部。[③] 贫困群体子女受教育权实现最大的障碍在于没有足够的经济能力支付学习费用。首先,尽管我国义务教育阶段的学习已经免除了所有的学杂费,但学生学习使用的课本、纸笔等仍需要家庭支付一定的费用,其数额虽然不高,但是对于一些生活极度贫困的家庭来说也是一个不小的负担。其次,义务教育阶段之后的高中教育,特别是高等教育,都需要学生支付一定的学费,这也使很多非常有才华的贫困家庭子女放弃了继续求学的机会。再次,虽然义务教育阶段已经实施全免费,但极个别的家庭还是因为沉重的家庭负担,不得不过早地让孩子参加劳动,以减轻家中的经济压力,这也使一部分学生中途辍学。此外,一部分贫困学生因为没有能力购置参考书、参加辅导班或聘请家教,而使自己在与一般学生进行学业竞争时处于劣势。

综上,贫困学生因为没有能力支付学习费用有可能丧失受教育机会权,因为经济条件有限所以无法保障受教育条件权,因为学习条件恶劣又难以实现受教育成功权,由此形成了周而复始的恶性循环。

②身体弱势

2008年修订的《中华人民共和国残疾人保障法》指出,残疾人包括:视力残

---

① 张时飞、唐钧:《城乡最低生活保障制度建设的最新进展》,载《红旗文稿》,2008(3)。

② 劳凯声:《变革社会中的教育权与受教育权》,218页,北京,教育科学出版社,2003。

③ 中国科技促进发展研究中心、希望工程效益评估课题组:《希望工程效益评估报告》,载《希望月刊》,1998(增刊),3页。

疾、听力残疾、言语残疾、肢体残疾、智力残疾、精神残疾、多重残疾和其他残疾的人。从目前特殊教育学校的分类(主要分为盲校、聋校、培智学校或综合性的特殊教育学校)可以看出,视力残疾、听力残疾和智力残疾学生是主要的特殊教育对象。从实践层面来看,特殊教育的实际对象比《中华人民共和国残疾人保障法》中所列的类别还要多。除了视力残疾、听力残疾、智力残疾、肢体残疾外,还涉及脑瘫(属于肢体残疾的一种)、自闭症、多动症、情绪行为障碍和学习障碍等类别的特殊学生。总体来讲,特殊教育服务对象的类别更细,而且在进一步扩大。① 最新数据表明,我国有残疾儿童1 170万,占残疾人总数的19.5%,约占全国儿童总数的3%。残疾儿童是脆弱人群,是儿童中最为脆弱的群体,也是残疾人中特殊而又困难的群体,其在康复、参与社会生活,尤其是受教育等方面的需求更为迫切。对他们给予特别扶助,保护他们的尊严和权益,为他们提供康复、教育、平等参与社会生活的机会,始终是各级政府义不容辞的责任。②

③文化弱势

文化弱势(Culturally Disadvantaged)的概念源于20世纪60年代的英美等国家,当时的研究指出:某些种族、地区、家庭的儿童在语言、文化、价值观等方面,与主流文化并不相容,在生活及学习方面容易产生挫折。文化不利的儿童若长期处于不利阶段,对其学习影响十分明显,逐渐就会形成教育弱势(Educationally Disadvantaged)儿童。在本文中,文化弱势主要是指文化在数量上的弱势,即某些群体所认同的文化在所生存社会多数群体所认同的强势文化压力下,处于不利的地位。

张诗亚先生在《强化民族认同》一书中认为,文化是民族思维的产物,而文化又创造了民族,一个民族毫无疑问与它的文化是分不开的。所有文化,总是在其漫漫的历史发展长河中,因其所处的天地系统的独特性以及其民族与这一独特的天地系统的相互作用方式形成的。③ 所以每一种文化都有其存在的价值和意义,强势的文化与弱势的文化之间并无优劣之分,正如河清所指出的:“对

① 赵小红:《改革开放30年中国特殊教育的发展及政策建议》,载《中国特殊教育》,2008(10)。

② 孟万金:《全社会都要关注残疾儿童教育》,载《中国特殊教育》,2006(9)。

③ 张诗亚:《强化民族认同》,54~55页,北京,现代教育出版社,2005。

于古往今来的艺术,应该采取一种平等的价值判断,辨别真伪善恶美丑优劣。古未必劣,今未必佳。”[①]河清先生主要是从文化的历时性上说明文化平等。其实,在共时的多种文化中也不能简单地将文化区分为优质文化和劣质文化,当代的多元文化理论正是建立在这一基础之上的。“多元文化”是北美多族裔国家的产物,是民主化的结果。美国自殖民时期以来,族群一直是一个敏感的话题。在20世纪60年代以前,大多数美国人对主流文化相当自信,视美国社会为“熔炉”(Melting Pot)的同化理念,一直为大多数美国人所信奉。但在此之后,高涨的族群意识与民权运动互为因果,族群意识激发许多学者投入族群研究,并批评美国主流社会以白人中产阶级文化为主,主流文化有强烈的自我中心与排他性。学者呼吁主流社会回归多元文化的民主本质,并以沙拉吧(Salad Bar)的隐喻,肯定各族群的文化与价值,重新建构多元族群的关系。自此,熔炉的主张逐渐被沙拉吧取代,开启了承认差异、强调主体与认同的多元文化论述。[②]

在多元文化的教育中,部分群体所认同的文化又往往区别于社会的主流文化。在这种少数文化环境中熏陶成长的儿童,接受学校教育时,很容易产生文化不适的现象,从而造成学业成绩不佳,甚至引发厌学、失学等情况的发生。在这种情况下,对于文化弱势的儿童必须采取区别于一般儿童的教育方式,甚至要辅助适当的优惠性待遇,以求弥补其与主流文化中成长起来的儿童之间的差异,最终获得同等学业成功的机会。

2. 补偿式教育优惠的目的

补偿式教育优惠针对的是受教育权实现过程中遇到障碍的受教育者。教育法律关系中的弱势群体最大的特征就表现为受教育权的保障方面明显处于不利地位。我国的教育法律明确规定,公民享有平等的受教育权。例如,《中华人民共和国教育法》第九条规定:“中华人民共和国公民有受教育的权利和义务。公民不分民族、种族、性别、职业、财产状况和宗教信仰等,依法享有平等的受教育机会。”但由于种种原因,某些群体在受教育权的实现方面面临着比一般

---

① 河清:《笔墨未必随时代》,载《读书》,2002(12)。

② 谭光鼎、刘美慧、游美惠:《多元文化教育》,3页,台北,高等教育文化事业有限公司,2008。

群体更大的困难。造成这种困境的原因有自身生理方面的，还有社会环境方面的。对于这些受教育者，如果国家对其采取同一般受教育者一样的待遇，那么这些受教育者就会因或多或少受某些因素的制约，造成受教育的品质难以保证，甚至有可能使部分弱势受教育者失去求学的机会。在这种情况之下，对这部分群体进行倾斜式保护，就是试图扭转其在受教育过程中的不利地位，从而使他们与一般受教育者一样接受教育，并同样具有获得学业成功和自我实现的机会。对于教育法律关系中的受教育者来说，其集中指向的权利便是受教育权。受教育权是指公民作为权利主体，依照法律、法规的规定具有的接受教育的能力或资格。[①] 补偿式的教育优惠正是针对这些群体的受教育权提供倾斜性保障，以使其更好地实现受教育权，达到或者缩短与一般群体之间的差距。

3. 补偿式教育优惠的内容

(1)针对经济弱势学生的教育优惠

从国际的视角看，世界各国普遍针对经济弱势的学生实施了一系列经济补助的优惠制度。例如，日本在二次世界大战后，为了实现教育振兴目的，相继颁布了一系列的法律来保障经济弱势学生接受教育。其中包括：《义务教育费国库负担法》(1952 年)、《偏僻地方教育振兴法》(1954 年)、《学校供给饮食法》(1954 年)、《关于就学困难儿童及学生就学奖励之国家援助法》(1956 年)和《关于义务教育诸学校的教学用图书免费的法律》。为保障家庭困难儿童顺利完成义务教育，日本在 1956 年专门颁布实施了《关于就学困难儿童及学生就学奖励之国家援助法》，此法规定："本法律以对由于经济原因而导致就学困难的儿童及学生实施奖励学习用品等措施的地方公共团体为对象，目的在于由国家通过对这些地方公共团体提供必要的援助来保障中小学义务教育的顺利实施。"同时指出，"根据《生活保护法》第六条第二款所规定的需要给予保护者(或由政令所规定的相当于《生活保护法》第六条第二款所规定的需要给予保护的贫困程度者)，可在预算范围内，给予补助学习用品或其购买费、儿童或学生走读所需的交通费以及儿童或学生的修学旅行费"，并由政令对各项补助的基

① 劳凯声：《变革社会中的教育权与受教育权》，218 页，北京，教育科学出版社，2003。

准和范围做了明确而具体的规定。根据该项法律，任何一个属于法律规定范围内的家庭经济困难儿童无疑均可以从国家得到一定的补助，不至于因经济原因而被剥夺受教育的权利。①

我国对经济弱势学生受教育权的保障问题也非常重视。针对经济弱势学生在受教育权保障方面的不利地位，我国教育法、义务教育法和高等教育法等教育法律对此都有一些倾斜性的相关规定。例如，1995 年的《中华人民共和国教育法》第十条第二款："国家扶持边远贫困地区发展教育事业。"第三十七条规定："国家、社会对符合入学条件而家庭经济困难的儿童、少年、青年，提供各种形式的资助。"1998 年的《中华人民共和国高等教育法》第八条规定："公民依法享有接受高等教育的权利。国家采取措施帮助少数民族学生和经济困难的学生接受高等教育。"第五十四条规定："家庭经济困难的学生，可以申请补助或者减免学费。"2006 年最新修订的《中华人民共和国义务教育法》第四十四条第二款规定："各级人民政府对家庭经济困难的适龄儿童、少年免费提供教科书并补助寄宿生生活费。"

在上述教育法律的指引下，我国陆续建立了以助学金、奖学金、贷学金、勤工助学金和杂费减免等制度构成的经济弱势学生优惠资助体系。2006 年，胡锦涛总书记在中央政治局第 34 次集体学习时指出，要进一步完善帮助贫困家庭学生上学的资助制度和扶持政策。2007 年 3 月，温家宝总理在十届人大五次会议的《政府工作报告》中郑重宣布，在普通本科高校、高等职业学校和中等职业学校建立健全国家奖学金、助学金制度，进一步落实国家助学贷款政策。同年 5 月 13 日，国务院下发《关于建立健全普通本科高校、高等职业学校和中等职业学校家庭经济困难学生资助政策体系的意见》，决定从 2007 年秋季开学起全面贯彻落实新的资助政策。6 月，财政部和教育部等有关部门连续下发了 8 个配套实施办法。新资助政策及配套措施通过加大财政投入、落实各项助学政策、扩大受助学生比例和提高资助水平等途径，从制度上基本解决家庭经济困难学生的就学问题。建立健全家庭经济困难学生资助政策体系，切实保障家庭经济

① 劳凯声：《变革社会中的教育权与受教育权》，220 页，北京，教育科学出版社，2003。

困难学生能够顺利入学，上得起大学或接受职业教育，充分体现了党中央、国务院对家庭经济困难学生的关心和爱护，是促进教育公平、实施科教兴国和人才强国战略、构建社会主义和谐社会的重要举措。

2009 年 2 月 22 日，2007—2008 学年度国家奖学金颁奖大会在北京召开。中共中央政治局委员、国务委员刘延东为国家奖学金获奖学生代表颁奖时强调，建立健全家庭经济困难学生资助政策体系和国家奖学金制度，是党和国家为建设创新型国家和人力资源强国、实现教育优先发展和促进教育公平的重要举措，要坚决落实各项资助政策措施，保障每一个孩子不因家庭经济困难而失学。刘延东指出，党和国家始终把坚持教育公益性和促进教育公平作为基本教育政策，切实保障全体人民特别是困难群体的受教育权。近年来，中央和地方各级政府采取了一系列重大举措，建立了家庭经济困难学生资助政策体系，每年资助近 1.8 亿学生，2003 年的资助经费是 18 亿，到 2010 年达到 510 亿。这是国家对困难学生资助强度最大、资助范围最广、财政投入最多的制度安排，也是困难学生得实惠最多的制度安排。

①学前教育阶段经济弱势学生的教育优惠

在 2010 年之前，学前教育阶段经济弱势学生的优惠制度从国家层面上基本属于空白。2010 年，《国家中长期教育改革和发展规划纲要（2010—2020 年）》提出："加大政府投入，完善成本合理分担机制，对家庭经济困难幼儿入园给予补助。"2010 年年底出台的《国务院关于当前发展学前教育的若干意见》也进一步明确：要建立学前教育资助制度，资助家庭经济困难儿童、孤儿和残疾儿童接受普惠性学前教育。在该政策的指导下，全国各地陆续开始对家庭经济贫困儿童的学前教育进行资助。例如，浙江省绍兴县从 2011 年开始启动实施免费学前教育三年行动计划，全县3 000名经济困难家庭幼儿将享受免费学前教育，入园保教费按生均每年最高2 000元的标准补助。厦门市集美区制订出台了《集美区困难家庭子女学前教育补助办法》，保障困难家庭儿童接受学前教育，补助标准按公办幼儿园保育教育费每学期的最高收费标准1 170元/生给予救助。但从总体来看，全国统一的资助标准和资助政策还有待于进一步完善和加强。

②义务教育阶段经济弱势学生的教育优惠

在义务教育阶段,2006年最新修订的《中华人民共和国义务教育法》明确规定:“义务教育是国家统一实施的所有适龄儿童、少年必须接受的教育,是国家必须予以保障的公益性事业。”“实施义务教育,不收学费、杂费”。相对于高中阶段的教育以及高等教育,义务教育阶段的经济负担相对较轻。根据义务教育阶段经济弱势学生在受教育权保障方面不利地位的实际情况,对经济弱势学生的倾斜性优惠政策主要集中在对贫困学生个人和贫困地区的经济资助。

其中,义务教育阶段针对贫困学生个人的优惠主要是“两免一补”政策。“两免一补”政策是指近年来我国政府对农村义务教育阶段贫困家庭学生就学实施的一项资助政策,主要内容是对农村义务教育阶段贫困家庭学生免杂费、免书本费、逐步补助寄宿生生活费。这项政策从2001年开始实施,其中中央财政负责提供免费教科书,地方财政负责免杂费和补助寄宿生生活费。免费提供教科书的对象为农村地区因家庭经济困难而无力负担课本费的义务教育阶段学生(含特殊教育学生,下同)。按照贫困程度对农村义务教育阶段贫困家庭学生进行资助,优先资助孤儿、绝对贫困和低收入家庭子女,以及因突发事件导致家庭经济困难的子女等。2005年,中央和地方财政安排“两免一补”(免学杂费、免课本费、补生活费)资金70多亿元,共资助中西部贫困家庭学生3 400万人。2006年又从西部地区开始全部免除农村义务教育阶段学生的学杂费,享受免学杂费政策的学生达到4 880万人。2007年,全国农村义务教育阶段家庭经济困难学生均享受到了“两免一补”政策带来的优惠。2010年,在免除全国1.5亿义务教育阶段学生学杂费基础上,国家向所有农村学生和城市家庭经济困难学生免费提供教科书,惠及1.35亿学生,受助学生比例(占义务教育阶段学生总数的比例)超过87%。从2010年秋季开始,中西部地区农村义务教育阶段家庭经济困难寄宿生生活费补助标准每人每天提高1元,年生均补助标准小学由500元提高到750元,初中由750元提高到1 000元,进一步减轻了农村家庭经济困难寄宿生的经济负担,也帮助这些寄宿生改善了营养状况。2010年,全国义务教育阶段共有1 495万家庭经济困难寄宿生享受生活补助。其中,中西部地区补助人数达1 228万人,较2009年增加108万人,中央下达补助资金57.1亿元,较 2009 年增加了 18.5 亿元。

针对贫困地区的经济资助包括《国家西部地区“两基”攻坚计划(2004—2007 年)》《国家贫困地区义务教育工程》(共两期)等,其中《国家西部地区“两基”攻坚计划(2004—2007 年)》(以下简称《计划》)是经国务院批准制定,旨在解决西部“两基”问题的计划。《计划》的制定,是我国普及义务教育进程中的一件大事,是党中央、国务院扶持西部地区基本普及九年义务教育,基本扫除青壮年文盲,提高国民素质,缩小东西部差距,促进当地经济发展和社会进步的一项重大举措。在国务院领导下,《计划》由教育部、发改委、财政部和地方人民政府共同组织实施。《计划》的主要目标是:从 2004 年到 2007 年,用四年时间帮助西部地区整体上实现“两基”目标,“两基”人口覆盖率达到 85% 以上,初中毛入学率达到 90% 以上,扫除 600 万文盲,青壮年文盲率下降到 5% 以下。《计划》的主要措施有七项:一是实施“农村寄宿制学校建设工程”;二是实施“两免一补”,扶持西部农村地区家庭经济困难学生就学;三是实施农村中小学现代远程教育工程;四是大力加强西部农村地区教师队伍建设;五是深化教学改革、提高教育质量;六是加大教育对口支援力度;七是明确各级政府在“两基”攻坚中的责任。

1995 年至 2000 年,教育部(原国家教委)、财政部联合组织实施了第一期“国家贫困地区义务教育工程”。为实施这一工程,中央财政投入 39 亿元,地方财政配套 87 亿元,共计 126 亿元。“十五”期间,国家又投入中央专款 50 亿元,实施第二期“国家贫困地区义务教育工程”,以帮助贫困地区实现普及义务教育的目标。其中,第二期“工程”利用中央和按比例配套的地方资金共计 72.5 亿元,用在项目单位新建和改扩建中小学、培训教师、添置仪器设备、购置课桌凳和新增图书资料等方面。“工程”为六万多所农村中小学配置信息技术教育和远程教育接收设备,旨在通过远程信息技术,将优质的教育资源输送到中国欠发达地区。“工程”还以免费发放教科书和减免杂费的形式资助家庭经济困难的学生,并在薄弱的学校基础设施建设、教师培训等方面给予支持。

③高中阶段经济弱势学生的教育优惠

在我国,对高中阶段经济弱势学生优惠力度比较大的有“宏志班”项目。

1995年9月1日，全国第一个“宏志班”在北京市广渠门中学开班。2002年9月，国家西部开发助学工程扩大了资助范围，在全国20个省、市、自治区设立40个高中“宏志班”，每班招生50人，招收学生的标准是品学兼优、家庭贫寒。国家每学年给每个宏志生2 000元的生活资助，学费则由开办“宏志班”的学校承担。另外，一些地方政府也针对家庭经济困难的高中学生进行资助。例如，威海市政府专门设立了普通高中助学金，助学金平均资助标准为每生每年1 000元，具体分为1档500元、2档1 000元、3档1 500元。政府助学金资助面平均为普通高中在校生的8%。再例如，重庆市政府在2008年安排1 500万元对10 000名普通高中家庭经济困难学生补助学费、生活费等。

从2010年秋季学期起，我国开始由中央与地方共同设立普通高中国家助学金，用于资助普通高中在校生中的家庭经济困难学生，资助面约占20%，平均资助标准为年生均1 500元。普通高中国家资助政策的出台，标志着我国基本健全从小学至大学的家庭经济困难学生资助政策体系。该项政策在当年就惠及了482万名普通高中家庭经济困难学生，约占高中在校生总数的20%，资助金额约48亿元，其中中央财政投入22.56亿元。

④职业教育阶段经济弱势学生的教育优惠

目前，国家针对中等职业学校的贫困学生颁发国家助学金。中等职业教育实行以国家助学金为主，以校内奖学金、学生工学结合、顶岗实习和学校减免学费等为辅的资助政策。中等职业学校是指政府有关部门根据国家有关规定批准设立并备案。实施中等学历教育的各类职业学校，包括公办和民办的普通中专、成人中专、职业高中、技工学校、职业技术学院附属的中专部和中等职业学校等。国家助学金资助对象是所有具有中等职业学校全日制正式学籍的在校一、二年级农村户籍的学生和县镇非农户口的学生以及城市家庭经济困难学生。中等职业学校在校三年级学生通过工学结合、顶岗实习获得一定报酬，用于支付学习和生活费用。国家助学金由中央和地方政府共同出资设立，主要资助受助学生的生活费开支，资助标准为每生每年1 500元。

从2009年秋季开始，中等职业教育免学费政策惠及农村家庭经济困难学生和涉农专业学生。从2010年秋季学期起，将中等职业学校城市家庭经济困难学生也纳入免学费政策范围,吸引更多学生和社会青年接受职业教育。2010年,全国中等职业学校免学费政策受助学生人数由2009年的426万人增加至440万人,约占中等职业学校全日制在校生总数的22%,免学费金额约88亿元,其中中央财政投入43.2亿元。

⑤高等教育阶段经济弱势学生的教育优惠

相对于义务教育阶段,国家在高等教育阶段建立起国家奖学金、国家励志奖学金、国家助学金、师范生免费教育、国家助学贷款、勤工助学和学费减免等多种形式的高校家庭经济困难学生帮扶政策体系。2007年5月13日,国务院下发《关于建立健全普通本科高校、高等职业学校和中等职业学校家庭经济困难学生资助政策体系的意见》,决定从2007年秋季开学起全面贯彻落实新的资助政策。家庭经济困难学生考上大学,首先可通过"绿色通道"按时报到。入校后,学校对其家庭经济情况进行核实,再分别采取不同办法予以帮扶。其中,解决生活费问题,以国家助学金为主,以勤工助学等为辅;解决学费和住宿费问题,以国家助学贷款为主,以国家励志奖学金等为辅。此外,国家还积极引导和鼓励社会团体、企业和个人面向高校设立奖学金、助学金,共同帮助家庭经济困难学生顺利入学并完成学业。

国家对高等教育阶段的经济弱势学生采取的优惠措施主要有以下几种:

第一,国家奖学金制度。中央继续设立国家奖学金,用于奖励普通本科高校和高等职业学校全日制本专科在校生中特别优秀的学生,每年奖励5万名,奖励标准为每生每年8 000元,所需资金由中央负担。中央与地方共同设立国家励志奖学金,用于奖励资助普通本科高校和高等职业学校全日制本专科在校生中品学兼优的家庭经济困难学生,资助面平均约占全国高校在校生的3%,资助标准为每生每年5 000元。国家励志奖学金适当向国家最需要的农、林、水、地、矿、油、核等专业的学生倾斜。

自1991年,研究生奖学金制度开始在普通高等学校试行。国家设立研究生奖学金的目的是为保证研究生的基本生活需要,鼓励研究生在校期间专心于科研,以期在学术上有所创新和发展。1994年,原国家教委、财政部发布《普通高等学校研究生奖学金办法》,规定国家设立研究生奖学金,分普通奖学金和优秀奖学金两种。一般情况下,学习成绩合格的在校研究生都能获得普通奖学金。在专业学习和研究中成绩突出的研究生,除享受普通奖学金外,还可获得优秀奖学金。1996 年,国家决定适当提高普通高等学校研究生奖学金,以求更好地改善研究生的经济状况。①

第二,国家助学金制度。中央与地方共同设立国家助学金,用于资助普通本科高校、高等职业学校全日制本专科在校生中家庭经济困难学生和中等职业学校所有全日制在校农村学生及城市家庭经济困难学生。国家助学金资助面平均约占全国普通本科高校和高等职业学校在校生总数的20%。财政部、教育部根据生源情况、平均生活费用、院校类别等因素综合确定各省资助面。平均资助标准为每生每年2 000元,具体标准由各地根据实际情况在每生每年1 000~3 000元范围内确定,可以分为两档或三档。2010 年,我国又建立了高校国家助学金资助标准动态调整机制,即综合考虑经济发展水平和物价变动情况。从 2010 年秋季学期起,高校国家助学金标准由年生均2 000元提高到3 000元,有效缓解了物价上涨给高校家庭经济困难学生带来的不利影响。

第三,国家助学贷款政策。国家助学贷款是由政府主导、财政贴息、财政和高校共同给予银行一定风险补偿金,银行、教育行政部门与高校共同操作,帮助高校家庭经济困难学生支付学生在校学习期间所需的学费、住宿费及生活费的银行贷款。国家助学贷款是信用贷款,学生不需要办理贷款担保或抵押,只需要承诺按期还款,并承担相关法律责任。生源地信用助学贷款是指学生或其合法监护人,向家庭所在地的农村信用社、银行等金融机构申请办理的无须担保或抵押的助学贷款。它是国家助学贷款的有机组成部分。目前,财政部、教育部等有关部门正在研究制订在全国范围内推行生源地信用助学贷款的办法。从 2006 年起,中央部门所属全日制普通高校国家助学贷款应届毕业生,自愿到西部地区和艰苦边远地区基层单位从事第一线工作,服务期达到 3 年以上(含 3 年)的,其在校学习期间的国家助学贷款本金及其全部偿还之前产生的利息,由中央财政代为偿还。从 2009 年开始,我国又专门针对应征入伍服兵役的全日

---

① 高家伟:《教育行政法》,157 页,北京,北京大学出版社,2007。

制普通高等学校应届毕业生，实施相应的学费补偿和国家助学贷款补偿。

2010年年度国家助学贷款人数和金额分别突破100万人和100亿元，创历史新高。2010年国家助学贷款获得贷款学生人数达到113.84万人，较2009年增长11.6%；新增贷款金额114.89亿元，较2009年增长32%。2010年全国普通高校共有36 157名毕业生获得服义务兵役学费补偿、贷款代偿，补偿和代偿金额为5.55亿元；中央部门直属高校共有10 650名毕业生获得了基层就业学费补偿、贷款代偿，金额为6 542万元。

第四，勤工助学。勤工助学是指学生在学校的组织下利用课余时间，通过自己的劳动取得合法报酬，用于改善学习和生活条件的社会实践活动。勤工助学是学校学生资助工作的重要组成部分，是提高学生综合素质和资助家庭经济困难学生的有效途径。学生在学有余力的前提下，向学校提出勤工助学的申请，接受必要的勤工助学岗前培训和安全教育，再由学校统一安排到校内或校外的岗位上进行勤工助学活动。学校不得安排学生参加有毒、有害和危险的生产作业以及超过身体承受能力、有碍健康的劳动。任何单位和个人未经学校同意，不得聘用在校学生打工。学生参加勤工助学不应当影响学业，原则上每周不超过8小时，每月不超过40小时。

第五，其他资助政策与措施。《国务院关于建立健全普通本科高校、高等职业学校和中等职业学校家庭经济困难学生资助政策体系的意见》规定："学校要按照国家有关规定从事业收入中足额提取一定比例的经费，用于学费减免、国家助学贷款风险补偿、勤工助学、校内无息借款、校内奖助学金和特殊困难补助等。"首先，学费减免。国家对公办全日制普通高校中家庭经济特别困难，无法缴纳学费的学生，特别是其中的孤残学生、少数民族学生及烈士子女、优抚家庭子女等，实行减免学费政策。其次，辅助措施。各高校利用自有资金、社会组织和个人捐赠资金等，设立奖学金、助学金；对发生临时困难的学生发放特殊困难补助等。最后，"绿色通道"。为切实保证家庭经济困难学生顺利入学，教育部、国家发改委和财政部规定：各公办全日制普通高等学校都必须建立"绿色通道"制度，即对被录取入学的家庭经济困难新生，学校一律先办理入学手续，然后再根据核实后的情况，分别采取不同办法予以资助。2010年秋季学期，全国通过

“绿色通道”办理入学手续的新生为60.9万人，占家庭经济困难新生的38.8%，占报到新生总数的9.7%。

(2)针对身体弱势学生的教育优惠

我国宪法、义务教育法和残疾人保障法都对特殊教育做出了专门的规定。1994年由国务院颁布的《残疾人教育条例》是我国第一部关于残疾人教育的专项法规，是我国教育法规体系的组成部分，使特殊教育事业的发展和学科的进步有法可依、有规可循。此外，几个部委还联合发出了《特殊教育补助费使用办法》，每年从中央筹集专项基金补助各地发展特殊教育。其下级行政单位(如区、县)还有更细致的具体计划。1993年颁布的《中国教育发展纲要》指出：“各级政府要把残疾人教育作为教育事业的组成部分，采取单独举办残疾人学校或普通学校招收残疾人入学等多种形式，发展残疾人教育事业。逐步增加特殊教育经费，并鼓励社会力量办学、捐资助学。要对残疾人学校及其校办产业给予扶持和优惠。”

2006年6月29日，我国修订的《中华人民共和国义务教育法》规定：“残疾的适龄儿童、少年接受九年义务教育。县级以上地方人民政府根据需要设置相应的实施特殊教育的学校(班)，对视力残疾、听力语言残疾和智力残疾的适龄儿童、少年实施义务教育。特殊教育学校(班)应当具备适应残疾儿童、少年学习、康复、生活特点的场所和设施。普通学校应当接收具有接受普通教育能力的残疾适龄儿童、少年随班就读，并为其学习、康复提供帮助。特殊教育学校(班)学生人均公用经费标准应当高于普通学校学生人均公用经费标准。拒绝接收具有接受普通教育能力的残疾适龄儿童、少年随班就读的学校，由县级人民政府教育行政部门责令限期改正；情节严重的，对直接负责的主管人员和其他直接责任人员依法给予处分。”《中华人民共和国义务教育法》为残疾儿童接受教育提供了法律法规保障。

可见，我国对于身心障碍学生的优惠性待遇主要表现在以下四个方面。首先，设施保障。根据有关规定，提供特殊教育的机构应当具备适合残疾人学习、康复、生活的场所和设施。其次，经费支持。根据2008年最新修订的《中华人民共和国残疾人保障法》第二十一条规定，各级人民政府对接受义务教育的残疾学生、贫困残疾人家庭的学生提供免费教科书,并给予寄宿生活费等费用补助;对接受义务教育以外其他教育的残疾学生、贫困残疾人家庭的学生按照国家有关规定给予资助。另外,中国教育经费统计年鉴的数据显示,2008 年我国特殊教育学校共有在校生417 440人,国家财政性教育经费为288 135.3万元,生均6 902元;当年我国小学有学生103 315 122人,国家财政性教育经费为26 742 621.1万元,生均2 588元;初中有学生55 849 710人,高中有学生24 762 842人,合计80 612 552人,国家财政性教育经费为25 360 850.0万元,生均3 146元。从上面数字可以看出,国家和地方在特殊教育的经费方面还是给予了优惠待遇。再次,师资优惠。根据有关法律法规,特殊教育教师和手语翻译,享受特殊教育津贴。最后,升学优惠。残疾人高等教育的特殊教育方式是单独设立(或在普通高校内设立)的特殊教育学院(班)。目前,国家还批准了这些单独的特殊教育高等教育机构可以单独进行招生和考试。残疾人高等教育的单考单招政策体现了党和政府对残疾人的关怀,彰显了我国高等教育的公正性和公平性,促进了社会和谐,为残疾人实现上大学的梦想开辟了一条新渠道。

另外,一些地方政府也对身心障碍学生给予了倾斜性的优惠待遇。例如,重庆市为了支持特殊教育学校发展,专门安排财政资金 176 万元,用于提高特殊教育学校学生生均公用经费补助标准,即在 2008 年特殊教育学校学生公用经费每人每年 420 元的基础上,每人每年再安排公用经费 650 元。这样,重庆市特殊教育学校学生生均公用经费每年将达到1 070元。此外,从 2008 年秋季学期起,重庆市将安排财政资金 121 万元,免费向全市特殊教育学校在校学生每天供应一袋鲜牛奶。

(3)针对文化弱势学生的教育优惠

在宪法、民族区域自治法和教育法的指导下,我国制定了一系列的民族教育法规和规章。1992 年 3 月,国家教委和国家民委在北京召开了第四次全国民族教育工作会议,会后印发了《关于加强民族教育工作若干问题的意见》,明确规定了民族教育的方针任务和指导原则。2002 年 7 月,国务院颁发了《关于深化改革加快发展民族教育的决定》,对新世纪新时期我国民族教育的大政方针、目标任务、政策措施做出了明确规定,提出了"民族教育跨越式发展"的思想。

2010 年颁布的《纲要》指出："全面提高少数民族和民族地区教育发展水平。公共教育资源要向民族地区倾斜。中央和地方政府要进一步加大对民族教育支持力度。"截止到 2008 年年底，全国各级各类学校中少数民族在校生数为 133.88 万人，占学生总数的 6.23%；普通中学的少数民族在校生数为 680.22 万人，占学生总数的 8.45%；普通小学少数民族在校生数为1 070.79万人，占学生总数的 10.36%。全国各级各类学校中少数民族专任教师数已经达到了 111.24 万人。到 2008 年年底，民族地区实现"两基"的县达到 674 个，占民族地区县总数的 96.56%，人口覆盖率达到 98.9%，青壮年文盲率也大幅度下降。2000 年第五次全国人口普查表明，朝鲜、满、蒙古和哈萨克等 14 个少数民族的受教育年限高于全国平均水平。

①经费优惠

1980 年 10 月 9 日，教育部、国家民委印发的《关于加强民族教育工作意见》指出："对于大多数文化教育十分落后的民族，特别是对于边远地区、牧区、山区的民族，必须采取特殊的办法，在相当的时期内，集中力量办好一批公办的民族中小学，给予较多的助学金，特别要大力办好一批寄宿制学校，采取由国家管住、管吃、管穿的办法。对于这批民族中小学，在经费上要给予必要的照顾，调配较好的教师，校舍和教学设备也要好一些。""除了正常的教育经费外，还必须给予特殊的补贴。最好在财政上设立少数民族教育专项补助费。此外，建议从支援经济不发达地区发展资金、边境地区事业补助费、边境地区基建补助费中划出适当比例，作为发展民族教育之用"。[①] 在 1993 年颁布的《中国教育改革和发展纲要》中指出："中央和地方要逐步增加少数民族教育经费。对有特殊困难的少数民族地区，要采取倾斜政策和措施。在国家安排的少数民族地区各项补助费及其他扶贫资金中，要划出一定比例的经费用于发展民族教育。对志愿到边疆少数民族地区工作的大中专毕业生的待遇，各地要制订优惠政策。认真组织和落实内地省、市对民族地区教育的对口支援。"[②]

---

① 何东昌：《中华人民共和国重要教育文献》，1 868 页，海口，海南出版社，1998。

② 《各地加大民族教育倾斜力度》，http://www.moe.edu.cn/publicfiles/business/htmlfiles/moe/s5794/201107/122599.html，2012－07－11.

自1990年起,国家开始设立民族教育补助经费,专门用于民族教育事业的发展。根据何东昌1992年3月18日在第四次全国民族教育工作会议上的总结讲话,中央每年有2 000万民族教育专项补助费。[①] 此外,中央财政设立的“国家贫困地区义务教育工程”专款39亿元,其中22亿元投向了民族人口集中的西部12省(市、区)。据统计,1996年至2001年,国家利用国债和其他专项经费,通过各种项目,对少数民族和西部地区投入的经费达到53.68亿元。[②] 2010年《纲要》颁布一年中,国家协调落实中央新增专项资金123亿元、对口支援省市教育援疆试点项目资金7.2亿元。对口支援西藏及四省藏区教育工作进展良好,落实2010年度新增中央专项资金51亿元、地方专项资金及社会捐赠54亿元。

②升学优惠

我国1951年开始实施少数民族高等教育招生政策后,把在高等教育阶段实施的招生政策扩展到中等教育阶段。1978年高校招生时规定,对边疆地区的少数民族考生,最低录取分数线及录取分数段,可适当放宽。恢复高校招生统一考试后,鉴于少数民族学生比例有所下降的情况,1981年高等学校招生时进一步规定,对边疆、山区和牧区少数民族聚居地区的少数民族考生可根据当地的实际情况适当降低分数。对散居在汉族地区的少数民族考生,在与汉族考生同等条件下,优先录取。高等学校举办少数民族班,可适当降低分数或采取定向招生、定向分配的办法,招收边疆、山区和牧区等少数民族聚居地区的少数民族考生。《关于加强民族教育工作的意见》提出,高考招生应对少数民族学生采取择优录取和规定比例适当照顾相结合的办法,在各少数民族自治地区,力争少数民族学生录取的比例应不低于少数民族人口的比例。2001年2月修正后的《民族区域自治法》第七十一条规定:“国家举办民族高等学校,在高等学校举办民族班、民族预科,专门或者主要招收少数民族学生,并且可以采取定向招生、定向分配的办法。高等学校和中等专业学校招收新生的时候,对少数民族

---

① 何东昌:《中华人民共和国重要教育文献》,3 308页,海口,海南出版社,1998。

② 国家教育发展研究中心:《2003年中国教育绿皮书:中国教育政策年度报告》,21页,北京,教育科学出版社,2003。

考生适当放宽录取标准和条件，对人口特别少的少数民族考生给予特殊照顾。”

教育部《2008年普通高等学校招生工作规定》中提出，边疆、山区、牧区和少数民族聚居地区的少数民族考生，由省级招生委员会决定，可在高等学校调档分数线下适当降低分数要求投档，由学校审查决定是否录取。降分幅度控制在20分以内。散居在汉族地区的少数民族考生，在与汉族考生同等条件下，优先录取。《重庆市2008年普通高等学校招生实施办法》规定：“报考市外院校的散居在汉族地区的少数民族考生在同等条件下可优先录取；少数民族自治县（含民族乡）的少数民族考生可以加20分；报考在渝院校的散居少数民族考生、少数民族自治县的汉族考生可以加5分。”

2004年，教育部、国家发展改革委、国家民委、财政部和人事部颁布了《关于大力培养少数民族高层次骨干人才的意见》，重点面向西藏、新疆、内蒙古、宁夏、广西、重庆、四川、贵州、云南、甘肃和青海西部11个省、自治区、直辖市、新疆生产建设兵团、享受西部政策待遇的民族自治地区和需要特别支持的少数民族散杂居地区以及内地西藏班、新疆班培养博士和硕士研究生，按照“定向招生、定向培养、定向就业”的要求，采取“统一考试、适当降分”等特殊政策措施招收新生。招生对象以少数民族考生为主，同时按照一定比例招收长期在少数民族地区工作的汉族考生。

综上，目前少数民族高等教育招生政策的主要内容如下：第一，对散杂区的少数民族学生招生一般采取“同等条件，优先录取”的原则。第二，“适当降分”。教育部确定降分的最高限，一般是录取线下20分，但具体的降分幅度由各地区根据本地区各少数民族教育发展水平、居住地域条件、经济发展状况和少数民族人口数量等指标来确定，一般在录取线下1～20分之间。第三，西藏和新疆等自治区采取“单独划线、单独招生”措施。第四，“民考民”，“民考汉”。“民考民”系我国高考中的一项针对使用本民族语言文字的少数民族考生的特殊政策，符合条件的少数民族考生在高考时使用本民族语言的试卷，与“民考汉”相对。相应地，考生报考时也必须报考“民考民”的相关学校和专业。这项政策体现了国家对保护少数民族文化的重视。“民考汉”是指少数民族考生在高考时使用同汉族考生一样的试卷，在这种情况下，有可能针对民族考试采取加分政策。第五,举办少数民族班和预科班,预科班降分不低于录取线下 80 分,民族班降分在录取线下 40 分。第六,定向招生,定向分配。降分的幅度由各地区根据实际需要确定。第七,重点大学和民族院校保留一定的名额给少数民族学生,如果名额不满,要降低一定的分数线录取。第八,从 1999 年开始实施的内地高等学校支援新疆培养人才规划。少数民族高等教育招生政策按照实施标准可分民族(特定民族成员)、地区(针对特定的地区)和普遍优惠(所有的少数民族成员)三种类型,有些类型是互相交叉的。例如,“适当降分”,在有些地区按照特少民族和多数民族、居住地区分类进行不同幅度的降分。少数民族高等教育招生政策在不同时期侧重某一种类型或并重几种类型。少数民族高等教育招生政策主要采用降低录取分数线和配额制(主要在民族院校和重点大学采用)两种形式,其具体实施方式是通过降低录取条件,以保证招收的少数民族学生在数量上的一定比例。①

③教学环境优惠

我国对民族教育的师资、教材和形式等方面也给予了倾斜式的优惠。例如,双语教育的开展和民族地区师资培养等举措,在一定程度上促进了文化弱势学生接受教育的软件环境发展。

以双语教学为例,《中华人民共和国民族区域自治法》第三十七条规定:“招收少数民族学生为主的学校(班级)和其他教育机构,有条件的应当采用少数民族文字的课本,并用少数民族语言讲课;根据情况从小学低年级或者高年级起开设汉语文课程,推广全国通用的普通话和规范汉字。各级人民政府要在财政方面扶持少数民族文字的教材和出版物的编译和出版工作。”《中华人民共和国教育法》第十二条规定:“汉语言文字为学校及其他教育机构的基本教学语言文字。少数民族学生为主的学校及其他教育机构,可以使用本民族或者当地民族通用的语言文字进行教学。”

多民族、多语言、多文字是我国的特点之一。除汉族外的 55 个民族使用 80 种以上的语言,分属 5 个语系。其中属于汉藏语系的有 44 种,属于阿尔泰语系

① 敖俊梅:《个体平等,抑或群体平等——少数民族高等教育招生政策理论探究》,载《清华大学教育研究》,2006(6)。

的有19种，属于南岛语系的有13种，属于南亚语系的有3种，属于印欧语系的有2种，另有一些语言的所属语系尚未确定，如朝鲜语、京语。[①] 语言是民族共同体的一个重要特征，在民族教育领域实施双语教学，表明了党和国家对少数民族语言习惯的尊重。重视民族语言使用的平等权利是各民族语言文字一律平等的重要体现。从少数民族地区的社会实际出发实施双语教学政策，较好地解决了教育过程中的文化差异和文化多样性等问题，有效地为少数民族培养了大批适合社会需要的民汉兼通型人才，促进了少数民族地区各级各类教育的发展，也为传承和弘扬少数民族传统文化提供了重要途径。目前，全国有13个省、自治区的21个民族的一万余所学校使用民族语言或双语授课，在校生达600余万人，使用民族语言达60余种。每年出版少数民族中小学教材近3 000种，总印数达一亿多册。[②] 至今，全国共有21个民族的文字在中小学不同层次地使用，涵盖在校学生600多万人。这些教材的改革是民族地区教育体系改革，特别是民族教育课程改革的重要组成部分。[③]

（二）激励式教育优惠的现状

激励式的教育优惠是针对表现优异的受教育者所采取的优惠措施。其目的是调动受教育者的主观能动性，最大限度地发挥受教育者本身的潜能，从而使受教育者得到良好的发展。

1. 激励式教育优惠的对象

激励式教育优惠的对象是在受教育过程中表现优异的学生。这些受教育者往往在自身的全面发展或单项发展方面表现比较突出，获得了一定的成绩。我们又可以将他们分为综合表现优异的学生和单项表现优异的学生。

综合表现优异的学生是指在自身的各个方面表现均比较优异，综合表现较其他同学更为突出的受教育者。例如，三好学生的评选制度，即在德智体等方

① 禹岩：《少数民族语言文字在社会主义初级阶段的地位和作用》，载《民族语文》，1989(2)。

② 教育部民族教育司：《实施双语教学，加强少数民族文字教材建设》，载《中国民族》，2001(2)。

③ 郑新蓉、卓挺亚：《我国义务教育阶段少数民族文字教材调查研究》，载《广西民族学院学报(哲学社会科学版)》，2004(5)。

面对受教育者进行全面评价，从而选出优秀学生并给予荣誉奖励、经济奖励或升学奖励的方法。例如，在《重庆市2008年普通高等学校招生实施办法》中规定，应届高中毕业考生在2008年按万分之一比例评选，受市教委表彰的市级优秀学生可以享受高考增加20分的优惠待遇；报考在渝院校的应届高中毕业考生在2008年按4‰比例评选，受市教委表彰的市级三好学生可以享受高考增加10分的优惠待遇。

单项表现优异的学生是指在学习、品德、能力等某一方面取得突出成绩的受教育者。在《重庆市2008年普通高等学校招生实施办法》中规定，应届高中毕业考生在高级中等教育阶段思想政治品德方面有突出事迹者可以享受到高考成绩增加20分的优惠待遇；在高级中等教育阶段参加重大国际体育比赛或全国性体育比赛取得前六名者也可以享受到高考成绩增加20分的优惠待遇。

2. 激励式教育优惠的目的

激励式教育优惠的目的是通过一些有效的优惠手段，调动人们的积极性、主动性，发挥人的创造精神和人的潜能，使其最大限度地实现自我完善。它通过外部的刺激、灌输和影响，把激励的内容和思想转化为人的思想和自觉的行动，从而促进人本质的完善，在整个社会或一定区域创造一种积极向上的学习氛围。

如果说补偿式教育优惠制度更多的是从公平的角度出发，那么激励式教育优惠制度则是从教育效率的角度予以考虑的。在这里，公平与效率之间并不存在绝对的矛盾，因为补偿式教育优惠制度维护的是社会的公平和正义，保证每一位公民都能确实享受到接受教育的权利，而激励式的教育优惠制度则是在此基础上，调动每一位受教育者的积极性，从而实现自我价值的最大体现。同时，激励式教育优惠制度的享有机会对于每一位受教育者来说都应该是均等的，即每个人只要通过自己的努力，都有可能获得激励式的教育优惠。

3. 激励式教育优惠的内容

行政机关对于综合表现或者单项表现优异的学生一般提供以下一些优惠待遇。

(1)精神奖励

对于在学习或其他方面取得优异成绩的受教育者，一般都会得到通报表彰、颁发证书、事迹宣传的奖励。例如,2009 年 2 月 22 日,中共中央政治局委员、国务委员刘延东亲自出席国家奖学金的颁奖大会,并为获奖代表颁奖。

(2)经济奖励

学业或其他方面表现优异的受教育者还有可能得到一定数额的经济奖励。例如,为了激励普通本科高校、高等职业学校学生勤奋学习、努力进取,在德、智、体、美等方面得到全面发展,国家制定了《普通本科高校、高等职业学校国家奖学金管理暂行办法》,奖励在校期间学习成绩优异,社会实践、创新能力、综合素质等方面特别突出的大学生,奖励金额为每人每年8 000 元。2007—2008 学年度,全国共有49 983名学生获得国家奖学金。再例如,福建省某中学学生傅某在第四十届国际中学生奥林匹克化学竞赛中荣获金牌,并分别获得实验分、理论分和总分第一名。福建省政府对参加国际中学生奥林匹克竞赛获奖学生、主要指导教师和教练给予表彰奖励,发给傅某3 000元奖金,主要教练朱某等 14 人共15 000元奖金,主要指导教师蒋某等两人共15 000元奖金。

(3)升学优惠

部分表现优异的学生在中考、高考、研究生入学考试中可以享受免试、加分、优先录取等方面的优惠待遇。例如,我国针对优秀学生和特长生专门设置了保送生制度,保送生无须参加高考,经学校推荐,即可进入大学就读。不同省份的保送生政策略有区别,一般保送生的资格都需要是省级优秀学生、高中阶段在全国中学生学科奥林匹克竞赛省级赛区中获得奖项以及获得全国决赛奖项的应届高中毕业生。根据《2010 年普通高等院校招收保送生办法》,具备以下条件的优秀或特长学生可以享受免试入学的优惠待遇:①按照《中共中央办公厅国务院办公厅关于适应新形势进一步加强和改进中小学德育工作的意见》(中办发〔2000〕28 号)和《教育部关于学习贯彻〈中共中央办公厅国务院办公厅关于适应新形势进一步加强和改进中小学德育工作的意见〉的通知》(教基〔2001〕1 号)要求,在高中阶段被评为省级优秀学生的应届高中毕业生;②高中阶段在全国中学生学科奥林匹克竞赛全国决赛(包括中国数学奥林匹克、全国中学生物理竞赛决赛、全国高中学生化学竞赛、全国青少年信息学奥林匹克竞赛、全国中学生生物学竞赛)中获得一、二、三等奖的应届高中毕业生;③高中阶段在全国中学生学科奥林匹克竞赛省赛区竞赛[包括:全国高中数学联赛(省级赛区)、全国中学生物理竞赛(省级赛区)、全国高中学生化学竞赛(省级赛区)、全国青少年信息学奥林匹克联赛、全国中学生生物学联赛]中获得一等奖的应届高中毕业生;④高中阶段在全国青少年科技创新大赛(含全国青少年生物和环境科学实践活动)、"明天小小科学家"奖励活动、全国中小学电脑制作活动中获得一、二等奖的应届高中毕业生;⑤高中阶段在国际科学与工程大奖赛、国际环境科研项目奥林匹克竞赛中获奖的应届高中毕业生;⑥根据高校外国语言文学类专业对生源的特殊要求,经教育部批准具有推荐保送生资格的外国语中学仅可向高校的外国语言文学类专业推荐思想品德和学习成绩优秀且高中阶段均在本校就读的应届高中毕业生;⑦符合国家体育总局、教育部等六部(局)印发的《关于进一步做好退役运动员就业安置工作的意见》(体人字〔2002〕411号)中有关保送要求的退役运动员,即曾获得全国体育比赛前三名、亚洲体育比赛前六名、世界体育比赛前八名和获得球类集体项目运动健将、田径项目运动健将、武术项目武英级和其他项目国际级运动健将称号的退役运动员;⑧符合公安部、教育部印发的《普通公安院校招收公安英烈子女保送生的暂行规定》(公政治〔2000〕138号)的公安英烈子女。①

对于部分有特长的学生,在升学上也有一定的优惠待遇。例如,教育部针对高水平运动员专门出台了《2010年普通高等学校招收高水平运动员办法》,其适用对象为两种。第一种是高级中等教育学校毕业,获得国家二级运动员(含)以上证书且高中阶段在省级(含)以上比赛中获得集体项目前六名的主力队员或个人项目前三名者;第二种是具有高级中等教育毕业同等学力,获得国家一级运动员(含)以上证书者,或近三年内在全国(或国际)集体项目比赛中获得前八名的主力队员。体育专项测试合格的考生须在其户口所在地参加普通高校招生全国统一考试。对体育专项测试合格、文化成绩达到要求的考生,省级招办应根据其所填报志愿向招生院校提供电子档案。招生院校须在符合

① 其中第⑧类不属于激励式教育优惠制度的优惠对象,其应归入连带式教育优惠制度,此处为了完整地显示《2010年普通高等院校招收保送生办法》规定的保送生范围,才将其列出。另外,根据教育部的文件,2011年普通高等学校招收保送生依然沿用该办法。

国家有关规定的前提下，按照向社会公布的招生简章中的录取规则进行录取。其中，对少数体育专项测试成绩特别突出、确有培养前途、高考成绩达到生源所在省（区、市）本科第二批次录取控制分数线65%的考生，招生院校应向生源所在省级招办申请并提供相关名单，经招生院校、生源所在省级招办分别在本校、本省（区、市）招生信息发布平台上进行不少于两周的公示，经生源所在省级招办审核批准，方可办理录取手续，且这部分考生录取人数不得超过招生院校当年录取高水平运动员总数的30%。获得一级运动员、运动健将、国际健将及武术武英级（或以上）称号之一的考生，可申请参加招生院校组织的文化课单独考试，也可选择参加全国统一招生考试。再例如，根据《普通高等学校招收艺术特长生办法》规定，对艺术特长测试合格、经报考学校确认的考生，有关省级招办可在学校调档分数线下20分以内向学校提供档案，由学校审查决定是否录取。对个别艺术水平特别突出、文化考试成绩达到生源所在省（区、市）确定的学校同批次录取控制分数线、学校拟申请录取的考生，试点学校应向生源所在省级招办提出书面申请，经生源所在省（区、市）高校招生委员会批准后，试点学校方可予以录取。

（三）引导式教育优惠的现状

引导式教育优惠是针对选择特定发展路径的受教育者所给予的特殊性优惠待遇。其目的是引导各种教育形式协调发展，以适应国家和社会某个发展阶段的特殊人才需求。

1. 引导式教育优惠的对象

引导式教育优惠的优惠对象是选择了特定发展路径、特定专业的受教育者。因为社会发展的需要，某些区域、职业具有很大的人才需求。但在正常情况下，因为种种原因，这些发展路径往往很难引起人们的兴趣。行政部门设定一定的优惠条件以鼓励受教育者对这些发展路径加以选择，以满足社会发展的需求。例如，从2007年秋季入学的新生起，国家在北京师范大学、华东师范大学、东北师范大学、华中师范大学、陕西师范大学和西南大学六所部属师范大学实行师范生免费教育。免费师范生可以享受以下几项优惠政策：一是由中央财政负责安排免费师范生在校学习期间的学费、住宿费和生活费补助；二是由省级教育行政部门负责落实免费师范毕业生的教师岗位；三是免费师范毕业生在协议规定服务期内，可在学校间流动或从事教育管理工作；四是为免费师范毕业生在职攻读教育硕士提供便利的入学条件。

引导式教育优惠制度与激励式教育优惠制度具有一定的相似性。从某种程度上看，激励式的教育优惠制度也具有一定的引导作用，但两种制度针对的优惠对象还是有显著区别的。激励式教育优惠的对象必须是整体或某一方面非常优秀的受教育者，而引导式教育优惠的对象不一定是非常优秀的，而是选择了国家引导的特定求学路径或发展路径的受教育者。

2. 引导式教育优惠的目的

引导式教育优惠就是要引导人们在求学路径上侧重于国家和社会发展的急需专业，满足某些区域、某些专业对人才的需要。例如，免费师范生这种优惠制度在我国具有很长的历史。我国最早的师范教育机构是1897年盛宣怀在上海创办的南洋公学师范院，高等师范教育的开端应当是1902年在京师大学堂所设立的师范馆。这两所学校从创办之始就实行免费教育。《钦定京师大学堂章程》中规定："师范出身一项，系破格从优，以资鼓励"，其中的"出身"系指待遇和毕业后的出路。师范生食宿由公家供给，宿舍、自修室宽余，伙食讲究，而且还有奖金。每人冬夏两季各发一套操衣，还有青衫、靴子等物。此外，还按学生月考成绩，分别给予数元或十数元的奖金。[①] 此后，免费师范生制度在我国曾长期存在。国际经验证明，免费师范生教育制度是现代国家在教师职业缺乏足够吸引力的时期，为普及教育和平衡基础教育质量而采取的干预手段。免费师范生制度的设计，有利于吸引优秀人才进入教师行业，从而提高教育行业的整体素质。诚然，我们不能单纯依靠免费师范生的制度解决教师队伍素质建设的所有问题，但该制度的实施，还是在一定程度上吸引了一部分优秀的学生，而且可以预见该制度在今后提高农村中小学师资数量和质量方面也将起到积极的作用。

---

① 黎婉勤：《关于师范生免费教育的若干思考》，载《教师教育研究》，2007(3)，24～28页。

行政部门为了促使社会协调稳定发展,必须在宏观上加以调控,这种调控在现代社会中往往是采用间接的、引导性的方式进行。在教育领域,通过这种调控,可以使各种教育类型协调发展,引导学生向国家和社会需要的方向发展。

3. 引导式教育优惠的内容

引导式教育优惠制度是对于选择特定发展路径的受教育者给予特殊性优惠待遇的教育制度。其目的是引导各种教育形式协调发展,以适应国家和社会某个发展阶段的特殊人才需求。我国的免费师范生制度和国防生制度都属于引导式的教育优惠制度。

2007 年 5 月 14 日,国务院办公厅正式发布《教育部直属师范大学师范生免费教育实施办法(试行)》。该办法的制定目的:“就是要进一步形成尊师重教的浓厚氛围,让教育成为全社会最受尊重的事业;就是要培养大批优秀的教师;就是要提倡教育家办学,鼓励更多的优秀青年终身做教育工作者。”该办法的主要内容是:师范生四年在校学习期间免缴学费、住宿费,领取生活费补助;免费师范生入学前与学校和生源所在地省级教育行政部门签订协议,承诺毕业后从事中小学教育十年以上;到城镇学校工作的免费师范毕业生,应先到农村义务教育学校任教服务两年。国家鼓励免费师范毕业生长期从教、终身从教。据《人民日报》报道,2007 年不仅六所部属师范大学圆满完成了 1 万余人的招生计划,而且考生报考踊跃,生源质量优良。从招生的总体情况看,重点线上考生数量大大超出招生计划数。六所部属师范大学免费师范生的提档线平均高出省重点线约 30 分;各省录取的免费师范生平均成绩高出省重点线约 41.7 分。

国防生是指根据部队建设的需要,由中国人民解放军驻普通高校后备军官选拔培训办公室依托普通高等学校,从参加全国高校统一招生考试的普通中学应届高中毕业生中招收培养的青年学生,以及在低年级大学生(含研究生)中选拔的培养对象。高校、选培办和学生三方签订协议后,学生在校期间暂享受每年5 000元的国防奖学金。国防生在完成规定学业的同时,必须参加统一组织的军政训练以达到培养目标,待取得毕业资格和相应学位后,按协议办理入伍手续并被任命为军队干部。国防生在校期间,无论在管理上还是在学业的完成上,都与普通大学生完全相同。唯一不同的是,国防生既具有“双重身份”,又肩负着“双重使命”。所谓“双重身份”，是指他们既是地方大学的普通大学生，又是军队定向培养的后备军官。所谓“双重使命”，是指他们在大学期间不仅要以优异的成绩学完必修课程，完成学业，而且要完成总部规定的国防生军政训练科目，达到后备军官训练的军政素质要求，为将来进入军队完成特殊使命打下坚实的基础。

（1）经济优惠

在引导式的教育优惠制度中，经济优惠是一种很重要的动力源。例如，我国免费师范生教育经费按照师范生的拨付标准，为每人每年12 000 元，其中包括免除学费和住宿费每人8 000 元，生活补助每人4 000元。2007 年，我国共招收10 500名免费师范生，经费总额为 1. 2 亿元。再例如，国防生在校期间暂享受每年5 000元的国防奖学金，其中，学费补助3 000元，由部队与高校直接结算；生活补助2 000元，由驻高校选培办按照标准逐月发放给学生本人。另外，《高等学校毕业生国家助学贷款代偿资助暂行办法》规定，中央部门所属普通高校毕业生到西部地区和艰苦边远地区基层单位（指县级以下机关、企事业单位和艰苦地区的艰苦行业）就业，服务期在 3 年以上（含 3 年）的，其在校学习期间获得国家助学贷款本金及其全部偿还之前产生的利息将由中央财政代为偿还。

（2）升学优惠

根据教育部《2008 年普通高等学校招生工作规定》，自谋职业的退役士兵，可在其统考成绩总分的基础上增加 10 分投档；在服役期间荣立二等功（含）以上或被大军区（含）以上单位授予荣誉称号的退役军人，可在其统考成绩总分的基础上增加 20 分投档；退出部队现役的考生，在与其他考生同等条件下，优先录取。同时，根据教育部网站的有关资料显示，国家将为免费师范毕业生在职攻读教育硕士提供便利的入学条件。此外，根据《国家促进普通高校毕业生就业政策公告》的规定，对参加“选聘高校毕业生到村任职”“三支一扶”（支教、支农、支医和扶农）、“大学生志愿者服务西部计划”“农村义务教育阶段学校教师特设岗位计划”等项目的毕业生，项目服务期满并考核合格的，报考硕士研究生初试总分加 10 分，高职（高专）学生可免试入读成人本科。

(四)连带式教育优惠的现状

连带式的教育优惠制度是针对其监护人或其他直系亲属具有某种身份的受教育者实施的教育优惠制度。换言之,受教育者之所以能够享受到某种教育方面的优惠待遇,是由其父母等监护人或直系亲属的因素所导致的。

1. 连带式教育优惠的对象

连带式教育优惠的对象是其父母具有某种身份或资格的受教育者。例如,《重庆市2010年普通高等学校招生实施办法》规定,驻边疆国境的县(市)、沙漠区、国家确定的边远地区中的三类地区和军队确定的特、一、二类岛屿部队现役军人的子女和一级至四级残疾军人子女、一级至四级残疾人民警察子女,在同等条件下可优先录取;烈士子女录取时可降低10分(报考艺术、体育类降低5分)投档;报考市属院校的因公牺牲军人子女、因公牺牲人民警察子女、获得个人二等功(及)以上表彰的人民警察子女以及归侨子女、华侨子女,录取时可降低5分投档;报考市属院校的农村独生女在各批次控制分数线下5分内视为达到最低录取控制分数线等。可见,连带式教育优惠的受惠主体,并不是因为自身的原因享受加分或降低录取分数线的优惠,而是因为自己的直系亲属具有某种特定身份,或者具有某种资格,才使得自己享受教育方面的优惠。

2. 连带式教育优惠的目的

连带式教育优惠的目的比较复杂,有可能出于政治、经济、社会等多种原因。例如,针对归侨子女的教育优惠主要是出于政治因素考虑;针对高级知识分子子女和投资商子女的教育优惠主要是出于经济因素考虑;对独生女和英烈子女优惠主要是出于社会因素的考虑。连带式的教育优惠制度是通过对下一代教育上采取的优惠待遇,来吸引或鼓励人们从事某种行为。在我国,子女的教育问题几乎是每一个家庭重点考虑的事务之一。为了让子女能够接受到优质的教育,很多家庭往往是不惜代价的。例如,通过对子女就学和升学的优惠来实现吸引人才、鼓励奉献,甚至是为地方招商引资、发展房地产等,往往都可以发挥良好的作用。所以,连带式的教育优惠制度对于促进和鼓励人们的行为具有明显的效果。

3. 连带式教育优惠的内容

(1)经济优惠

一些地方为了吸引人才或投资,对人才或投资者的子女求学提供经济方面的优惠。例如,《常州市武进区专家、拔尖人才子女入学优惠办法》中规定,专家、拔尖人才子女在公办普通小学、初中就读的,免交杂费;借读生免交借读费;在普通高中、职业中学就读的,减免部分学费;在公办民营学校(班级)就读的,减免部分学杂费。

例如,石狮市委、市政府在2009年为了引导广大群众转变婚育观念,自觉实行计划生育,对自愿不再生育户、计划生育贫困户和农村一女、二女结扎户子女就学提供经济方面的优惠条件。其内容具体包括:①农村一女、二女结扎户女儿就读本市公办高中给予补助学杂费的经济优惠;②农村一女、二女结扎户女儿就读国家计划招收的中专(含中职)一次性补助2 000元,大专一次性补助4 000元,本科一次性补助6 000元;③自愿不再生育户和计划生育贫困户(系指实行计划生育家庭主要成员丧失劳动能力、列为最低生活保障或遭受重大事故、病灾的家庭)子女就学享受农村一女、二女结扎户女儿就读小学、初中、高中、中专(含中职)、大专、大学的助学补助标准;④自愿不再生育户、计划生育贫困户和农村一女、二女结扎户子女就读石狮市鹏山工贸学校,在按标准享受有关助学补助的同时,另给予每生每学年补助1 000元。[1]

(2)入学优惠

一些地方为了吸引投资,招徕人才,在其子女的就学方面往往规定了很多优惠措施。这些地方提供的入学优惠一般有两种,一种是安置人才子女在该地公认的优质学校就读,第二种是规定人才子女可以在该地行政区域的学校任意择校。例如,《宜宾市关于对高层次引进人才的子女就读中小学实行特殊优惠的办法》规定,来宜工作的两院院士,国家有突出贡献的中青年科学、技术、管理专家,省部级学术技术带头人,长江学者计划、天府学者计划入选者,以及市级组织人事部门认可的其他高层次优秀人才,其子女可在我市范围内一次性自由

① 福建省教育厅:《四类计生户子女入学就业更优惠》,http://www.fjzzjy.gov.cn/newsInfo.aspx? pkId=45633.

选择中小学就读；市管拔尖人才、市学术技术带头人可在所居住的县（区）范围内一次性自由选择中小学就读。《深圳市高层次专业人才子女入学解决办法（试行）》规定，国家级领军人才子女申请就读深圳义务教育阶段学校和高中转学的，可在全市范围内选择一所学校申请就读；地方级领军人才子女申请就读深圳义务教育阶段学校和高中转学的，按就近入学原则和实际情况，安排在其父、母或委托监护人居住地段或相邻地段的省一级学校就读；后备级领军人才子女申请就读深圳义务教育阶段学校和高中转学的，按就近入学原则和实际情况，安排在其父、母或委托监护人居住地段或相邻地段的省、市一级学校就读。《常州市武进区专家、拔尖人才子女入学优惠办法》规定的优惠对象包括：国家或省有突出贡献的中青年专家，享受国务院特殊津贴的专家；常州市有杰出贡献科技人员，常州市中青年拔尖人才；中学特级教师；具有正高级职称的专业技术人员；具有博士或硕士学位的人员；省“333 工程”或常州市“831 工程”培养对象（在培养期间）。以上人员在中、小学学习的子女，可优先录取在本区教学条件较好的学校就读，教育部门和有关学校积极帮助办理入学手续。

（3）升学优惠

出于多种目的，国家和地方都对一些特定对象的子女提供了优惠的升学方案。例如，教育部《2008 年普通高等学校招生工作规定》中明确华侨子女、归侨子女和烈士子女可以在高等学校调档分数线下适当降低分数要求投档；因公牺牲军人子女、一级至四级残疾军人的子女，驻边疆国境的县（市）、沙漠区、国家确定的边远地区中的三类地区和军队确定的特、一、二类岛屿部队现役军人的子女报考高等学校，在与其他考生同等条件下优先录取；因公牺牲人民警察子女、一级至四级残疾人民警察子女报考高等学校，在与其他考生同等条件下优先录取。除此之外，一些地方的升学办法中还规定了一些连带式的教育优惠制度。例如，《重庆市 2008 年普通高等学校招生实施办法》规定报考在渝院校的荣立二等功（含）以上荣誉称号的人民警察子女高考成绩可以增加 5 分；农村独生女报考在渝院校可以降低控制分数线 5 分等。

第二章 教育优惠的理论分析

一、教育优惠的多学科理论基础

(一)教育优惠的法理学理论基础:权利平等

1. 权利平等的含义

对教育优惠合理性的质疑,最大的焦点就在于教育优惠制度对一部分群体的受教育权提供倾斜式保护而导致在资源分配上产生不一致的现象。这种质疑的观点认为这种现象造成了人与人之间的不平等,违反了宪法所规定的平等权。

我国宪法第三十三条规定:“中华人民共和国公民在法律面前一律平等。”可见,平等权同样是我国宪法所确认的一项公民的基本权利。从内容上看,平等权的主体是公民,它表明公民地位的平等;公民有权要求国家平等地予以保护,不因公民性别、年龄、职业、出身等原因给予差别对待;任何公民均平等地享有宪法和法律规定的权利,同时平等地履行法定义务;反对歧视、反对特权,任何组织或个人均不得有超越宪法和法律的特权。我国平等权的特定内容还包括民族平等、男女平等等特定内容。例如,现行宪法第四条规定:“中华人民共和国各民族一律平等。国家保障各少数民族的合法的权利和利益,维护和发展各民族的平等、团结、互助关系。禁止对任何民族的歧视和压迫,禁止破坏民族团结和制造民族分裂的行为。”传统观点通常认为平等权包括三个方面:一是任何公民均平等地享有宪法和法律规定的权利,同时平等地履行法定义务。二是在法律适用方面,平等地进行保护或惩罚。三是任何组织或个人均不得有超越宪法和法律的特权，在宪法和法律面前无特殊公民。可见，平等权是我国公民的一项基本权利。但与其他权利相比，平等权具有自己的特殊性，即平等权本身不像其他基本权利那样具有特定的具体内容。平等权的权利主要体现在它与其他权利的相互关系中，即贯穿在公民的其他权利中。法人和个人在依法行使权利时都要贯穿这一原则。宪法规定公民在法律面前一律平等，有两层意思。第一，平等是法律所规定的平等。不同的利益群体，不同的时代，都会导致不同的平等观。法律面前人人平等讲的是法律所规定的平等，超越法律规定的平等是不能受到法律保护的。一切人在所有方面都完全平等也只是人类努力的方向，在现阶段甚至在很长时期都难以达到。但这并不意味着我们容忍特权的存在，只是在法律中允许适当的差别待遇。凡是在现行法律中所承认的差别，法律所允许存在的不平等，由于它们确实是社会客观发展的阶段所决定的，是不可避免的，因而暂时都是合理的东西。所以我们的平等是实质上的相对平等，只有超越了宪法与法律所允许范围的差别，才背离了平等原则。[①] 第二，平等是法律对待同样的公民必须等同，对待同样的人决不能采取不同的尺度。但正如前面所述，法律自身所规定的差别对待是允许的。例如，同样是故意杀人，一般犯罪嫌疑人就有可能获得死刑，而未成年人的最高量刑为无期徒刑，这样的差别对待并不是对平等权的违反，而是合理的差别对待。所以，法律面前人与人一律平等绝不是一种绝对的权利平等，而是对待同样的人采取同样的待遇的差别平等。这种差别的平等必须在法律的规制范围之内，决不允许权利超越于法律之上形成特权。

宪法是国家的基本法，其规定的平等权在所有法律中一律适用，在教育法律中也不例外。孔子就提出“有教无类”，只要能“自行束修”就“来者不拒”。教育法律中的平等性取向不仅强调公民有受教育的权利，而且拥有平等接受高质量教育的权利。需要注意的是，除义务教育外，这种权利并非结果上的平等，而是机会上的平等，即每个人都有接受同样教育的机会，但每个人最终接受的教育程度却不一定一样，而在义务教育阶段，每个人都有接受同质量义务教育

---

① 许崇德：《宪法学》，124 页，北京，中共中央党校出版社，2003。

的权利。教育领域的平等权也是指对同样的受教育者应当给予同样的对待，而某些个体因在某些方面具有差别，以致影响受教育权的实现时，差别对待就是必不可少的。否则，就会造成受教育权实现程度不一致，反而破坏了平等权在教育领域的实现。因此，教育优惠制度这种差别性的待遇制度是必不可少的，是维护受教育者平等权的一种重要手段。

2. 权利平等与教育优惠中的逆向歧视

权利是利益的法律外壳，平等权作为一种权利也不例外。在现实中，由于利益选择的不同和社会资源的有限性，不同利益群体都试图获取社会利益的最大化，而对某个群体的倾斜就意味着其他群体利益的削减。因此，教育优惠制度本身的合理性便备受关注，这在美国社会大量关于"肯定性行动"(Affirmative Action)的诉讼中可见一斑。在这些诉讼中，当事人往往因为对弱势群体的优惠性差别待遇造成他们的"逆向歧视"，并形成了事实上的不平等而要求取消对弱势群体的优惠措施。其中，在美国司法史上影响最大的是 1978 年"加利福尼亚大学校董会诉巴基案"(Regents of University of California v. Bakke)[①]以及 2003 年的"格鲁特诉伯林杰案"(Grutter v. Bollinger)[②]和"格拉斯诉伯林杰案"(Grazt v. Bollinger)[③]。

巴基(Allan Bakke)是一位加州白人，自幼成绩就非常优异，先后取得了斯坦福大学机械工程硕士学位、军队上尉及美国宇航局工程师等头衔。巴基在 1973 年向加州大学戴维斯分校医学院(University of California Medical School at Davis)提出入学申请。以巴基的医学院入学考试(GPA、MCAT)成绩以及优异的背景来说，他应该是非常有竞争力的医学院候选人，但连续两年申请该校都没有成功。巴基发现医学院每年录取的一百名新生中，竟然留出 16 个特别名额给黑人、拉丁人、亚洲人和印第安人等少数族裔的学生，而且在被录取的这些学生当中，绝大部分的成绩远远不如巴基本人。校方对此种针对部分弱势群体的优惠入学方案解释为，为了要达到该校独立委员会所制定的对特殊入学申请

① 438U. S. 265(1978).

② 539U. S. 306(2003).

③ 539U. S. 244(2003).

者的预定人数，所以将入学制度分成一般入学与优惠入学制度，使不同背景的申请者可以适用不同的入学途径，互不相干。在屡次失败的情况下，巴基向地方法院提起了诉讼，将加州大学告上法庭，理由是该校实行种族歧视，违反了1964年的民权法以及宪法第十四修正案的平等保护条款。地方法院审理后判决加州大学的定额入学制度违法，但又没有判决加州大学应录取巴基，所以当事人双方对这一判决结果都不能接受，于是在1978年将本案上诉到了联邦最高法院。

在联邦法院对巴基案的审理中，几位大法官之间的意见出现了严重的分歧。首席大法官伯格（Warren E. Burger）和大法官史狄文森（Jone P. Stevens）等四位不赞成配额优惠录取制度的保守派法官，回避了宪法第十四修正案的平等保护条款，着重强调了录取配额制违反了1964年民权法的第六款，即规定凡是接受联邦经费的机构，都不得以种族或族裔因素排除公民的权利。史狄文森大法官在判决中强调，民权法禁止的是一切种族歧视，既不能歧视黑人及有色人种，也不能歧视白人，而加州大学依照族裔背景设定的配额制度，实际上等于依照族裔标准录取学生。因此，这种配额制度违反了民权法，戴维斯校区医学院应该录取巴基。

包括属于自由派布伦南大法官在内的其他四名大法官却表示支持配额录取制度。布伦南认为对民权法不可以做学究式、字面上的狭义理解。设置定额录取制度的目的，是为了改变以前对一部分人民的歧视并防止将来的歧视，是国家旨在铲除种族歧视努力的一部分，所以它不仅符合宪法第十四修正案对人民平等保护的宪法精神，而且符合民权法保护人民免受种族歧视侵害的法律目的。因此，在不是故意伤害其他种族的情况下，联邦政府可以把种族作为考虑的因素，对以往受到歧视的少数族裔予以帮助。布莱克门大法官（Harry A. Blackmum）甚至认为："为了克服种族主义，我们必须先把种族作为考量因素，此事别无选择。为了平等待人，我们必须待人有别。"

在联邦最高法院大法官的意见形成四比四僵局的时候，剩余的最后一名大法官鲍威尔（Lewis F. Powell）的意见便具有决定性的因素。然而鲍威尔大法官此时却提出了一种"脚踏两只船"的策略。他一方面支持巴基的阵营，认为"配额录取制度”的致命缺陷,在于无视宪法第十四修正案对人民权利的平等保护;另一方面又站在支持加州大学的一方,认定可以把族裔背景当作学校评价入学申请的一个考量因素。他认为根据宪法第一修正案中言论自由条款引申出的学术自由原则,加州大学有权采取促使学生来源及校园学术环境多样化的政策。

1978 年 6 月,联邦最高法院对巴基案做出了一个“双重判决”(Double Decision),并由鲍威尔大法官执笔“双重判决意见”(Plurality Opinion),其结论横跨两派法官。一方面,判决宣告配额录取制度违反宪法第十四修正案,公立学校不得以种族为基础设立配额(Quota),来保证特定族裔的入学名额,巴基应该被大学录取;另一方面加州大学有权采取一些促进学生及校园多元化的特殊措施,在录取新生时,可以将申请者的族裔当成一个加分(Plus)因素。可见,联邦最高法院在该案中肯定了针对少数族裔的优惠性入学待遇,但认为应当采取适当的形式。

3. 权利平等与教育优惠中的合理差别

从以上的理论和案例分析可以看出,平等并不意味着无差别,差别对待也是实现平等必备的一种特殊形式。采取教育优惠制度,对部分群体实行差别式的待遇,并不是对平等权的违反,而是对权利平等的一种实现手段。曾天山在论及教育公平的实现时曾提出:“要从同等和倾斜两个方面推进教育公平。一是同等待遇。我们在五个方面的差距是比较大的,比如区域之间、城乡之间、不同的教育类型之间、不同的学校之间、不同的群体之间的差距比较大。所以我们首先要获得同等待遇,比如城乡办学条件的统一,区域之间要达到统一,不同学校之间办学条件的统一,不同教育类型之间(职业教育、普通教育等)的公平的统一。二是倾斜。政府做的大量工作是倾斜,在公共资源的配置上城乡之间向农村倾斜,区域之间向西部倾斜,不同教育类型之间向职业教育倾斜,向职业教育投入了很大的资源配置,还有就是向薄弱学校倾斜。群体之间向一些困难群体倾斜,比如流动人口、残疾儿童、学习困难儿童、贫困生、流浪儿童等。”①所

① 袁振国、王定华、翟博、吴霓、曾天山做客新华网谈把促进教育公平作为我国基本教育政策,http://www.moe.edu.cn/edoas/website18/36/info1231817017068136.htm,2009-04-01.

以，实施教育优惠制度对一部分个体实行倾斜性的优惠政策，一方面是为了缩小差距，使公民能够接受到同样水平的教育；另一方面是为了让每一个人都能得到适合自己的教育，并根据每一个孩子的特点为其提供适宜发展的环境，以期得到最大程度的自我实现。从这个角度讲，教育优惠制度所提供的差别式对待并不是对权利平等原则的违反，而是对权利平等原则的保障。

（二）教育优惠的社会学理论基础：社会分层与社会流动

1. 社会分层理论

“分层最初是个地质学概念，指地质构造的不同层面。社会学家借用这个概念来分析社会的纵向结构。社会学所说的社会分层指的是依据一定具有社会意义的属性，一个社会的成员被区分为高低有序的不同等级、层次的过程与现象”。①

中国古代思想家孟子说过：“物之不齐，物之情也。”在物质的世界中，绝对的同一是没有的，物与物之间或多或少地存在着各种或质或量的差别。在人类社会之中，人与人之间的差别也无所不在。吴康宁曾经指出：“人类社会自其诞生至今，尚未有过毫无社会差异的历史。人类一直在为消除各种社会差异进行不懈的努力，并不断有所成功。但这种‘成功’的确切含义更多的是‘有所缩小’，而非‘完全消除’。人类社会的发展历程反复表明：即使是消除多年的社会差异，在一定条件下也难免重现；且在旧的社会差异消除之后，或与此同时，还会产生一些新的社会差异。社会差异可谓人类社会的伴随现象。”②卢梭曾将人与人之间的不平等归结为两种，一种是自然的或物理的不平等，另一种则是政治的或道德的不平等。对第一种情况，我们可以通过现代发达的医学手段减少残疾或疾病的发生概率，但科技再发达，人与人生理上的差异始终是我们无法回避的现实。这种生理上的差异首先由遗传决定，人的遗传特性由父母双方各一半的 DNA 所决定。即使是同父母的同胞也会因为父母 DNA 的不同组合方

① 郑杭生：《社会学概论新编》，272 页，北京，中国人民大学出版社，1987。
② 吴康宁：《教育社会学》，111 页，北京，人民教育出版社，1998。

式表现出种种生理上的差异。人类生理上的差异也会由后天因素造成。因为人们的居住环境、生活环境、饮食习惯等方面都有一定的差异,所以人与人的后天发育也存在种种不同。但上述这些差异往往在人们的生活中被忽略,而且这种差异被作为一种评价标准成为考量的因素时,还容易被以“歧视”冠之。例如,某银行在人员的录用程序中以“身高过低”为由拒绝应聘者的案例就引发了来自社会的巨大抨击。但我们也注意到,在社会权益分配时,人与人之间生理上的差异是需要考虑的。这种差异主要来自身心障碍者、年老或年幼者以及女性,因此很多国家都制定了特定的法律对其加以保护。例如,我国就有残疾人保障法、妇女权益保护法、未成年人保护法等专门的法律,另外在我国民法通则、婚姻法等法律中,对这些生理弱势者的权利保护也都有特别的规定。

第二种被卢梭称为“政治的或道德的不平等”源于两点:其一是人的需求的无限性,也就是说人的需求是具有不断发展潜能的。受本能的限制,动物的需求往往是容易达到饱和点的,而人的需求则会随着环境和自身情况的改变而改变,某种欲望的满足往往又会导致新欲望的产生。在这种情况下,利益的最大化便成为人们追逐的目标。其二是社会资源的有限性。社会资源是有限的,其中有一些甚至是稀缺的。这两种因素决定了人们一方面都希望拥有较多的社会资源,另一方面这种愿望又不可能得到完全满足。因此,人们不可能完全平等地获得社会资源。特定的资源配置方式所形成的有价值的社会资源在社会成员中不平等的分配,决定了人与人之间在社会资源的占有和支配程度上存在一定差别,这种差别直接导致了社会成员间在财富、权力、声望和教育等方面产生了一系列的差别。

这种先天与后天形成的差异逐渐导致人们社会地位的层级差别,形成社会分层,即将人按照一定的标准进行分类排序。例如,印度的种姓制度,按照出身将人划分为五个不同的层级,个体无法抗拒祖先遗留下来的社会位阶,而且也无法在位阶之间变动,其中位于社会最低层的人不得接受教育的禁令直到20世纪50年代才予以解除。

社会分层的理论渊源最早可以追溯到古希腊柏拉图的三个阶层论和亚里士多德的分配正义理论,而近代从社会分层角度研究社会弱势群体则有两个最重要的理论渊源，一个是马克思创立的阶级理论，另一个是马克思·韦伯的多元社会分层理论。

马克思将阶级作为人群划分的标准。这个标准是依靠人的经济地位，特别是对生产资料的占有关系确立的。他所创立的阶级分析理论解释了私有制社会，尤其是资本主义社会人群之间的差异性和不平等性。列宁综合了马克思、恩格斯的有关论述，精准地揭示了阶级的实质，指出："所谓阶级，就是这样一些大的集团，这些集团在历史上一定的社会生产体系中所处的地位不同，同生产资料的关系（这种关系大部分是在法律上明文规定了的）不同，在社会劳动组织中所起的作用不同，因而取得归自己支配的那份社会财富的方式和多寡也不同。所谓阶级，就是这样一些集团，由于它们在一定社会经济结构中所处的地位不同，其中一个集团能够占有另一个集团的劳动。"①在《共产党宣言》中，马克思还对阶级进行了进一步划分："在过去的历史时代，我们几乎到处都可以看到社会完全划分为各个不同的等级，看到社会地位分成多种多样的层次。在古罗马，有贵族、骑士、平民、奴隶，在中世纪，有封建主、臣仆、行会师傅、帮工、农奴，而且几乎在每一个阶级内部又有一些特殊的阶层。"②

关于社会分层和阶级划分的根据，韦伯认为最重要的社会资源不是一种，而是多种，即物质财富、社会声望和政治权力。因此，人们将马克思的社会分层论称为"一元分层论"，而将韦伯的分层论称为"三元分层论"。根据韦伯的"声望、权力、财产"三维分析框架，某一类人如果具有较高的社会声望、较大的权力以及较多的财产，那么这一类人就属于社会的上层；反之，拥有的社会声望很低、财产很少又几乎没有控制他人的权力，这类人就属于社会的下层；处于两者之间的就是社会的中间阶层。因此，一个社会都可以根据上述的分类依据划分为上、中、下三个社会阶层。

进入近代社会以后，分层理论逐渐形成相互对立的两个主要派别，即以帕森思为代表的功能论（Functional Theories of Social Stratification）和以齐美尔为代表的冲突论（Conflict Theories of Social Stratification）。社会功能论把社会不平

① ［苏］列宁：《列宁选集》，第四卷，10页，北京，人民出版社，1995。

② ［德］马克思、恩格斯：《马克思恩格斯选集》，第1卷，272页，北京，人民出版社，1995。

等和社会分层理解为一种具有建设性意义的功能,认为其存在有利于社会秩序的形成。而冲突论则认为,社会分层必然引起社会冲突,影响社会稳定。

2. 社会流动理论

社会流动是指社会成员从某一个社会地位转移到另一个社会地位的现象。社会分层与社会流动是对某个国家或地区同一类社会现象所做的两种视角的分析和描述。社会分层是从静态的角度,分析描述社会阶层结构的分化内容、形式和分布状态,是研究社会阶层的质变过程。社会流动是从动态的角度,分析描述社会阶层结构分化各层次间的互动过程、动力机制、时空范围、方向和速度,是研究社会阶层结构变化的量变过程。社会流动的概念是美国社会学家罗素金在1927年所著的《社会流动》一书中首先提出来的。他认为社会流动是两个集团之间的人口交换,即一个集团的成员转入另一个集团。罗素金的研究奠定了社会流动概念在社会学中的重要地位。在一个既定的社会阶层结构中,由较低的社会地位流动到较高的社会地位,称为上升流动。反之,则称为下降流动。此二者结合成为垂直流动。有些社会成员从一种职业转移到了另一种职业,但其收入、声望和社会地位基本相同,是在同一社会地位的水平线上流动,称之为水平流动。

在中国封建社会,个人的社会地位往往是由先赋因素决定的,生在哪个阶级、阶层,一般不会变易。虽然期间也有科举等向上流动的机会,但这种机会对于一般民众来讲几乎是微乎其微的。所以人们也往往倾向于“安贫乐道”。即使在新中国成立后,仍在相当长的时间内以人的出身作为升学、提干的重要考量因素。这种主要由先赋性决定社会地位的社会称之为封闭性社会。印度的种姓制度就是非常典型的例子。进入近代,随着工业化、城市化的发展,人们劳动的变换、职能的更改和工人的全面流动性越来越高。在这一过程中,不少个人通过后天奋斗,实现了上升流动。由于后天努力实现的流动,称之为后致性流动。后致性流动为主要流动形式的社会我们称之为开放型社会。[①] 杜威等教育改革者认为,教育至少有三种重要的职能:一是将青年人“整合”到社会及各

---

① 邹文开、张蕾:《弱势群体子女教育问题研究》,88页,北京,团结出版社,2006。

种成人角色中去的“社会化”的职能；二是促进个人心理和道德生长的“发展”的职能；三是在经济、社会地位等方面巨大不平等的情况下，教育给人提供公平竞争、向上流动的机会，帮助弱势者摆脱他出身的那个群体的局限，能够显著地改善人的生存状态，减少社会性不公平。因而，现代社会的教育，在社会流动、社会分化中具有“筛选器”的功能；同时又具有稳定器、平衡器的功能，被视为是实现社会平等“最伟大的工具”。这就是教育的“平等化”和“平衡器”职能。① 被称为美国“公立学校之父”的贺拉斯·曼这样宣称：“教育是实现人类平等的伟大工具，它的作用比任何其他人类的发明都伟大得多。”②

在一个社会中，合理的社会流动对于社会的和谐发展具有极其重要的作用。首先，社会流动可以使社会分层保持在一种开放的结构之中，不断调整个人与社会分层结构之间的关系。在社会分层现象（事实上的差别）不可避免的情况下，增加社会成员改变自身社会地位的机会（机会平等），可以促进社会公平发展。其次，社会流动有助于拓宽社会各阶层之间的接触面，增进不同社会阶层之间的相互了解和相互联系，加强社会整合，缓解社会冲突，促进社会良性运行和协调发展。社会分工是建立在社会分层基础之上的社会差别。这种社会差别是产生社会隔阂和社会冲突的根源。这种根源在社会分工条件下是不可能消除的，所以必须发展出另一种社会机制来缓解或抵消它的消极影响，以免社会冲突激化。社会流动正是这种社会机制，它通过社会成员的流动来不断调整阶层之间的关系，使各阶层的人员处于不断变化之中，从而减弱分层集团意识，增加改变社会地位的机会，缓解社会冲突。最后，社会流动能够有效地激发人的积极性、创造性和开拓进取的精神。由于较高的社会地位成为对有能力的人的一种奖赏，从而能够有效地激发人们的积极性，促使人们充分发挥自己的聪明才智，给社会系统注入强大的活力，推动社会的进步和发展。③

3. 社会学理论对教育优惠合理性的解释

根据社会学的社会分层和社会流动理论，社会的受教育者，由于经济、文

① 杨东平：《教育公平的理论和在我国的实践》，载《东方文化》，2000(6)。

② 约翰·S. 布鲁贝克著，王承绪、郑继伟、张继平译：《高等教育哲学》，66 页，杭州，浙江教育出版社，1987。

③ 赵连文、张玉玲：《社会学论纲》，195 页，开封，河南大学出版社，2006。

化、生理、性别等方面的原因,在其受教育权的保障方面也存在着不同的层级。例如,经济弱势的学生,即便可以得到与其他学生同样就学的机会,也有可能因为不能支付学习的费用而辍学;即使能够坚持学业,在学习环境、学习资料占有和课外辅导等方面也难以与一般学生相比,其学习成功的机会也会大大降低。教育本身就是一种阶层流动的工具与途径,在教育上的劣势使得这些经济弱势的学生往往产生阶层复制的效应,难以改变自身的处境。这种限制阶层流动的封闭性一方面降低了社会的竞争水平,抑制了社会的整体进步,另一方面也使得下级阶层难以获得平等成功的机会,这种不公的待遇必然在一定程度上加剧了社会的矛盾与冲突。正如达伦多夫所说:“如果流动增加,团结的组织就不断为人们之间的竞争所取代,人们投身到阶级冲突中的能量就会减少。”[①]合理的社会流动应当是机会均等的流动,即任何流动都应该向所有具备条件的人开放,任何社会向上流动的条件都应该建立在人们后天的基础上,即人们通过后天的努力是可以得到的。但无可回避的是,人的自然天赋差别是客观存在的,处于弱势地位的受教育者是无法同一般群体在同样的机会和同样的条件下竞争的,所以机会的平等又会导致事实上的不平等。因而,在社会流动的过程中既要坚持机会平等的一般原则,又要运用差别对待的特殊原则。一种教育制度的建立,尤其是关于弱势群体子女教育问题的教育制度,应更多地考虑这一政策对社会流动的正负影响。社会政策、教育政策应该向弱势群体倾斜,应当给他们必要的教育救助。否则,他们将处于更弱势的状况之中,而这不利于社会分层结构的合理化、高级化,不利于社会稳定与经济发展。同时,对于一些表现优秀的受教育者来说,给予他们适当的优惠性差别待遇,进一步激发其向上的动力,加速其向上的流动,也可以对其他受教育者起到一个示范的作用,激发周围受教育者的学习动力。

(三)教育优惠的伦理学理论基础:补偿正义

1. 补偿的含义

在法学的范畴,补偿的含义区别于赔偿。赔偿是因为违法行为给对方造成

---

① R. Dahrendorf. Class and Class Conflict in Industrial Society, Stanford University Press, 1959: 222.

了一定损失而依法承担的给付责任。而补偿不同，补偿的义务人并没有过错，只是基于社会道义或公平责任原则对权利人的给付义务。例如，在《最高人民法院关于贯彻执行〈民法通则〉若干问题的意见》第一百五十七条规定：“当事人对造成损害均无过错，但一方是在为对方的利益或者共同的利益进行活动的过程中受到损害的，可以责令对方或者受益人给予一定的经济补偿。”民法中非常经典的例子就是高空坠物。受害人在一栋楼房下行走时被楼上坠下的器物砸伤，而该器物归属于哪家住户却无法查清，此时法院就会依照公平责任原则判决该楼二楼以上的所有住户共同承担责任。除了负有过错的一家住户，该楼的其他住户此时承担责任并非因为自己有过错，而是因为如果没人承担经济给付责任的话，受害人就要承担肉体的痛苦和经济的压力。因此基于公序良俗的原则，要由多数人来共同分担和化解经济损失。教育优惠制度中的补偿机制也是一样。政府对弱势群体进行补偿，并非因为政府的过错给弱势群体造成损失，因此承担责任，而是政府对于社会弱势群体的不利状态有义务加以帮助。倘若是因为政府的过错给对方造成损失而承担给付责任，在性质上就已经不是补偿，而属于国家赔偿的范畴。

2. 补偿正义理论

正义理论是美国政治哲学家罗尔斯毕生关注的领域，他认为正义对于社会是十分重要的。与西方的政治哲学传统相似，罗尔斯也是从“利益”着眼来分析社会何以需要正义原则的。他认为，社会是由一些有着自身利益追求的个人组成的自由的联合体，这些利益不同、目标相异的个人在他们的相互关系中都承认某些行为规范具有约束力，并使自己的行为都遵循它们，由此就形成了一个旨在推进所有参加者的利益的合作体系。然而，社会作为相互增进利益的合作的冒险形式，它不仅具有一种利益一致的典型特征，而且也具有一种利益冲突的典型特征。①他还指出，由于社会合作，存在着一种利益的一致，它使所有的人有可能过一种比他们仅靠自己的努力独自生存所过的生活更好的生活；另一方面，由于这些人对由他们协力产生的较大利益怎样分配并不是无动于衷的（因

① 袁久红：《正义与历史实践》，102页，南京，东南大学出版社，2003。

为为了追求他们的目的,他们每个人都更喜欢较大的份额而非较小的份额),这样就产生了一种利益的冲突,就需要一系列原则来指导在各种不同的决定利益分配的社会安排之间进行选择,达到一种有益恰当地分配份额的契约。这些所需要的原则就是社会正义的原则,它们提供了一种在社会的基本制度中分配权利和义务的办法,确定了社会合作的利益和负担的适当分配。[①]

对正义的基本原则的论述、论证是罗尔斯自由主义政治哲学与道德哲学的核心。罗尔斯的两个正义原则是基于这样一个更一般的正义观而推导出来的,即"所有社会基本善——自由与机会、收入和财富及自尊的基础——都应被平等地分配,除非对一些或所有社会基本善的一种不平等分配有利于最不利者"[②]。罗尔斯通过许多复杂的推论与过渡性的陈述,将这两个正义原则最终表述为:"第一个原则,每个人对与所有人所拥有的最广泛平等的基本自由体系相容的类似自由体系都应有一种平等的权利。第二个原则,社会和经济的不平等应这样安排:使它们在与正义的储存原则一致的情况下,适合于最少受惠者的最大利益;并且,依系于在机会公平平等的条件下职务和地位向所有人开放。"[③]

罗尔斯进而指出:"补偿原则就认为,为了平等地对待所有人,提供真正的同等的机会,社会必须更多地注意那些天赋较低和出生于较不利的社会地位的人们。这个观念就是要按平等的方向补偿由偶然因素造成的倾斜。遵循这一原则,较大的资源可能要花费在智力较差而非较高的人们身上,至少在某一阶段,比方说早期学校教育期间是这样。"[④]那么,这种对不利人群的倾斜是否对那些社会上的占优势的人群不公平呢?这也是许多反对补偿机制人的看法。对此,罗尔斯又进行了比喻和推理,用以证明差别原则表达了一种互惠的观念,是

① [美]约翰·罗尔斯著,何怀宏、何包钢、廖申白译:《正义论》,2~3页,北京,中国社会科学出版社,1988。

② [美]约翰·罗尔斯著,何怀宏、何包钢、廖申白译:《正义论》,303页,北京,中国社会科学出版社,1988。

③ [美]约翰·罗尔斯著,何怀宏、何包钢、廖申白译:《正义论》,302页,北京,中国社会科学出版社,1988。

④ [美]约翰·罗尔斯著,何怀宏、何包钢、廖申白译:《正义论》,101页,北京,中国社会科学出版社,1988。

一个相互有利的原则。“让我们考虑任何两个代表人:A 和 B,设 B 是较不利者。实际上,由于我们最关心与最不利者的比较,我们就再假设 B 是最不利者。现在 B 能接受 A 的较好状况,因为 A 的利益是通过改善 B 的前景的方式获得的。假如不让 A 有这种较好地位,那么 B 的状况会比他现在的状况更坏。现在的困难是说明 A 也没有理由抱怨。也许由于他要让渡一部分利益给 B,他得到的就比本来可能得到的要少呢？现在我们可以对这个较有利者说什么呢？首先,清楚的是:每个人的福利都依靠着一个社会合作体系,没有它,任何人都不可能有一个满意的生活;其次,我们只可能在这一体系的条件是合理的情况下要求每一个人的自愿合作。这样,差别原则看来就提供了一个公平的基础,在这一基础上,那些天赋较高者、社会条件较幸运者能够期待别人在所有人的利益都要求某种可行安排的条件下与他们一起合作”。①

3. 教育优惠中的补偿正义

罗尔斯的正义理论为补偿式的教育优惠制度打下了一个坚实的理论基础。根据罗尔斯的理论,所有的教育利益——教育的自由、教育的权利与机会都要平等地分配,除非对其中的一种教育利益,或所有教育利益的一种不平等分配有利于受教育方面最不利者的利益。我们还可以套用罗尔斯正义理论的两个原则,推导出教育正义的两个原则。一是每个人都享有平等的教育权利和机会。二是教育利益的不平等分配要这样安排:在保证公平的前提下,教育利益分配要补偿教育中的最不利者,同时所有的教育资源在机会公平的前提下向所有人开放。

(四)教育优惠的教育学理论基础:多元文化教育

1. 多元文化主义

多元文化主义(Multiculturalism)最早的现代用法起源于形容词“多元文化的”(Multicultural),尤其是用于短语“多元文化的课程(Multicultural Curriculum)”

① [美]约翰·罗尔斯著,何怀宏、何包钢、廖申白译:《正义论》,103 页,北京,中国社会科学出版社,1988。

“多元文化的教育(Multicultural Education)”和“多元文化的社会(Multicultural Society)”。[①] “多元文化”是北美多族裔国家的产物,是民主化的结果。美国自殖民时期以来,族群一直是一个敏感的话题。在20世纪60年代以前,大多数美国人对主流文化相当自信,视美国社会为“熔炉”(Melting Pot)的同化理念,一直为大多数美国人所信奉。但在此之后,高涨的族群意识与民权运动互为因果,族群意识激发许多学者投入族群研究,并批评美国主流社会以白人中产阶级文化为主,主流文化有强烈的自我中心与排他性,学者呼吁主流社会回归多元文化的民主本质,并以沙拉吧(Salad Bar)的隐喻,肯定各族群的文化与价值,重新建构多元族群的关系。自此,熔炉的主张逐渐被沙拉吧取代,开启了承认差异、强调主体与认同的多元文化论述。[②]

多元文化的研究起源于20世纪60年代的族群研究(Ethnic Studies),是一种哲学概念,也是一种教育过程,其早期关注的焦点主要集中在教育领域。多元文化教育根植于哲学上平等、自由、正义、尊严等概念,希望通过学校及其他教育机构,提供学生不同文化团体的历史、文化及贡献等方面的知识,使学生了解并认同自己的文化,并能欣赏及尊重他人的文化。多元文化对处于文化不利地位的学生亦提供适性及补救教育的机会,以协助学生发展积极的自我概念,它涉及族群、阶级、性别、宗教、语言和特殊性层面的议题。[③] 随着研究的深入,多元文化的研究领域不断扩大到政治学、社会学及人类学等领域。学者们从多学科的角度对多元文化主义进行了解释。例如,加拿大学者金里卡将多元文化主义与自由主义理论相结合,并以此回应多元文化主义理论对国家政治一体化的影响问题。他在《自由主义、社群与文化》一书中否认了多元文化主义会威胁在自由主义理念下建立的政治一体化,同时认为多元文化主义主张以群体为基础,向主流社会要求承认少数群体权利的诉求,仅仅是斗争的形式而已,并没有和自由主义存在实质的冲突。亨廷顿则在《文明的冲突与世界秩序的重建》一

---

① [英]C. W. 沃特森著,叶兴艺译:《多元文化主义》,1页,长春,吉林人民出版社,2005。

② 谭光鼎、刘美慧、游美惠:《多元文化教育》,7页,台北,高等教育文化事业有限公司,2008。

③ Grant &Ladson - Billing. Dictionary of Multicultural Education,1997. 转引自谭光鼎、刘美慧、游美惠:《多元文化教育》,7页,台北,高等教育文化事业有限公司,2008。

书中将世界已有的文明划分为几种类型，并论证了文明之间的差异是世界范围内冲突发生的重要原因。

多元文化主义批评西方国家忽视少数群体的成员身份。由于少数群体的文化身份与主流文化不同，因此在社会、政治、经济和文化生活中始终处于一种不利的地位，而主流文化却具有一种先天的优势，不必付出很大的努力就能获得权力和利益。所以，多元文化主义主张赋予少数群体差异的公民身份，并通过实施“差异政治”，以一些特殊的权利和区别对待来弥补他们在社会竞争中的不利，从而实现真正的平等。自由主义所强调的是不分种族、性别、宗教和文化的普遍平等，多元文化主义理论所坚持的平等是以族群身份和文化为背景的差异性平等。可见，平等也是多元文化主义回应自由主义的武器之一。多元文化主义反对自由主义所强调的无差别的平等，认为这是一种形式意义上的平等，并不是真正意义上的平等。多元文化主义理论还认为自由主义这种普遍的平等在未触及公权力时也许能够实现真正的平等，一旦公权力介入到族群之间的平等问题，就会倾向于民族国家的主流文化身份，而伤害到弱势族群的利益。为了达到实质意义上的平等，多元文化主义理论提出了“差异公民”的概念，要求民族国家基本个人主义在保证所有公民的平等权利的基础上，还要承认并赋予族群特殊的文化权利。[①] 多元文化主义者认为：普遍平等将会造成对处于弱势少数群体的压迫；主流群体将会把自己的意识形态当成中性与普遍的，而把处于劣势少数群体的差异等同为劣等或异常的，并采取措施使其接受主流社会的价值观和意识形态；指责民族国家过于强调社会成员之间的共性，而忽视了个体之间的差异性。正是这种普遍平等造成了少数群体和少数群体文化被压抑的现象，这种观念并没有实现真正的平等，反而造成了新的压迫。所以在多元文化主义者看来，在一个日益多元化的时代，建立在抽象的普遍主义人性论基础上的自由主义理念是不合时宜的。为了改变目前这种形式平等对少数群体和少数群体文化造成压抑的现象，多元文化主义者提出实施“差异政治”来矫正普遍平等的缺陷，从而实现真正的平等。[②] 谭光鼎等学者认为，“多元文化主

① 王晓迪：《美国多元文化主义权利理论评析》，45 页，乌鲁木齐，新疆大学，2008。

② 王晓迪：《美国多元文化主义权利理论评析》，46 页，乌鲁木齐，新疆大学，2008。

义的基本核心要素有三:首先是'差异',我们必须了解差异的本质与形成方式;其次是'冲突',差异的背后隐藏了冲突与矛盾,必须加以揭露;再者是'共存',了解差异政治的运作模式,并且发现差异如何共存的机制。很多人在谈论多元文化时,都避谈冲突,直接从差异的理解到共存共荣的寻求,强调不同文化各有其价值,不能妄加评断,这样的思考容易陷入相对主义的困境。多元文化源于不同群体间的差异,每个团体都有其文化表现形式,谈论多元文化时,不仅要理解与尊重文化差异,更重要的是探讨不均等的权利关系,也就是批判的多元文化主义"。① 可见,正视群体间的差异,着眼于群体间不均等权利的研究,是多元文化研究中一个不可缺少的要素。这种差异不仅仅存在于不同的族群之间,也存在于不同的性别、国籍、阶层和体质的人群之间。

2. 多元文化教育理论

多元文化教育正是多元文化主义的产物,它希望凭借教育的力量,肯定文化多样性的价值,尊重文化多样性下的人权,增加人们选择生活方式的可能性,进而促进社会正义与公平机会的实现。班克斯曾指出:多元文化教育的概念应该是广义的,包括民族研究、多民族教育、反种族教育、妇女教育和残疾人教育等。广义的多元文化教育是希望通过学校的改革促进社会正义与公平的一种教育方式;狭义的多元文化教育就是尊重差异的一种泛文化学习的教育。② 多元文化教育说明所有受教育者(不管他们属于什么群体,如属于性别、民族、种族、文化、社会阶层、宗教或特殊者的那些群体)应该在学校里体验到教育平等。③ 台湾地区有关教育的规定当中,也表现出对多元文化教育的重视。例如,其中一条规定:"教育之目的以培养人民健全人格、民主素养、法治观念、人文涵养、强健体魄及思考、判断与创造能力,并促进其对基本人权之尊重、生态环境之保护及对不同国家、族群、性别、宗教、文化之了解与关怀,使其成为具有国家意识与国际视野之现代化国民。"

---

① 谭光鼎、刘美慧、游美惠:《多元文化教育》,5页,台北,高等教育文化事业有限公司,2008。
② 谭光鼎、刘美慧、游美惠:《多元文化教育》,5页,台北,高等教育文化事业有限公司,2008。
③ 王鉴:《论中华民族多元文化教育》,载《青海民族研究(社会科学版)》,2000(2),52~56页。

3. 教育优惠中的多元文化教育理论

多元文化教育的一个主要目标就是维护受教育权的平等，改变弱势群体的受教育机会，追求全社会的教育权利和机会的平等。这要求国家，一方面要保证不同背景的受教育者有相同的机会接受教育；另一方面要保证受教育者在学校必须得到同等的对待和适合发展的教育。为了确保在受教育权实现方面具有不利因素的受教育者实现上述多元文化教育的目的，国家在资源分配上必须向这些群体提供更多配置，以保证多元文化教育的实现及不同背景的受教育者得到同样的发展。这也从另外一个方面说明了教育优惠制度存在的必要性。

值得注意的是，多元化已经不仅仅是法院及学校为了捍卫弱势群体教育优惠待遇的理由，而且已经上升到了更高的意义层次。例如，欧康诺大法官在"格鲁特诉伯林杰案"中强调，多元化对学生的好处，不仅在教室中，而且在职场、军队或国家都相当受用。欧康诺大法官特别强调，美国的大企业如3M公司和通用汽车公司都让他们的员工与持有不同文化、想法及观点的族群相处。欧康诺进一步指出，多元化对军队保家卫国是必要的。为了达成军队多元化目标，军队的教育及军官的组成都应当力求多元化。最后，欧康诺大法官再次提醒，我们大学教育及法学院教育是孕育美国领导者的摇篮，法律人占了国家领导阶层的一半，占了参议院一半以上的位子，还占了超过三分之二的众议院席次。基于这些理由，法院很愿意赞同法学院认为多元化是一个重大利益的见解。①

二、教育优惠中的价值选择

（一）教育平等

1. 平等

（1）平等的含义

平等的英语是"equity"，表达的是两个或更多的人或客体之间在某个方面或所有方面处于同样的、相同的或相似的状态。人类正义的追求就源于平等的

---

① 593U. S. 306(2003).

需要。[1] 平等是人们一直在不断探讨的问题。萨托利认为："平等表达了相同性的概念……两个或更多的人或客体，只要在某些或所有方面处于同样的、相同的或相似的状态，那就可以说他们是平等的。"[2]美国学者艾德勒则对"平等"解释为"当一个事物在某一认同的方面不比另一事物多，也不比另一事物少时，我们可以说这两个事物是平等的"[3]。如此看来，平等就是"无差别""等同""齐一"的状态或结果。关于平等的含义，美国的乔·萨托利认为，可以从法律政治平等、社会平等、平等利用的机会平等、平等起点的机会平等和经济相同性五个方面来理解。[4] 其中，法律政治平等强调每个人具有相同的法律、政治权利；社会平等强调每个人具有相同的社会尊严；平等利用的机会平等强调使每个人具有相同的进取机会，为平等能力的人提供平等利用的机会；平等起点的机会平等则强调平等地发挥个人潜力，为每个人提供相同的机会。[5]

在人类哲学和教育思想关于人性的理论中，对于平等的认识经历了一个历史的过程。与平等相对的等级观念在我国根深蒂固，直到今天，身份等级还在国人的为人处世中备受重视。中国古代法律思想的主线就是维护以儒家为特色的礼教等级宗法制度。所谓"宗法"，是指在"血缘家庭范围内，依父系来区分尊卑长幼等级，规定各级家庭成员的权利和义务，维护家长、族长统治的法制"[6]。西周是礼治基本确立的时期。周礼是中国古代法律的思想基础，其原则为"亲亲也，尊尊也，男女有别，此其不可得与民变者也"。该原则的核心是"亲亲"和"尊尊"，前者意指亲爱尊重以父权为中心的尊亲属；后者要求奴隶和平民服从奴隶主和贵族，下级贵族服从上级贵族，从而形成一个自下而上的以天子为中心的等级体系。礼作为一种统治工具，则有"礼不下庶人，刑不上大夫"之说。于是，各种特权由贵族所专享，刑罚为劳动人民所独设。[7] 另外，我国自古

---

① 冯建军：《教育公正——政治哲学的视角》，23 页，福州，福建教育出版社，2008。

② ［美］乔·萨托利著，冯克利、阎克文译：《民主新论》，340 页，北京，东方出版社，1993。

③ ［美］艾德勒著，郗庆华译：《六大观念》，188 页，北京，生活·读书·新知三联书店，1998。

④ ［美］乔·萨托利著，冯克利、阎克文译：《民主新论》，348 页，北京，东方出版社，1993。

⑤ 刘复兴：《教育政策的价值分析》，194 页，北京，教育科学出版社，2003。

⑥ 俞荣根：《中国法律思想史》，13 页，北京，法律出版社，2000。

⑦ 黄蓓、唐勇：《平等原则的法理学考量》，载《法制与社会》，2007(4)。

便有“天地君亲师”的观念,天地在中国人的信仰中本是至高无上的,而可以与其并列的只有三者——君、亲、师。“有天地然后有万物,有万物然后有男女,有男女然后有夫妇,有夫妇然后有父子,有父子然后有君臣”。如此的尊卑定位,使天地君亲师成为一个生命诞生以后不可动摇的权威。对统治者要忠、对父母要孝和对教师要敬,要求绝对地服从,否则就是不忠不孝、忘恩负义、遭人唾弃。“天地君亲师”这几个字构建了中国传统社会伦理道德的基石,成为人们的道德行为规范和立法依据。旧时在我国民间,民居厅堂正中壁上或神龛上,往往在黑色木牌上用金字漆书或用大幅红纸书写这五个字,有的装裱成卷轴悬挂起来,还有的在香火牌位或条幅两旁,挂上一副“天高地厚君恩重,祖德宗功师范长”的对联,说明尊崇“天地君亲师”的必要,引起人们的敬畏。这种情形,不仅是过去,现在很多地方和人家依然如此;不仅是汉族,许多少数民族也是如此。它们深入到了每一个中国人心中,无论是知识分子还是不识字的穷苦大众,都将它奉为天经地义的信条。它们对广大人民的教育,比任何法令经典都更有效果。[①] 正是在这个意义上,张舜徽先生认为:真正彻底了解天地君亲师五个大字的来源和作用,对整个中国封建社会的内幕,可算是了解了一大半。[②] 正因为“天地君亲师”观念的根深蒂固,在长期以来的中国封建社会中,形成了权力集中化、个人迷信化和权威绝对化,这在国家统治上表现为独裁和专制,在教育上则形成了与民主思想格格不入的盲信、盲从。与“天地君亲师”同时存在的“三纲五常”等观念,进一步将权力等级化及个人区别化、尊卑固定化。

印度传承三千多年的种姓制度则将人按照血统分为四个等级。作为第一等级的婆罗门,独揽宗教事务,形成专门的祭司阶级,有些婆罗门还参与政事。第二等级的刹帝利,是掌握军政大权的武士阶级。这两个等级处于统治地位。第三等级的吠舍,是雅利安人的平民大众,从事农业、畜牧业和商业等。这就是雅利安人三个等级具有代表性的职业,但社会现实并非如此单纯。事实上有些高级种姓的人也从事低级种姓的职业,而在吠舍中间有些商人后来恃其财富,飞黄腾达。第四等级首陀罗,基本上是被征服的土著居民,但也有贫困的雅利

① 徐梓:《“天地君亲师”源流考》,载《北京师范大学学报(社会科学版)》,2006(2),99页。

② 张舜徽:《仞庵学术讲论集》,587页,长沙,岳麓书社,1992。

安人。他们是被压迫、遭奴役、受歧视的无权居民等级,从事手工业和农牧业,他们之中大多数是奴隶。

在古希腊,柏拉图认为神创造了三种人:最好的一种是用金子做成的,次好的是用银子做成的,而普通群众则是用铜和铁做成的。用金子做成的人适于做卫国者;用银子做成的人应该是士兵,而其余的人则从事体力劳动。孩子们通常(但不是永远)都属于他们父母的那一等级;如果他们不属于那一等级的话,那么他就必须相应地升级或者降级了。[①]

完整、系统的平等权,最先是资产阶级在同封建斗争的过程中提出来的。17、18世纪资产阶级的启蒙思想家们,如英国的洛克和法国的卢梭,提出了"法律面前人人平等"的主张,喊出了"天赋人权"和"人人生而平等的口号",打破了传统等级思想,认为人的差异都是由后天的社会环境造成的,人的智力和能力的不平等实际上是社会不平等的反映,并从"类"的意义上强调一种抹杀各种差异而天生平等的同质平等观,主张人人具有自然的平等权利。随着资产阶级革命的展开和逐步地推进,各国资产阶级相继用法律文件确认了平等权。如1776年美国《独立宣言》宣布:"人人生而平等";1789年法国《人权宣言》确认:"在权利方面,人们生来是而且始终是平等的。"资产阶级认为平等权是天赋的不可剥夺的人权,以后的资本主义国家宪法均规定公民享有平等权。无产阶级以解放全人类、实现人人平等为目标,自然也更需要以根本法的名义确认和保障平等权。[②] 20世纪以来的科学和哲学的发展肯定了人与人之间智力或能力的差异,但这种差异一般并不表现为好坏高低贵贱之间的差异,而是多样化的,并认为承认差异、适应差异的平等才是真正的平等。[③]

(2)平等与正义

①正义

在人类的发展历史中,平等与正义两个概念总是结伴而行。正义与公正在英语中同为一个词"justice",所以很多学者将两者的含义等同而不做区分。但

---

① [英]罗素著,何兆武、李约瑟译:《西方哲学史(上卷)》,153页,北京,商务印书馆,1976。

② 莫江平:《我国公民的平等权及其误区》,载《广西社会科学》,2002(3)。

③ 刘复兴:《教育政策的价值分析》,123页,北京,教育科学出版社,2003。

从指向上看,正义更多的是人学的问题,它根植于人的价值和尊严的平等。公正更多的是一个政治和法律的问题,它指向的是一种关系公共权力和利益(用罗尔斯的说法是“社会的基本的善”)分配的制度。①

对于正义,罗尔斯认为“正义是社会制度的首要价值,就像真理是思想体系的首要价值一样”②。人类对正义的关注可以贯穿整个人类发展历史,但对于什么是正义,人们始终无法形成一致的意见。正如博登海默指出的:“正义有一张普罗透斯似的脸,变幻无常,随时可呈不同形状并具有极不相同的面貌。”③亚里士多德从道德的角度界定正义,认为:“所谓公正,是一种所有人由之而做出公正的事情来的品质,它使他们成为做公正事情的人,由于这种品质人们行为公正和想要做公正的事情。”④德国伦理学家包尔生也认为,正义是一种制止自己和他人进行生命和自由干扰的道德上的习惯,他指出“正义作为一种道德习惯,是这样一种意志倾向性和行为方式,它制止自己对他人的生命与利益的干扰,而且,只要可能也阻止他人进行这种干扰”⑤。西塞罗等人则认为,正义是一种基于自然的安排所形成的理想的社会关系、社会制度和社会秩序。例如,西塞罗指出:“如果不存在自然,便不可能存在任何正义。”⑥洛克则认为:“自然法是所有的人、立法者以及其他人的永恒的规范。他们所制定的用来规范其他人行动的法则,以及他们自己和其他人的行动,都必须符合于自然法即上帝的意志,而自然法也就是上帝意志的一种宣告,并且,既然基本的自然法是为了保护人类,凡是与他相违背的人类的制裁都不会是正确和有效的。”⑦博登海默认为:“自然法乃是一个正义制度的最为根本的基础,它是由那些最低限度的公平和

---

① 冯建军:《教育公正——政治哲学的视角》,19页,福州,福建教育出版社,2008。

② [美]约翰·罗尔斯著,何怀宏、何包钢、廖申白译:《正义论》,3页,北京,中国社会科学出版社,1988。

③ [美]E.博登海默著,邓正来译:《法理学:法律哲学与法律方法》,252页,北京,中国政法大学出版社,1999。

④ [古希腊]亚里士多德著,苗力田译:《亚里士多德选集(伦理学卷)》,101页,北京,人民大学出版社,1999。

⑤ [德]弗里德里希·包尔生著,何怀宏、廖申白译:《伦理学体系》,517页,北京,中国社会科学出版社,1988。

⑥ [古罗马]西塞罗著,王焕生译:《论共和国论法律》,201页,北京,中国政法大学出版社,1997。

⑦ [英]洛克著,叶启芳、瞿菊农译:《政府论(下篇)》,84页,北京,商务印书馆,1964。

合理的标准组成的，没有这些标准，就不可能有可行的法律制度。而另一方面，正义概念则包括了被一个特定的政治和社会制度认为是正义的规范和原则，而不管这些规范和原则在一个正式的法律渊源中是否得到了明文承认。”当代分析法学代表人哈特认为，法律先于正义存在，正义依附于法律。他指出，在存在法律（规则）的地方，“国君不仅将实际地指定应做之事，而且他将有这样做的权力；不仅存在对他的命令的普遍服从，而且人们普遍承认服从他是正当的”。[①]而古代希腊的伊壁鸠鲁等人认为，正义来自人们通过契约所形成的约定以及人们对契约的遵循与信守。伊壁鸠鲁指出：“渊源于自然的正义是关于利益的契约，其目的在于避免人们彼此伤害和受害。”“正义本身并不是某种存在，但在人们的相互交往中，无论什么地方，它总是某种避免彼此伤害和受害的契约”。[②]18 世纪英国学者休谟也指出：“我们并没有遵守公道法则的任何真实的或普遍的动机，除了那种遵守的公道和功德以外……正义和非正义的感觉不是由自然得来的，而是人为的（虽然是必然的）由教育和人类的协议发生的。”[③]“正义起源于人类的协议”。[④] 罗尔斯在正义问题上更是坚持形式上的平等或者对等，他精辟地指出：“形式正义的概念，即有规则地和无偏见地实施公开的规则，在适用于法律时就成为法治。”罗尔斯同时也认为正义是能够合理安排与充分实现人们愿望和意志的公正的制度与体制。认为“正义的主要问题是社会的基本结构，或更准确地说，是社会主要制度分配基本权利和义务决定由社会合作生产的利益之划分的方式”[⑤]。

综上，我们看到不同的学者从不同的维度对正义的含义进行了分析。正如美国学者罗斯科·庞德所总结的：“正义一词不止有一种含义。在伦理上，我们可以把它看成是一种个人美德或是对人类的需要或者要求的一种合理、公平的满足。在经济和政治上，我们可以把社会正义说成是一种与社会理想相符合，

① [英]哈特著，张文显、郑成良、杜景义等译：《法律的概念》，60 页，北京，中国大百科全书出版社，1996。

② [苏联]涅尔谢相茨著，蔡拓译：《古希腊政治学说》，210 页，北京，商务印书馆，1991。

③ [英]休谟著，关文运译：《人性论（下册）》，523 页，北京，商务印书馆，1980。

④ [英]休谟著，关文运译：《人性论（下册）》，534 页，北京，商务印书馆，1980。

⑤ [美]约翰·罗尔斯著，何怀宏、何包钢、廖申白译：《正义论》，5 页，北京，中国社会科学出版社，1988。

足以保证人们的利益与愿望的制度。在法学上，我们所讲的执行正义（执行法）是指在政治上有组织的社会中，通过这一社会的法院来调整人与人之间的关系及安排人们的行为。”[①]

②正义与平等的关系

平等是正义的形式要素，正义问题常常透过平等问题表现出来。拉法格（Paul Lafargue）在论述正义的起源时指出：“正义的观念就它的起源来说只不过是平等精神的表现而已。”[②]但平等原则并不是正义的全部，正义问题不一定会表现为平等问题。我们无可否认的是，绝大部分的正义问题都是与平等有关的，权利或利益的失衡也必然会引发正义问题。但正义仅仅具备平等的形式是不够的，还需要价值的指引和内容的填充。正是基于这种考虑，拉德布鲁赫将广义的正义划分为三个层次的内容，即第一层形式要素：平等原则（狭义的正义）；第二层内容要素：合目的性；第三层：法律的安定性。法律的安定性涉及正义的作用，它为实质的合目的性所要求，因为实质的合目的性仅是相对的，是在学术争议中无法确定的东西，其具体内容需经国家权力予以明确。[③] 广义正义的三个层面都以人的概念为基础。“人”被视为抽象的、具有选择自由的、自律的实践主体。也就是说，在“人”的超验主体这一层面，每一个人都是具有自我目的的主体，任何人都不能成为他人的手段和客体，以自我为目的的人的概念内在地要求平等的概念，因为自我目的与等级秩序的观念是相互排斥的。[④]

总之，平等是正义的一个侧面，是对人们应该被如何对待问题的回答，是关于对待的方式要求。在抽象思维的层面，平等可以作为独立的成分被分离出来。在现实的世界里，它总是和一定的价值内容相伴而生。它无法舍弃其对待的内容而独立存在，也无法独立地决定正义的全部内容。[⑤] 正义更多的是一种价值判断，而平等更多的是一种客观的考察，所以对于正义的判断往往要依据

---

① ［美］罗斯科·庞德著，沈宗灵译：《通过法律的社会控制》，73页，北京，商务印书馆，1984。
② ［法］拉法格著，王子野译：《思想起源论》，96页，北京，生活·读书·新知三联书店，1963。
③ ［德］考夫曼著，刘幸义等译：《法律哲学》，229页，北京，法律出版社，2004。
④ ［德］G.拉德布鲁赫著，王朴译：《法哲学》，132～133页，北京，法律出版社，2005。
⑤ 王蕾：《宪法平等规范的诠释观：理念、规范与实践》，29页，北京，法律出版社，2008。

平等的考察。正如哈耶克在《法律、立法与自由》一书中所说的:"'社会正义'这个皇帝原来没有穿衣服;就是说,'社会正义'根本就是一个空洞无物、毫无意义的术语。"正义本身就是人的主观产物,用"皇帝的新装"来比喻也并不过分,只是这件看不见的新装要用"平等"这种可以触摸的材质来造就。

2. 教育平等

(1)教育平等的含义

从历史上看,"教育平等"思想可谓源远流长。早在两千多年前,孔子就提出了"有教无类"的教育主张,认为不论学生的出身、地域、年龄、种族,都应受到教育,这是我国古代朴素的教育平等思想的体现。而在西方,最初的平等概念当推古希腊时期柏拉图倡导的实施初等义务教育。他提出强迫儿童受教育的主张,在那里,城邦内的公民都是平等的,"犹如圆周中的任何一点与圆心的距离都是等同的"。在他的专著《理想国》中,已经闪耀着开放式社会和自由教育的思想。基督教宣称,全人类都是上帝的子民,所有人都是平等的,上帝爱所有人,要拯救所有人。亚里士多德则首先提出通过法律保证自由民的教育权利。他认为,公民不仅应实现财产均等,而且应当实现教育均等。近代法国启蒙运动时期的思想家卢梭提出的"平等"原则,认为差别不是出现在机会均等之后,如家庭遗传、经济地位、社会背景等差异,这使得每个儿童出现很大的差异性,教育机会均等则是在扩大这种差异。他提出只有先解决其差异性,才能在同一条起跑线上同时起跑,即卢梭的"补偿原则",达到"结果平等",方能实现"平等的公正"。①

目前,我国关于教育平等的研究比较多,对教育平等的理解也不尽相同。例如,顾明远主编的《教育大词典》从受教育权的身份平等来界定教育平等,指出:"教育平等指人们不受政治、经济、社会地位和民族、种族、信仰及性别差异的限制,在法律上都享有同等的受教育的权利。"②袁振国在《论中国教育政策的转变——对我国重点中学平等与效益的个案研究》中从教育机会均等的角度来界定教育平等,认为"如果不做严格区分,教育平等和教育机会均等两个概念

① 杨仁聪:《教育平等与教育公平之辨析》,载《黑龙江教育学院学报》,2008(6)。

② 顾明远:《教育大词典》,第六卷,100页,上海,上海教育出版社,1999。

的含义相差不大，它们有很大的一致性……不打算区别使用”。[①] 刘复兴认为教育平等是指教育领域的一种平等状态，教育平等的完整意义是指建立在人格平等和政治权利平等基础上的受教育权利平等和教育机会平等的现实状态。他将教育平等归结为七个方面的内容，即主体人格和尊严平等、教育权利与义务平等和教育权力与责任的均衡、平等起点的教育机会平等、平等利用的教育机会平等、受教育过程中的机会平等、获得学业成功的机会平等和对弱势进行补偿的机会平等。[②]

国外的教育平等研究主要集中在教育机会平等(Equality of Educational Opportunity)的研究之上。例如，科尔曼认为教育机会均等有四个标准：进入教育系统的机会均等、参与教育的机会均等、教育结果均等、教育对生活前景机会的影响均等。[③]

正如杜威指出的：“在社会道德事务上，平等并不意味着数学上的相等。它意味着不能用大些、小些、优些、劣些这些概念来考虑。它意味着不论能力、力量、地位、财富在数量上的差距多大，但与其他一些——个人存在的这一事实、某些不可替换方面的观察——相比，是微不足道的。总之，它意味着这样一个世界，其中存在必须按其本身价值来考虑，而不是作为某种可与其他东西相等或转换的事物来考虑。可以这样说，它含有一种抽象的没有共同量度的数学，在这种数学中各为自己辩护并各为自己而要求得到考虑。”[④]相对于教育公平的概念来说，教育平等在客观中可以用一些数字表示，以便从某一个方面体现社会的公平与否。但人的平等并非物的平等，不能简单地用数字来衡量。人的平等更多来自内心的尊严和自信，如果一个群体失去对自己的信心，即使社会给予他更多的优惠，也无法使其真正地感受到自己的平等地位。唯有给予这些受

---

① 袁振国：《论中国教育政策的转变——对我国重点中学平等与效益的个案研究》，4页，广州，广东教育出版社，1999。

② 刘复兴：《教育政策的价值分析》，195页，北京，教育科学出版社，2003。

③ James S. Coleman, The Concept of Equality of Educational Opportunity, Harvard Educational Review, 1968, Vol. 38, No. 1, pp. 7 ~ 22，转引自刘复兴：《教育政策的价值分析》，194页，北京，教育科学出版社，2003。

④ [美]科恩著，聂崇信、朱秀贤译：《论民主》，256页，北京，商务印书馆，2004。

教育权弱势人群以适当的倾斜，使其意识到自己也可以通过努力获得同样的成功机会，才能让其真正感受到教育中的平等。

对教育平等问题的探讨往往与教育公平结合在一起。人们也往往将是否平等作为衡量教育公平的一个指标。公平的表现在于"给予每一个人他所应当得到的权利与利益"。依照这种思路，每一个人作为一个社会成员，给予其他社会成员应当得到的东西，并从他们那里获得他所应当得到的东西。公平是否意味着每一个人应当得到的权利和利益都是一样多呢？例如，几个人分一个蛋糕，是所有人都分得一样多的蛋糕公平呢？还是这些人分得不同多的蛋糕公平呢？站在不同的立场，从不同的角度，我们会给出不同的答案。甚至一个大家都确认的公平，如果时间、地点或者主体发生变迁，也有可能形成新的不公平。所以恩格斯指出："关于永恒的公平的现象，不仅因时因地而变，而且也因人而异。一个人有一个理解。"①教育公平是人的问题在主观维度的展开，不同时期会对教育公平有不同的理解。在封建社会，教育公平是维系在依照身份等级分配教育资源上的，人们接受教育的权利是与其身份等级相一致的。国外的教育公平研究在政治理论层面，讨论较多的是公平与自由的矛盾。由于社会公平主要由政府解决，自由主义的理论家担心政府对公平的重视有导致集权、侵害市场和个人自由的倾向。在教育学本体的意义上，关注的则主要是公平与优秀的矛盾。功能主义教育家担心基于公平的考虑把低于学术标准的人吸纳进来，会降低教育质量，损害追求卓越的学术标准，从而伤害社会的整体利益。而我国的教育公平研究，更侧重于公平与效率的关系。②

(2)教育平等的类型

①起点平等、过程平等与结果平等

教育的平等观是随着时代的发展而逐渐变化的，它的变化与社会的民主程度、经济状况和文化发展都有密切的关系。即使在同一时期，不同国家、不同地区的人们对教育平等也有着不同的理解。当代著名教育家，瑞典的胡森教授对不同时期教育的平等观做了系统的总结和分类，将其分为起点平等、过程平等

---

① ［德］马克思、恩格斯：《马克思恩格斯选集》，212页，北京，人民出版社，1972。

② 杨东平：《教育公平是一个独立的发展目标——辨析教育的公平与效率》，载《教育研究》，2004(7)。

与结果平等。

起点平等是一种保守主义哲学观指导下形成的教育平等观，第一次世界大战前在西方工业国家盛行。这种哲学观认为上帝赋予每个人的能力与其因出生而归属的社会等级或社会阶级是一致的，每个人不仅应该最好地利用自己的能力，还要对此感到满足，因为他得到的才能是一出生就决定了的。教育通过考试将杰出的人才筛选出来，使具有不同能力的人接受不同的学校教育。起点平等是指法律保障每个人都有接受教育的权利，都可以进入学校学习。但由于出身不同，人们只能进入不同的学校学习。所以，起点平等主要是指政府保证公民都能接受基本的初等教育，但却无法提供同等的学习环境。

指导过程平等的是自由主义哲学观。这种哲学观认为每个儿童都具有某些智力天赋或某些稳定的能力；入学和升学应取决于个人的能力，而不是社会或经济地位；教育的功能就在于消除社会和经济的外部障碍，让每个人的天赋和能力都得到充分的发展，并将每个学生分配到与其能力相称的社会地位上，即学业的成败主要依靠学生自己。基于上述理念，过程平等就是要设法取消各种妨碍学生学习的不利的社会因素，对所有的儿童实施同样的教育。因此，应当以平等的方式一视同仁地对待每一个学生，缩小学校之间的差距，增强学校教育的统一性。如果说起点平等论强调的是教育权利的平等，那么过程平等论则强调教育机会的均等。

基于科尔曼20世纪60年代撰写的《教育机会均等的观念》中的“教育机会均等的新概念”，结果平等论哲学观是儿童的智力差异多半在儿童进小学之前就已经存在，因此仅在入学方面有形式上的平等是不够的，还应当使不同的社会出身的儿童有更多的机会变得聪明。为此，社会要采取专门措施来补偿那些处于不利地位的儿童赖以成长的环境之不足。[①] 结果平等论主张把平等作为总的指导原则，并向那些天赋较低和社会地位较低的儿童提供补偿教育，从而使这些原本在学习成绩上处于不利境地的学生和其他学生一样能够获得学习成功的机会。胡森也认为同样地对待每一个儿童并不是平等，真正的平等应当是

① 卢洁莹：《哲学视野下“教育机会均等”内涵》，载《西南民族大学学报（人文社科版）》，2004（12）。

在注意到人的差异性基础上为其提供适宜的差别教育，从而消除不同社会出身的儿童在起点上的差别，追求结果的平等，这是一种最终的目标。①

②完全平等与比例平等

教育上的完全平等要求对每一位成员都要提供绝对平等的待遇，它是基于教育的对象是人这一前提。在民主的观念之下，人人生而平等，这种平等更加侧重政治上的平等、权利上的平等和法律上的平等。作为一项基本人权，受教育是受到国际和国内法律平等保护的。艾德勒对此解释道："作为人，我们都是平等的。我们作为个人是平等的，在人性上也是平等的。一个人，在人性和个性上都不可能超过他人或低于他人。我们认为，人所具有的尊严是没有程度差别的。世间人人平等，是指他们作为人在尊严上的平等。"②

冯建军则认为这种完全平等的概念并不完全适合教育。他认为教育的对象是人，人是有差异的。从个体发展看，根本不存在两个完全相同的人。无论人与人之间有多大差异，但在区别于物上，他们有着共同的类特性，即人性。在人性上，他们是平等的，这种平等是一种绝对的种类平等。在种类平等的前提下，人与人之间的不平等是程度上的差异。先天的差异是由遗传造成的，是一种自然的事实，是无法改变的。但后天的发展是一种社会事实，是社会选择和分配的结果。③ 正如卢梭所言，起因于自然的平等与不平等是不可选择的，不能进行道德评价。④ 科恩在《论民主》一书中指出："人与人之间的差异是实际存在的。这种差异，我们自己不论采取什么态度都不能加以改变。当个人在茫茫人海中行动想达到某种实际目标时，我们就遇到这些差异以强有力的方式或者起帮助作用，或者起阻碍作用。它们必须分别对待，有的可能是严重的障碍，有的可能还是不可逾越的。在一个人的世界，人与人之间的差异是大有关系的。"⑤在合理的范围之内，自由理念是认同这些差异的。自由理念对教育机会

---

① ［瑞典］托尔斯顿·胡森：《平等——学校和社会政策的目标》，见张人杰《国外教育社会学基本文选》，207页，上海，华东师范大学出版社，1989。

② ［美］艾德勒著，郗庆华译：《六大观念》，200页，北京，生活·读书·新知三联书店，1998。

③ 冯建军：《教育公正需要什么样的教育平等》，载《教育研究》，2008(9)。

④ ［法］卢梭著，高煜译：《论人类不平等的起源和基础》，70页，北京，商务印书馆，1962。

⑤ ［美］科恩著，聂崇信、朱秀贤译：《论民主》，258页，北京，商务印书馆，2004。

平等原则的要求是:应当为有所差异的个体人的发展提供合理的有所差别的教育机会空间。

比例平等,首先是由亚里士多德提出的。他认为:“既然公正是平等,那么基于比例的平等就应是公正的……例如,拥有量多的赋税多,拥有量少的赋税少,这就是比例;再有,劳作多的所得多,劳作少的所得少,这也是比例。”米尔恩在《人的权利与人的多样性》一书中提出了比例原则,其论述为:“比例原则要求:(1)某种待遇在一种特定的场合是恰当的,那么在与这种待遇相关的特定方面相等的所有情况,必须受到平等的对待;(2)在与这种待遇相关的特定方面不相等的所有情况,必须受到不平等的待遇;(3)待遇的相对不平等必须与情况的相对不同成比例。”“对于在所有相关的方面都相同的情况,必须同样对待,对于在相关的方面不相同的情况,则必须不同对待,而且这种不同对待应对应于相关的不同”。[①] 比例平等主张,社会应该“不平等”地分配每个人的非基本权利。在这种权利不平等的分配中,获利较多者还应给较少者以相应补偿。但在进行比例分配时,需要依据什么样的分类标准,大家的看法并不一致。例如,亚里士多德的比例原则是基于个人对社会的贡献,对社会贡献多的人便可以享有更多的社会资源。而我国学者冯建军则认为受教育者尚未走出校门,用上述的标准不甚妥当,所以提出了依据个人的能力对教育资源进行分配的想法。[②]

③形式平等与实质平等

道格拉斯·雷曾提供这样一个例子,可以帮助我们直观地理解形式平等和实质平等及其关系:“假设某个社会,武士阶层的成员享有巨大的威望,但履行他们的职责要求有巨大的体力。武士过去只从富家子弟中征募;平等主义改革者们后来改变了征募原则,按照新的原则,武士面向社会的所有阶层,通过平等竞争而招募。然而这样做的后果却是,富有家庭实际上依然提供全部的武士,因为其他民众由于贫穷而如此营养不良,以致他们的体力与那些营养良好的富

① [英]A. J. M. 米尔恩著,夏勇、张志铭译:《人的权利与人的多样性》,48页,北京,大百科全书出版社,1995。

② 冯建军:《教育公正需要什么样的教育平等》,载《教育研究》,2008(9)。

家子弟相比，总是低下的。”[①]这个例子表明，面向所有的社会阶层，依据同样的标准(体力巨大)招募武士，可以说让每个人都有同样的机会，而且做到招募的标准统一，这是一种形式的平等。这样的形式平等，并没有使穷人的孩子最终进入武士阶层，因为同样的机会对富家子弟和穷人的孩子意义不一样。所以，形式平等无法保证一种实质平等。[②]

形式平等，即“相同的人和相同的情形必须得到相同的或至少相似的待遇，只要这些人和这些情形按照普遍的正义标准在事实上是相同的或相似的”[③]。罗尔斯也指出：“如果我们认为正义总是表示着某种平等，那么形式的正义就意味着它要求：法律和制度方面的管理平等地(以同样的方式)适用于那些属于由他们规定的阶层的人们。”[④]形式平等的理念又往往通过程序公正、平等对待和权利平等等形式表现出来。形式平等要求在制定和实施法律时，对所有的人一律平等，每个人都拥有同样的受教育机会和条件。形式上的平等，旨在反对封建的以身份和等级为基础的特权。所以，在形式平等的视野中，最为关注的是每一个公民在受教育权的实现过程中的均等，而反对对人进行差异式的考虑。它为每个人提供了平等的机会，至于机会获取的结果，则不是它关注的首要问题。犹如赛跑，形式平等关注的是要把每个运动员安排在同一起跑线上，至于谁先到达，谁后到达并不重要。[⑤]

实质平等是指为了纠正形式平等所带来的事实上的不平等，依据不同的情况，为人的发展提供不同的条件保障，即实行合理的差别待遇，以达到实质意义上人的平等。但实质平等的关键问题在于如何实行差别待遇，是对某一部分人进行优惠还是对另一部分人进行限制，另外哪些人要优惠或限制。罗尔斯也是

---

① Douglas W. Equalities，Cambridge，Mass：Harvard University Press，1981：65～66页，转引自冯建军：《教育公正需要什么样的教育平等》，载《教育研究》，2008(9)。

② 冯建军：《教育公正需要什么样的教育平等》，载《教育研究》，2008(9)。

③ [美]E.博登海默著，邓正来译：《法理学：法律哲学与法律方法》，286页，北京，中国政法大学出版社，1999。

④ [美]约翰·罗尔斯著，何怀宏、何包钢、廖申白译：《正义论》，58页，北京，中国社会科学出版社，1988。

⑤ 莫江平：《我国公民的平等权及其误区》，载《广西社会科学》，2002(3)。

实质平等的坚决支持者。他认为，“为了平等地对待所有人，提供真正的同等的机会，社会必须更多地注意那些天赋较低和出生于较不利的社会地位的人们。这个观点就是要按平等的方向补偿由偶然因素造成的倾斜。遵循这一原则，较大的资源可能要花费在智力较差而非较高的人们身上，至少在某一阶段，比方说早期学校教育期间是这样”。[①] 同形式平等相比较，实质平等更注重结果上的平等。

④权利平等与机会平等

杨东平曾指出：“在教育领域，教育公平包括教育权利平等与教育机会均等两个基本方面。”[②]耶林“为权利而斗争”的名言曾经激励着无数的人为之奋斗。在当今权利本位代替了义务本位的立法观念之后，人们也开始了对权利的进一步审思。在法理学上，对权利内涵的理解主要有三种不同的观点。第一种观点认为权利是指道德权利。根据古典自然法学说，权利被视为个人与生俱有的道德品质，具有不可剥夺的性质，其正当要求（自我保护、生存、自由和取得财产等）发端于自然法，并要获得国家实在法律制度的保护。格劳秀斯在《战争与和平法》中指出：“‘right’一词，还有另外一个意义。该意义与前一个意义不同，但又从它而生。在此意义上，‘right’一词是指个人所具有的一种道德品质（Moral Quality）。”[③]其后康德和黑格尔等人也从道德资格、道德命令和道德领域的普遍的自由意志来解读权利的本质，使权利成为一种具有先在与先验特征的社会存在。[④] 当代美国法学家德沃金也认为：“权利是掌握在个人手中的政治王牌，是要求保护的‘道德主张’，也是对抗政府的理由。”[⑤]第二种观点认为权利是指自然权利。17、18世纪，西方古典自然法学派的斯宾诺沙、洛京、孟德斯鸠和卢梭

① ［美］约翰·罗尔斯著，何怀宏、何包钢、廖申白译：《正义论》，101页，北京，中国社会科学出版社，1988。

② 杨东平：《教育公平的理论和在我国的实践》，载《东方文化》，2000(6)。

③ ［荷］格劳秀斯著，何勤华等译：《战争与和平法》，30页，上海，上海人民出版社，2005。

④ 戴剑波：《权利正义论——基于法哲学与法社会学立场的权利制度正义理论》，3页，北京，法律出版社，2007。

⑤ ［美］罗纳德·德沃金著，信春鹰、吴玉章译：《认真对待权利》，6页，北京，中国大百科全书出版社，1998。

等学者提出了系统的自然法观念与自然权利学说。他们把“天赋权利”概念引入自然权利学说的体系之中，指出世界上每一个个体都享有与生俱来的保全自己“生命、自由和财产”的权利，并且认为这些权利是不应被任意剥夺与侵犯的。例如，洛克在对自然状态和自然法进行论证之后指出：“自然状态有一种为人人所应遵守的自然法对它起着支配作用；而理性，也就是自然法，教导着有意遵从理性的全人类。人们既然都是平等和独立的，任何人就不得侵害他人的生命、健康、自由或财产。”①罗尔斯在其《正义论》中也承认，“作为公平的正义是建筑在一个自然权利的假设之上的”。② 第三种观点认为权利是指法律权利，即在主权国家的实体法中得到具体反映和体现的权利，这种权利被国家的法律所规定并以一定的强制力保障其实现。应当说，道德权利和自然权利主要是作为一种社会或是地域内集中体现的群体认同理念，其更多的是表达了一种人们对理想生活憧憬的应然状态。这种状态在熟人社会中的作用要明显强于现代陌生人的社会。而法律权利则是一种社会制度化的产物，在社会生产和生活类型多样化的发展趋势下，必须要依照一定的“复杂规则”对社会行为加以规制，由此法律权利与法律义务就相伴而生。

平等权与受教育权的复合使平等受教育权具有了人权与公民权的双重属性。作为人权，它的依据是人的尊严与人的价值；作为公民权，它的依据是宪法、教育法以及相关法律、法规。平等受教育权蕴含的基本价值是人格尊严，它必然反对在教育上的任何特权与歧视。③ 权利平等强调的是人们在法律所规定的各种权利面前一律平等的状态。我们的社会已经逐渐走进了一个“权利的时代”，人身权、债权、物权、隐私权和所有权等权利开始逐渐被人们所意识到。权利的平等又可以分为权利分配的平等和权利保障的平等。其中，权利分配的平等主要是指立法者在进行利益分配的过程中对于社会各个群体要保证一定的

---

① ［英］洛克著，叶启芳、瞿菊农译：《政府论（下篇）》，6 页，北京，商务印书馆，1964。

② ［美］约翰·罗尔斯著，何怀宏、何包钢、廖申白译：《正义论》，58 页，北京，中国社会科学出版社，1988。

③ 余雅风：《论公民受教育权平等保护的合理差别对待标准》，载《北京师范大学学报（社会科学版）》，2008（4）。

平等,不能有所偏失;权利保障的平等则是当人们的权益受到侵害的时候,执法者要对其进行平等的救济。

权利是与义务相对应的,有权利就有义务的承担者,否则权利就失去存在的根基。对于受教育权来说,其责任的承担者主要有国家、社会和家庭。例如,民法中为了保护未成年人专门设置了监护权,但学理界普遍认为监护权这种"权利"中含有很大比例的义务成分,即监护人要为未成年人的健康成长承担一定的责任。国家教育权也是一样,国家要采取一定的行为来保证公民享有受教育权,尤其属于制度性教育的学校教育。受教育权的平等,更多的含义就是国家不仅要保障公民享有受教育权,而且还要保证公民平等地享有受教育权。这点在新近的教育立法,尤其是《中华人民共和国义务教育法》的立法中显现得尤为明显。

教育权利平等的理念是政治、经济领域的平等权利在教育领域的延伸。在超越了身份制、等级制等将教育视为少数人特权的历史阶段之后,平等接受教育的权利作为基本人权,成为现代教育的基础价值之一。20世纪40年代的《联合国人权宣言》规定:"不论什么阶层,不论经济条件,也不论父母的居住地,一切儿童都有受教育的权利。"在20世纪60年代以来世界性的教育改革浪潮中,教育平等成为"全世界所有国家和所有与教育问题有关的人最关心的问题"。

机会平等是指制度安排中其基本权利对社会公众同等对待,不论他们之间存在什么差别,都有获得地位、权力和利益的同等机会。[①] 1960年,联合国教科文组织曾详尽阐述了教育机会均等的概念,即社会成员,不论其种族、性别、宗教信仰、经济地位和政治地位等方面有什么不同,都可享受同等的接受教育的机会,它还包括消除歧视和不均等。"歧视"是指,基于肤色、种族、性别、语言、宗教、政治或其他观点、民族或社会出身、经济条件或家庭背景之上的任何差别,排斥、限制或者给予某些人以优先权,其目的在于取消或减弱教育中的均等对待。它表现在:(1)剥夺某个个体或团体接受各级各类教育的机会;(2)把某个个体或团体限制在接受低水平的教育;(3)为了某些人及团体的利益,坚持分

① 倪愫襄:《制度伦理研究》,153页,北京,人民出版社,2008。

流制度;(4)使某些人及团体处于与人的尊严不相容的处境。“不均等”是指在某些地区之间和团体之间存在的,不是故意造成也不是偏见形成的差别对待。

艾德勒曾指出,人的平等与不平等主要分为两大类:一类是先天的;一类是后天的。“我们把第一类叫作人或个人的平等与不平等,把第二类叫作环境制约的平等与不平等”①。先天的或个人的天赋的差异是无法改变的,而环境的和后天的不平等却可以在一定程度上通过制度的方式加以改善。为此,艾德勒同时指出:设计的制度机会平等安排的原则是:“不管天赋和后天才能如何,机会均等是人人都有的。”②机会平等意味着所有的社会等级和社会利益向每一个人开放,每一个人都有获得这些等级地位或经济利益的机会,而且这种机会对于每一个人都是一样的。虽然机会的平等并不意味着每一个人都能在实际上得到这些等级和利益,但是这种人人都享有的机会和权利却是制度应当加以保障的。“也就是说:各种地位不仅要在一种形式的意义上开放,而且应使所有人都有一个平等的机会得到它们”③。从这一意义上讲,机会平等并不保证所有人都能取得竞争的结果,因此机会平等也被认为是形式平等。机会平等在制度安排中更多地被应用在经济领域。例如,两个人同时进入股市购买股票,只能意味着两人具有同等赚钱和赔钱的机会,但两人最终亏赢的结果不一定相同。就制度安排而言,机会平等所蕴含的基本权利是具体的、实质的要求,如劳动的权利、受教育的权利和民主的权利等基本权利,都是需要制度的有效保障才能实现的。因此,机会的平等也是实质的平等,是社会基本权利的具体体现。为了防止机会平等的形式所带来的结果不平等扩大,加强实质平等在制度安排中的地位,更需要完善社会、经济、政治和法律制度,创造保护社会平等和实质平等的条件和基础。机会平等的制度安排,不仅是指基本权利向公众开放,允许人人竞争的制度保障,还包括尽量减少先天偶然因素和后天社会因素所造成的不

---

① [美]艾德勒著,郗庆华译:《六大观念》,161页,北京,生活·读书·新知三联书店,1998。

② [美]艾德勒著,郗庆华译:《六大观念》,163页,北京,生活·读书·新知三联书店,1998。

③ [美]约翰·罗尔斯著,何怀宏、何包钢、廖申白译:《正义论》,68页,北京,中国社会科学出版社,1988。

平等的差距，保证基本权利的实现。①

哈耶克指出："一些人在学术研究或科学探索方面显示出了卓越的能力，所以不论其家庭财力如何，都应当赋予他们以继续从事这方面研究的机会，因为这可能会有益于整个社会。然而，这并不意味着它赋予了任何人以主张这类机会的权利，也不意指只有那些被确认为拥有这种卓越能力的人才应当享有此类机会，甚或也不意味着如果不能确保所有通过同样客观考试的人都获享这种机会，就没有人应当享有它。""我们应当竭尽全力为所有的人增加机会，然而，我们在做这种努力的时候应当充分认识到，为所有的人增加机会，有可能会只有利于那些能够较好地利用这些机会的人，而且常常会在努力的初期增加不平等的现象"。② 布坎南认为："即使人们可能认为出发地位是绝不会平等的，但还是可以采取让所有人有参加比赛的同样机会。举一个例子来说，佃农的孩子绝不可能与亿万富翁的孩子有平等的机会成为总统，但可以制定制度，使佃农的孩子不会公然被排除在这场比赛之外。要允许他也以同样规则参加比赛，至少他也有取胜的一点机会。"③现代意义上的教育机会平等原则不同于平均主义的教育机会绝对均等之观念。其一，前者强调个体人之间的差异，注重个人潜能的开发；后者则强调每个社会成员之间的相似性，注重社会成员之间的绝对平等。现代意义上的教育机会平等原则在肯定了个体人之间的平等，并为每个社会成员提供基本发展机会的前提下，看到了每个个体人所具有的发展潜力的不同，因而又为每个个体人在教育机会方面留出了不同的发展空间。④ 正如《学会生存——教育世界的今天和明天》一书指出："教育上的平等，要求一种个人化的教育学，要求对个人的潜在才能进行详细的调查研究。机会平等并不等于把大家拉平。机会平等不是不惜任何代价否认个人的基本自由，攻击一个人的完

---

① 倪愫襄：《制度伦理研究》，154 页，北京，人民出版社，2008。

② ［英］哈耶克著，邓正来译：《自由秩序原理（下）》，175 页，北京，生活・读书・新知三联书店，1997。

③ ［美］詹姆斯・M. 布坎南著，吴良健、桑伍、曾获译：《自由、市场和国家——20 世纪 80 年代的政治经济学》，137 页，北京，北京经济学院出版社，1988。

④ 李江源、王蜜：《论教育机会平等》，载《河北师范大学学报（教育科学版）》，2007（7）。

整性或者滥用专家统治的、官僚主义的权力。”①

表现在教育领域,教育机会平等中的“机会”,并不是竞争基本教育权利的机会——基本教育权利不需竞争而为人人完全平等享有——而是竞争非基本教育权利的机会。② 这种教育权利是否属于基本教育权利的判断标准,在于其是否属于每一个公民必须要接受的教育。如果答案是肯定的,那么这种教育的赋予就属于一种基本的政府责任,政府必须无任何附加条件地为每一位公民提供。换言之,基本的教育权利就是一种基本的人权。从国际的视角,各国对义务教育阶段的教育均实行免费并强迫式的政策。《中华人民共和国义务教育法》也规定:“义务教育是国家统一实施的所有适龄儿童、少年必须接受的教育,是国家必须予以保障的公益性事业。”所以,公民接受义务教育阶段的学习应当是一种基本的教育权利。而高中以上的教育,国家的法律并没有强令每一位公民都必须接受,事实上国家也没有能力为每一位公民提供高中以上阶段的学习。因此,接受高中及以后学习的权利应当属于一种非基本的教育权利。对于义务教育阶段的学生,因为义务教育是必须要接受的教育,所以国家不仅要在法律上赋予其平等的受教育权,而且还要保证每一个孩子都接受到同种品质的教育(这里的同种品质的教育并非指内容与形式一模一样的教育,而是一种多元的教育。但其教育的质量和档次应当是一致的)。但在非义务教育阶段,国家提供的只是一种机会,这种机会应当建立在一种平等之上。《纲要》也将机会公平作为教育公平的重点,指出:“教育公平的关键是机会公平,基本要求是保障公民依法享有受教育的权利,重点是促进义务教育均衡发展和扶持困难群体,根本措施是合理配置教育资源,向农村地区、边远贫困地区和民族地区倾斜,加快缩小教育差距。”

3. 教育平等的演变

作为一种倾斜式的保护制度,教育优惠制度与教育平等问题总是纠缠在一

---

① 联合国教科文组织、国际教育发展委员会编著,华东师范大学比较教育研究所译:《学会生存——教育世界的今天和明天》,105 页,北京,教育科学出版社,1996。

② 李江源、杜长忠:《论社会、非社会提供的教育机会平等》,载《河北师范大学学报(教育科学版)》,2008(1)。

起。优惠，就是得到比一般群体优厚的待遇，从比例上来说就仿佛与平等产生了冲突。很多人理解的平等，也往往是在形式上数量的平均分配，因此便得出了教育优惠制度有碍教育平等的结论。但是，通过上面的分析我们知道，数量上均等的分配往往达不到教育上真正的公平，与教育公平的理念相悖。也就是说，在教育平等问题上选择什么样的价值取向，直接影响到教育优惠制度中的一些具体问题，即为什么要优惠？要对什么人优惠？要怎样进行优惠？如果不对教育平等问题进行彻底的分析和研究，我们就不能从根本上解决有关教育优惠的种种疑问。所以，我们只有树立恰当的教育平等观，才能在此基础之上建立合理和有效的教育优惠制度。同时，这些问题的解决，必须与中国的国情相联系，必须与教育教学的实践相联系，必须站在一个价值中立的立场上进行分析。

从世界各国教育平等问题的演化过程来看，大多走过了一个由特殊权利到平等权利、由权利平等到形式平等、由形式平等再到实质平等的过程。

(1)由特殊权利到平等权利

在人类的历史上，受教育权作为一种特殊的权利在相当长的时期内存在。“自从进入阶级社会，出现了专门的教育机构——学校以后，受教育就失去了它的平等性，表现为少数人拥有的一种特权”①。一个人能不能接受教育，能够接受什么样的教育完全取决于一个人的社会身份与地位。这种作为特殊权利的受教育权实际上维护的也是社会上层阶级的利益，是其维护自己家族社会地位的一种途径和方式。

随着封建等级制度的衰落以及人权意识的兴起，人与人之间的权利平等开始逐渐走入人们的视野。“天赋人权”的概念开始促进受教育权的确立。英国法学家布拉克斯东(1723—1780 年)、经济学家亚当·斯密(1723—1790 年)、政治学家边沁(1723—1790 年)等都主张对穷人的儿童实施教育。② 1919 年德国通过的《魏玛宪法》，最早在社会的基本权利中规定了受教育权。该法第一百二十条规定：“养育子女，完成其肉体、精神及社会能力，为父母最高义务。”第一百

① 劳凯声：《教育法论》，92 页，南京，江苏教育出版社，1993。

② 马骥雄：《外国教育管理史略》，234 页，北京，人民教育出版社，1993。

四十五条规定:“就学为一般义务,就学义务的履行,应在小学 8 年以上,及毕业后满 18 岁止,在补习学校修业为原则。”还规定:“受国民小学教育为国民的普通义务,……国民小学及完成学校之授课及教育用品完全免费。”该法还就奖学金资助、各级学校的组织系统、学校的监督、教员的待遇、私立学校的设立等问题做出了规定。① 在此之后,各国的宪法和教育法律纷纷对公民的受教育权进行了规定。据荷兰宪法学者马尔赛文(Maarseveen)和唐(Tang)的一项比较研究显示,在世界各国的成文宪法中,51.4% 的宪法规定了受教育的权利。根据权利面前人人平等的原则,受教育权由一项特殊的权利转变为公民之间平等的权利。

(2)由权利平等到形式平等

在世界各国开始将公民的受教育权作为一项基本的人权进行保护之后,面临的问题是:政府如何对公民的受教育权进行保护?保护的程度是否一样?事实上,很多国家对受教育权进行立法保护,的确促进了教育的发展,使公民接受到了一定程度的教育,但公民与公民之间接受教育的条件、教学内容与学习时间却存在着很大的差距。例如,英国在 1870 年颁布了《初等教育法》[Elementary Education Act,也称为《福斯特法令》(Forster Act)],该法奠定了英国国民教育制度的最初基础。这一法令的中心要求,在于保证义务初等教育的实行。1924 年英国工党上台执政,出于政治上的考虑,尤其为了顺应社会上普遍对中等教育的要求,首次提出了“人人有权接受中等教育”(Secondary Education for All)的口号。当然,由英国教育的传统及其阶级实质所决定,这里所要求的中等教育绝不可能是平等的、同等水平的中等教育。② 在 20 世纪 30 年代,英国劳动人民子女真正受到中等教育的人只是极少数,有 90% 的初级小学毕业生进入高级小学,而高级小学除了能转进职业学校以外,是不能继续升入其他中等学校的,被称为是一种“到了头的”(Reached the Summit)学校。

在美国,南北战争之后,美国国会颁布了一系列的修正案,明文禁止美国境内的奴隶制度或强迫劳役的存在,在法律上完全解放了奴隶,使奴隶制度在美

① 李步云:《宪法比较研究》,542 页,北京,法律出版社,1998。

② 王天一、夏之莲、朱美玉:《外国教育史(下册)》,8 页,北京,北京师范大学出版社,1993。

国成为了历史，但黑人在美国的社会底层的地位一直难有改变，其依然难以获得与白人同等的社会地位。为了掩盖不平等的事实，一些州制定了一连串的隔离法，企图隔离白人与其他有色人种。1986 年法院审理普莱西诉弗格森案(Plessy v. Ferguson)[拥有八分之一黑人血统的混血男子普莱西(Plessy)在乘坐火车时进入了白人车厢，因而受到了逮捕]时，以八票对一票的比例宣告种族隔离制度的合宪性。判决认为只要公共设施是“平等的”，那么即使公共设施是“隔离的”，也没有违反平等保护的原则；法律可以把“既定的习惯、用法与人民的传统”列入考虑，尤其是在维护公共和平及秩序下。大法官哈兰(John Marshall Harlan)还在判决书中写道：“我们的宪法是色盲的，他不知道也不允许阶级的存在”(Our constitution is color - blind, and neither knows nor tolerates classes among citizens)。[1]

由此可见，法律上规定的教育平等，在实践中往往因为种种原因并不能使公民真正享受到同等的待遇。1954 年，美国发生了著名的布朗案(Brown v. Board of Ed. of Topeka, Shawnee County, Kan.)[2]，促进了美国教育由权利平等向形式平等转变的进程。该案以全体法官一致的意见，判决黑白分校的隔离措施不妥。“仅因为种族不同，而使少数族裔学童与其他年龄相仿、学力相当的学童隔离，必将使其痛感社会地位低贱，进而摧残其身心以致无法弥补”。“本庭的结论是，在公共教育领域决不容许‘隔离但平等’原则的存在。隔离的教学措施本身就是不平等的”[3]。其后，政府在推进黑白合校的过程中尽管遇到了重重阻力，甚至在有些地方还不得不动用了军队，但总的来看，取消隔离，让黑人学生和白人学生一起学习，是从权利平等到形式平等过程中标志性的一步。

在我国，情况也类似。改革开放以后，我国的教育重新步入了正轨，为了适应经济发展的需要，“早出人才，快出人才，出好人才”的效率至上观对我国的教育产生了深远的影响。随着高考制度的恢复，一大批知识青年又重新通过高考进入了大学的校门，目前社会各界的许多精英大多是高考制度恢复后接受高等

① 163 U. S. 537(1896).

② 黑人小女孩布朗被白人学校拒绝入学，其父母为此告上法庭。

③ 347 U. S. 483(1954).

教育的人。但这种效率至上的发展观也使教育的发展形成了一种畸形的状态，即以城乡二元结构为代表的教育发展不均衡。总体来说，这种不均衡主要表现为东西部的不均衡、城乡的不均衡以及地区内部的不均衡，实际上是教育资源的长期不均等配置造成的结果。所以我国的受教育者在某种程度上被认为接受教育的环境差距还比较大，距离形式上的平等还有一定的距离。袁振国、杨东平等人对此有较深入的研究，在此不再赘述。

(3)由形式平等到实质平等

在某些方面，或者某种程度上实现了教育的形式平等之后，人们依然发现其中存在着一些不公的因素。美国前总统约翰逊曾做了一个形象的比喻："想象在100米冲刺时，两个人中有一人戴着脚镣，他只跑了10米，另一个就冲过了50米，那时，裁判员认定这场比赛不公平。他们怎样改变这种情况呢？仅仅是摘下脚镣让比赛继续进行下去，然后说'现在机会均等'了吗？但是另一个运动员已经领先了40米。如果让原先戴脚镣的运动员先赶上这40米或两人重新开始跑，不是更公平一些吗？这就是说我们为了平等要采取果断的行动。"①

为了实现教育的实质平等，提高弱势群体的学习成功机会，各国纷纷采取了一些积极的措施。例如，美国推出了肯定性行动计划，有力地推动了教育实质平等的实现。肯定性行动本是美国在20世纪中期为了解决少数族裔、女性等弱势群体而采取的一项教育优惠政策。该政策不仅对美国的教育产生了巨大的影响，同时也对美国的社会以及政治体制产生了一定的影响。直到今天，肯定性行动仍然是美国的一项重要教育政策，依然为保证美国教育的公平和有效发展发挥着重要的作用。同时，其含义已经超越了美国具体政策立法的范畴而成为一种理念。

肯定性行动一词源于美国的"affirmative action"，目前国内对该词的翻译并不相同，大陆使用较多的有肯定性行动、积极行动、积极差别待遇、积极补偿行动、认肯行动、优待措施、纠正歧视措施、补偿性行动或补偿性活动、肯定性行为、平权行动等。在台湾地区的文献中则多翻译为优惠性差别待遇、肯定行动等。

---

① 袁振国：《论中国教育政策的转变——对我国重点中学平等与效益的个案研究》，69页，广州，广东高等教育出版社，1999。

肯定性行动(Affirmative Action)一词,最早出现在1931年的美国劳工关系法(National Labor Relation Action)中。美国民权委员会(United States Civil Rights Commission)在1977年指出,优惠性差别待遇是指:“包含利用各种不同的方式,为了积极矫正过去或现存的歧视,或者是为了避免过去歧视再次死灰复燃所采取的一连串措施,而不仅仅是单纯地停止歧视行为。”也就是说,此时的优惠性差别待遇并非仅仅消极地打破过去的不平等,使得过去受歧视的少数族群与多数族群立于同等地位,更要求我们直截了当地(这也就是为何英文使用“affirmative”一词)创造特别有利于该少数族群之环境。其目的在于帮助那些美国历史上长期受到集体性和体制性歧视的群体更快地改变在教育和经济方面的劣势地位。具体讲,就是在就业、就学、接受政府贷款、分发奖学金或助学金以及分配政府商业合同时,在竞争者能力和资格同等的情况下,少数民族(如黑人、拉丁语裔、印第安人、亚裔等)和妇女有被优先录用或得到政府合同的权利。在肯定性行动的作用下,美国黑人接受教育的程度得到了大大提高,目前很多黑人已经通过接受良好教育的途径进入了美国的上层社会,这也有力地证明了肯定性行动对推动教育的实质平等具有重大意义。

在我国,政府在大力推进教育形式平等的同时,也采取了一些优惠性的措施以保障教育实质的平等。例如,针对少数民族的教育优惠制度极大地促进了少数民族教育的发展,培养了大批少数民族人才,提高了少数民族高等教育入学率,促进了民族文化的传承。

我们应当注意到,教育平等几种形式的演变并非是一种类型取代了另一种类型,而是后一种类型在前一种的基础之上,从更高的层次对教育平等进行诠释。也就是说,并非采用了实质平等的理念,权利平等和形式平等就不存在了,而是在前两者的基础之上又针对存在的问题推行了第三种实质平等的理念。

4. 教育优惠制度中的平等选择

通过上面的分析,我们了解到基于不同的理念,人们对教育的平等也存在着种种不同的认识。对待教育平等不同的认识,直接影响着教育优惠制度本身的构建,甚至直接关系到某种教育优惠制度的存亡。教育优惠制度本身就是一种倾斜性的资源分配方式,理论上适宜的教育优惠制度将会对教育公平起到促进和保障的作用，教育平等的定位也直接对教育优惠制度起到指导的作用。所以，我们要在对教育平等进行详尽分析的基础上，根据我国的具体国情，选择适应我国教育发展、促进我国教育发展、维护社会公平的教育公平观。

这些平等的类型，在某一个地区既可能是按照先后的顺序历时性地存在，也有可能是在某一个时间段内共时存在的。这些教育平等既可能适用于某一种教育类型或教育阶段，也有可能在整个教育领域发挥着作用。

我们首先将教育平等划分为形式平等和实质平等两种主要的类型。形式平等强调的是教育中的无差别对待，但我们应当注意的是这种无差别的对待只是相对的，而不是绝对的；是教育外部的，而不是内部的，即教育中的形式平等是政府应当为所有的公民提供同质的教育环境或同等的教育机会。其中，为公民提供同质的教育环境就是完全平等，而为公民提供同等的教育机会就是机会平等。

在我国，我们可以将学校教育划分为义务教育和非义务教育，其中义务教育是政府应当保证每一位公民都能接受的教育。义务教育中的义务更多的是指政府的义务。接受义务教育的受教育权是一项基本的人权，也是基本的受教育权，每一位公民都应享受到，而且都应享受到同质的教育，不能因为种族、性别、贫富等因素而有所区别，所以义务教育阶段的教育公平应当是一种完全平等。然而，非义务教育阶段的教育并不能满足所有受教育者的需求，那么政府就需要为每一名希望接受非义务教育的学生提供相等的机会，公平地进行竞争。因此，非义务教育阶段的教育公平应当是一种机会平等。

实质平等强调的是一种差别对待，是一种结果的平等。差别对待就是要根据比例平等的原则，同样的情况同样对待，不同的情况不同对待。学生之间差距大的情况要采取较大的差别对待。这种比例平等实现的途径分为差异补偿和能力区分两种。差异补偿就是要对相对于一般受教育者在教育上处于不利地位的人根据其不利程度实行倾斜式的优惠，以帮助其摆脱教育方面的不利地位，和一般受教育者有同等成功的机会。能力区分就是针对具备超常能力的学生也给予倾斜式的优惠待遇，以帮助他们脱颖而出，成为国家发展中需要的尖端人才。

综上,教育优惠制度中所要依据的教育公平主要是实质平等中的比例平等。通过差异补偿和能力区分的理念来构建教育优惠制度的框架,实现教育优惠制度的目的。

(二)全体人的全面发展

1. 面向全体的教育

天地育成万物,万物生成演化,在天成天文,在地成地理,在中成人文,体现了中国古代天人合一的理念。"天地之大德曰生"。古人将生命的诞生视为天地的恩赐。天地不仅创造了生命,并且使生命得以成为生命。与西方赋予胎儿生命权的观念不同,直到今天,我国的法律一直将婴儿的出生视为生命的开端,因而在法律上又出现了露头说、断脐说、呼吸说和啼哭说等种种标志生命诞生的学说。生命肇始于诞生,但此时的生命还不是一个法律观念上"完整的人",故在民法上将十岁内的儿童称为"无民事行为能力人",十岁以上又称为"限制民事行为能力人",一直到十八岁才真正成为法律意义上"完整的人",同时在中国的相关法律中又赋予其"未成年人"的称谓。

人之所以为"万物之秀",科学的道理应在于大脑的发达。只有发达的大脑,才能够使卡西尔的经典理论——人是符号的动物得以成立。而发达的大脑与人类直立行走造成的狭窄骨盆又成为对立的矛盾,所以胎儿只能在大脑与身体发育并不完善的时期脱离母体,成为天地一员,这就决定了人类出生后的稚嫩与脆弱,决定了人类自出生起要经历漫长的成长过程,父母为此不得不负担起养育的责任。这个过程不仅仅是生理的成长,而更多的是对知识的学习,这就是教育。教育不仅仅存在于学校之中,人在学校之外的生活环境中也在自觉或不自觉地接受着教育或进行着教育。所以从某种程度上说,人之所以成为人,就在于教育。在现代社会,这种教育的责任又在一定程度上转移给了国家。1959 年联合国大会通过的《儿童权利宣言》指出:"儿童因身心尚未成熟,在其出生以前和出生以后均需要特殊的保护和照料,包括法律上的适当保护。"

教育对一个人的成长是至关重要的,它保证了每一位公民的受教育权,保障了所有公民的接受教育的机会,维护了个人的尊严,提高了其自我实现与自我成功的机会，最终使人真正地成了人。对于社会来说，教育也有着重要的意义。教育对人、对国家、对社会不可或缺。梁启超在《学校余论》中指出，“亡而存之，废而举之，愚而智之，弱而强之，条理万千，皆归于学校”。教育对个人，启智慧，养情操，扬个性，健体魄；教育对国家，弘爱国之心，育建国之才，教育兴则国旺，教育强则国盛；教育对社会，传承文明，昭示人权，行民主之风，尚和平之气。[①] 我们看到，2006年《中华人民共和国义务教育法》的修订，为每一位适龄儿童都提供了接受教育的环境和机会，但由于经济、身体及一些社会因素等方面的原因，还有极个别的未成年人没有接受到制度化的学校教育。例如，有的残疾学生因为特殊教育学校并不能满足其个人需要，就学存在很大困难，不得已而失学。在一些偏远地区，因为学校不能满足当地儿童入学的需求，所以也存在一定的失学现象。另外，目前社会还存在着流浪儿童的问题，他们没有固定的居所和经济来源，甚至有为数不少的流浪儿童被不法分子控制，不得已以乞讨、盗窃和抢劫为生。针对这些现象，政府必须及时采取相关对策，以保证全体公民的受教育权。在义务教育阶段，政府的责任应当是采取一切可行的手段，改善教学环境，从而满足每一位弱势学生的需求，不能让任何一名学生掉队，不能让任何一名学生失学。在非义务教育阶段，政府也应当尽量消除教育外因素对学生的不利影响，保障每一名有学习能力的学生都有机会接受上一层的教育，以倾斜性的优惠方式帮助一些弱势的学生接受高一阶段的教育，不能让学生因经济、文化、性别和生理等方面的不利因素而失去求学的机会。当然，这样的结果会使政府增加很多负担，也容易引起社会其他人群的异议。教育经费是有限的，为什么要向那些弱势学生倾斜，这是否是一种逆向的歧视呢？

我们应当看到，首先，保证每一位公民的受教育权是一种人性的关怀。要保证一名残疾儿童接受到适宜的教育，当然要比一般学生花费大很多。例如，很多发达地区的学校建筑都是无障碍的设计，其设计成本要高很多，而且绝大多数的学生也不会利用到，但其目的就是为了保障那些残疾儿童能够和其他学生一样接受教育，这里面更多包含的就是人性的关怀。其次，保证每一位公民

① 杨成铭：《受教育权的保护和促进》，1页，北京，中国法制出版社，2004。

的受教育权是政府和社会的责任。政府的职能之一就是保障责任。这种保障责任要求政府在每一位公民处于不利处境时及时救助。例如，灾难来临之际政府必须对灾民进行人员救助、经济援助，甚至是心理安抚。再次，保证每一位公民的受教育权是社会和谐稳定的需要。教育承担着提高公民素质的功能。接受过教育的人与没有接受过教育的人，接受过高等教育的人与没有接受过高等教育的人一般来说在行为举止、逻辑思维等方面还是存在着明显的差距。如果一个孩子从小就没有接受到适宜的教育，这不仅是个人的灾难，也是社会的悲哀。有人曾经这样比喻：多建一所学校就能少建一所监狱，此话不无道理。另外，通过教育可以缩小阶层之间的差距，促进阶层之间的流动，减少社会底层"仇富"的逆反心理，消除社会中的不安定因素。

在我国，为了保证每一位公民都能接受到适当的教育，从政策立法上采取了很多措施。例如，我国《中华人民共和国宪法》和《中华人民共和国教育法》等法律直接规定了公民的受教育权。但因为种种原因，义务教育阶段的失学现象在一些地区还存在。尽管我国开展了一些"希望工程""春蕾工程"之类的助学活动，使一些失学的儿童回到了课堂，但是还有相当数量的孩子没有进入学校的大门。有些地方政府也曾试图利用法律武器保护儿童的受教育权，将失学儿童的监护人告上法庭，强制其履行保证被监护人接受教育的责任。但从全国的具体情况来看，其效果并不十分明显。2006 年，为了解决以上问题，保证公民的受教育权，我国对义务教育法进行了大幅的修改，免除了义务教育阶段的学杂费，并向生活贫困的学生提供一定数量的助学金，这一举措极大地降低了义务教育阶段的失学率和辍学率，有效地保障了公民的受教育权。

早在 1974 年，当时的法国总统德斯坦就表示，教育系统应当结束其"分拣站"的功能，"要让每个法国人具备最低限度的知识"。2003 年，当时的法国总理拉法兰组建了"学校未来的全国讨论委员会"，并赋予该委员会两项使命：组织全国性的讨论，收集所有关于学校问题的思考和建议；为未来 15 年法国教育系统可能或期望的变革进行原则性的描述，使政府能够清晰地选择决策并准备一项新的指导法。依照该委员会提交的报告，政府制定了《学校未来的导向和纲要法》，在 2005 年 4 月 23 日由总统正式颁布。为了使全体学生成功，每个学生成功，学校未来全国讨论委员会表达了四项愿望：(1)实施面向全体学生的教育；(2)掌握所有必要的知识和能力；(3)保证每个人在其专业方向上获得成功；(4)使初始教育与终身教育更好衔接。根据学校未来全国讨论委员会的建议，《学校未来的导向与纲要法》的附加报告确定了设立教育成功个人项目、增加奖学金学生数量、促进男女学生平等、改善残疾学生教育等保证全体学生受教育权利的措施。①

2005 年 10 月 23 日，英国布莱尔政府颁布了《为了全体学生：更高的标准，更好的学校》白皮书，明确了进一步改革的具体要求。教育与技能部部长鲁斯·凯利(Luth Kelly)在白皮书的序言中指出："教育是社会发展的动力，必须确保每个社区的每个孩子都能接受良好的教育。"白皮书还指出："我们的目标是变革现有学校制度，以确保每个孩子都能接受优质教育。"白皮书强调了学校教育的改革必须以提高教学质量为基础，而且要不断缩小学校之间的差距，消除因学生家庭背景不同而造成的学业成绩差异。② 此外，英国还发布了一系列旨在维护全体儿童接受教育的计划，包括绿皮书《每个儿童都重要》(Every Child Matters，2003 年)、《每个儿童的未来都重要》(Every Child's Future Matters，DCSF 于 2007 年 7 月制定)和《儿童计划》(DCSF 于 2007 年 12 月制定)等。

2001 年 1 月 23 日，美国布什政府公布了题为《不让一个孩子掉队》(No child Left Behind)的教育改革计划。他声称：美国民主党和共和党在世纪之交竞选总统活动中所倡导的教育改革方向与主张是本届政府教育政策的基石。在报告中，他勾画了新世纪美国教育改革与发展的蓝图，重申了美国公立学校应不分地区、不论家庭背景、没有肤色之别发展学生心智、培养学生品格的历史使命与责任，他呼吁民主、共和、独立等各党派通力合作以加强和振兴美国的初等和中等教育，并郑重宣布将与国会共同努力，力争不让一个孩子掉队，从而最终实现中小学教育的高质量。《不让一个孩子掉队》的总目标是确保所有公立学校里的每个孩子都能受到做好充分准备的教师的教育，和基于科学研究基础

① 王晓辉：《法国新世纪教育改革目标：为了全体学生成功》，载《比较教育研究》，2006(5)。

② 翟俊卿：《英国〈为了全体学生：更高的标准，更好的学校〉白皮书评述》，载《外国教育信息》，2006(3)。

上的课程和安全的学习环境。[1] 在《不让一个孩子掉队》的十项主要内容中，包含着大量辅助弱势儿童接受教育，以帮助他们提高学习成绩的内容。

从以上一些国家的政策和立法来看，保证全体儿童的受教育权问题已经得到各国的普遍重视。在这项工作中，真正的难点在于保证在接受教育方面处于不利地位的学生摆脱困境，接受教育，还要保证他们能接受到同其他孩子一样的教育，拥有同样学习成功的机会。这就需要在教育资源的分配上给予这些群体适度的倾斜，让他们从政府方面享受到较其他一般学生更优惠的待遇，最终实现上述的目标。

2. 全面发展的教育

针对全体的教育指向的主体倾向于整体性，即针对全体的教育是要求每一个人都接受到适当的教育，更多的是从社会整体角度谈的，因而由每一个人构成的社会整体的意味更多。全面发展的教育则更多的是指向每一个人的教育，即针对每一个人的教育都应当达到促进一个人全面发展的作用。

(1) 人的发展

人的发展按照不同的层次可以分为三种：第一种是为生存需要之发展；第二种是为适应社会需要之发展；第三种是为达到自我实现之发展。

在距今约一、二千万年前，古猿系统中分化出一支，开始向人的方面发展，进入了漫长的从猿到人的过渡阶段。在距今约300万年前，真正的人类（真人）开始出现，能够制造工具，形成了社会。又经历了早期猿人、晚期猿人（猿人）、早期智人（古人）和晚期智人（新人）等阶段，发展成现代人。[2] 在人的形成过程中，一个显著的特征就是脑容量的增大。当第一批古老的哺乳动物在约23 000万年前出现时，它们所具有的脑容量比爬行动物的平均脑容量大4～5倍。随着5 000万年前现代哺乳动物的起源，智力机能发生了类似的变化。与哺乳动物相比，灵长类是大脑最大的一类动物，其脑容量是哺乳动物平均脑量的2倍。

① 曹洪：《"不让一个孩子掉队"法案之回顾与启示》，载《外国中小学教育》，2008(2)。

② 吴汝康：《人类的起源和发展》，116页，北京，科学出版社，1980。

在灵长类中，猿的脑容量最大，大约是灵长类平均脑容量的3倍。[①] 在300万年前，能人和早期直立人的脑容量只有300～600毫升，200万年时，“直立人”的脑容量增加到500～900毫升，到100万年前增加到600～1 000毫升，相当于现在人类大脑平均体积的一半到四分之三。大脑在人类演化历程中经过了一个由小到大的过程。但与之矛盾的是，由于人类的直立行走需要，人的骨盆狭窄。从生理解剖的角度讲，女性因为生育的需要，骨盆较男性宽大，但其骨盆开口的大小与人的脑容量仍是一对矛盾，这对矛盾的解决方案便是人的早产。猿的新生儿脑容量平均大约200毫升，大约为成年时脑容量的一半。相反地，人类新生儿的脑容量大约为350毫升左右，只占其成年时脑容量的1/3，在早期迅速的生长中，脑体积增加3倍。如果人像猿一样必须把脑容量加倍，则人类新生儿的脑容量必须有675毫升。每一个产妇都知道，分娩脑体积正常的婴儿确实是困难的，有时会威胁生命。的确，在人类进化过程中，骨盆的开口增大适应了脑体积的增大，但是骨盆开口的增大是有限度的，有效的两足行走的工程学的需要设定了这个限度。当新生儿的脑容量为其现在的数值385毫升时，便达到了这个限度。从进化的观点看，我们可以说，原则上人类脱离似猿的生长形态是在成年脑容量超过770毫升时。如超过这个数字，脑容量便不得不从初生起增大2倍以上，于是开始有了那种婴儿“过早地”进入人世而无力自助的形态。能人的成年脑容量大约800毫升，看来是处于猿的生长形态与人的生长形态之间的分歧点上，而早期直立人的脑量大约900毫升，这便把这个物种明显地推向人的方向。[②] 人类刚刚降生之后，并没有生存的能力，只具有如吮吸等本能式反应。人之所以能在自然界生存，不仅仅是因为身体的后天发育，更重要的是后天的学习。卡西尔在《人论》一书中将人定义为符号的动物，他认为人类的符号不同于信号，在动物的行为中我们可以观察到多种多样的信号，但这种信号远远不同于人类特有的符号。“信号是物理的存在世界之一部分；符号则是人类

① ［英］理查德·利基著，吴汝康、吴新智、林圣龙译：《人类的起源》，116页，上海，上海科学技术出版社，1995。

② ［英］理查德·利基著，吴汝康、吴新智、林圣龙译：《人类的起源》，36页，上海，上海科学技术出版社，1995。

的意义世界之一部分。信号是'操作者'(Operators),而符号则是'指称者'(Disignators)"①。"我们可以说动物具有实践的想象力和智慧,而只有人才发展了一种新的形式——符号化的想象力和智慧"②。人类的思想依赖于符号的存在,而符号的传承又依赖于学习。印度狼孩自幼生活在狼群,当被人们发现时,其只具有一些动物的本能,而没有人类的语言以及与其年龄相符的智慧。所以从某种程度上讲,只有教育才能使人成为真正意义上的人。而通过这种最基本的教育,人就具有了一般的生存能力,懂得了衣食住行的一般规律,掌握了基本的技能,适应了初级的生产劳动。

人作为一种社会的动物,并不仅仅满足于生存的需要。从国际的视角来看,当今的世界已经逐渐超越了法学家梅因所断言的"从身份到契约"的运动时代,正在进入"从契约到人权的"时代。孙霄兵在《受教育权法理学》中将受教育权在这种转变中的形态归结为"王权、神权、政权、物权、人权"的演变。现代的人类无法摆脱社会的影响,鲁滨孙的故事只能在小说中出现,在现实中则很难找到。在这样的社会中,人们都要通过教育去认识社会、接触社会、理解社会和适应社会,最终在社会中找准自己的位置,协调自己与周围的社会关系。

人的自我实现作为一个概念,起源于黑格尔与费希特的存在哲学,尤其是在黑格尔的哲学当中,自我、自我意识与自我形成的思想显得特别重要。许育典认为:"人的自我实现意味着,人本身若能依照其所希望之自我本性与真实性(由其内心对自己了解发出的讯息)去发展,而并非单纯地只为了符合外在世界的一般要求而去配合,人将会逐渐去发现原始的生命性向,进而自发本能地去追求自己的人格开展。这样人格的自由开展,会让人处于原始内心期待的自我需求状态,而成为自己所希望的人;不会因外在经验世界的形塑,而成为家庭、社会或国家标准所期待的人。在这种情况下,人最能发挥自己生命内在底层的创性,而真正实现自我。由此可见,人的自我实现乃是以自我人格的自由开展为主,以自然人性的发展为导向,去建构并实践自己内心所呐喊并向往的生

① [德]恩斯特·卡西尔著,甘阳译:《人论》,44页,上海,上海译文出版社,2004。
② [德]恩斯特·卡西尔著,甘阳译:《人论》,46页,上海,上海译文出版社,2004。

命。”[①]可见,人的自我实现已经摆脱了环境对人的束缚,人可以按照自己内心的理想而去自由发展。这应当是人的发展的最高境界,也是古往今来人们都为之向往的理想。梁启超曾指出:“总要使受教育的人各尽其性,发挥各个最优长的本能,替社会做最有效率的事业。”[②]但就客观而言,人的发展不可能不受到外界因素的影响,我们只能说尽量将环境对人的发展的限制因素降到最低。对于教育制度以及其他社会制度来讲,也应当是在维持正常秩序的前提下,尽量减少对公民私人事务的介入,将以往的一些管理职能转化为调控职能,从而在最大程度上促进人的发展。

(2)人的全面发展

人的全面发展强调的是全面。全面发展问题在教育理论和实践当中一直受到高度重视,东西方的思想家和教育家都从不同的角度对人的全面发展进行了描述。孔子继承西周贵族“六艺”的教育传统,又根据现实情况进行了改进,以诗、书、礼、乐、易、春秋作为主要的教育内容。蔡元培则从“养成共和国民健全之人格”观点出发,提出军国民教育、实利主义教育、公民道德教育、世界观教育和美感教育“五育并举”的教育思想。柏拉图也在《理想国》中提到了体育、德育和智育的思想,认为人的身心应当在理性的指导下全面发展,从而达到美、智、仁、勇。文艺复兴时期,意大利作家薄伽丘、哲学家彭波那齐和法国作家拉伯雷等都从不同角度抨击了旧制度,主张加强教育,实现人的德、智、体、美、能等多方面的发展,成为有修养的完人。英国戏剧家莎士比亚则认为完人应该具有理性、高贵、善良,有无穷的力量和端庄的仪表、举止等。18世纪法国启蒙思想家卢梭则主张教育应当顺应人的自然本性。德国哲学家赫尔德认为各种知识是人全面发展的关键,全面发展是人成为真正的人的前提。另一位德国古典哲学家费希特则认为,人应该通过职业选择将自己的全面发展和社会的全面发展联系起来。德国哲学家黑格尔在此之后指出,只有通过教育才能促进人类的完善,使人得到充分发展,实现人的自由本质。他认为,“社会和国家的目的在

---

① 许育典:《法治国与教育行政》,24~25页,台北,高等教育文化事业有限公司,2002。

② 梁启超:《我对于女子高等教育希望特别注重的几种学科》,转引自孙培青《中国教育史》,378页,上海,华东师范大学出版社,2000。

于使人类的潜能以及一切个人的能力在一切方面和一切方向都可以得到发展和表现”。[①] 18 世纪空想社会主义者发展了全面发展的思想，圣西门、傅立叶和欧文在他们的理论学说中第一次提出了人的全面发展的理念。圣西门曾提出过“全面发展的人”的理论，认为 15 世纪的欧洲人是全面发展的人，并指出：“我终生的全部劳动的目的，就是为一切社会成员创造最广泛的可能来发展他们的才能。”[②]傅立叶比较具体地分析了全面发展的含义，提出通过“协作教育”实现体力和智力的全面发展的主张。欧文控诉了私有制的罪行，设计了未来新型社会，即“劳动公社”或“合作新村”。在这种社会里不断采用新机器、新技术，大大提高生产力，创造大量财富，实现教育与劳动相结合，取消工农差别、脑力劳动与体力劳动的差别，培养“全面发展的人”。[③]

目前，关于人的全面发展主要有以下几种解释：①认为人的全面发展，是指人的各方面的素质和潜能的普遍提高和充分发展，既包括德、智、体、美、劳等几方面的均衡发展，又包括个性心理、性格、兴趣、意志、气质等非理性因素的健全发展。②认为人的全面发展，是指人的各种潜能、素质都得到充分发展，包括体力和智力，包括德、智、体、美、劳，以及个性、能力、兴趣、性格、气质等方面的充分发展。③认为人的全面发展，是指“每个人”，即“社会的每一个成员”的发展，包括人的体力、智力、个性和交往能力的发展。这种发展可以从全面发展、自由发展和充分发展三个方面来衡量。全面发展是从广泛性上谈人的发展，它与人的片面发展相对，指人的各方面的才能和能力的协调发展；自由发展是从自主性上谈人的发展，它指的是人自觉自愿地发展自己的才能，施展自己的力量；充分发展则是从程度上谈人的发展，人的才能和能力的发展有个程度问题，人总是向着更高的程度发展自己的才能。在人的发展中，马克思最突出强调的是“全面发展”。全面发展是把人的自由发展和充分发展都包括在其中的。④认为人的全面发展，就是既达到人的充分社会化，又达到人的充分个性化，人的社会化是有个性的个人的社会化，是使人从不全面走向全面；人的个性化，是在

---

① 转引自郭晓君：《人的全面发展理论初探》，载《中国人民大学学报》，1997(2)。

② [法]圣西门著，董果良、赵鸣远译：《圣西门选集》，第三卷，250 页，北京，商务印书馆，1985。

③ 陈小鸿：《论人的自由全面发展》，343 页，北京，人民出版社，2004。

社会化过程中的个性化，是使人从不自由到走向自由。⑤认为人的全面发展，是指人的发展的最理想境界。就个人而言，是指德、智、体、美、劳和谐完美的发展；是指个人潜力和智能的最大限度的发挥；是指个人需要的全面丰富和满足，是指人的本质的真正实现。

本文认为人的全面发展是人的发展，这种发展最大限度地发挥人的潜能，使个人的发展能够更好地受到外界的限制，从而达到自己理想的自我完善状态。同时，这种发展是一种全面的发展，这种全面性从不同的角度可以进行不同的界定，但归根结底应当是一种综合的、全面的、系统的发展。[①]

3. 全体人的全面发展在教育优惠制度中的体现

教育优惠制度作为一种教育制度，育人性是其重要的特征，也就是在教育优惠制度的制定、实施、救济中，始终要把人的发展问题作为一个重要的因素加以考虑。教育优惠制度并非是利用各种规范对人的发展加以重重限制的枷锁，而是一种保障人的全面发展的工具。冯建军曾指出：尊重人和满足人的发展需要，都是最终为了实现人的自由全面的发展，这既是教育的目的，也是教育制度的根本归宿。什么样的制度是好制度，什么样的制度是不好的制度，其最终的衡量标准只能是"人的自由全面发展"。凡是能够促进"人的自由全面发展"的制度都是好的制度，不能促进"人的自由全面发展"的制度，都应该修改和取消。教育优惠制度设置的目的，本来就是要保证人的全面发展。因此，如何适应人的发展规律，促进人的全面发展是教育优惠制度的立法、执法和司法过程中应当坚持的一个基本价值取向。

作为一种制度，教育优惠制度同时具有一定的导向作用，即教育优惠制度会在一定程度上引导受教育者的发展。但假如教育优惠制度在全面发展的定位上发生偏失，就会导致一些问题的发生。目前教育优惠制度在人的全面发展问题上很容易进入两种误区。

第一种误区是给予个人发展极端不协调的人以优惠。其典型的例子，由于国家对优秀运动员在申请高等学校入学时所给予极高的优惠，在一定程度上成

① 张步仁：《论马克思的人的全面发展学说及其当代意义》，载《南京航空航天大学学报（社会科学版）》，2003（1）。

为我国运动员培养机制的畸形发展的影响因素之一。这些运动员如果和其他人一样参与高考竞争，肯定缺乏竞争力。但国家将接受高等教育的机会作为一种鼓励性的优惠待遇，给予这些运动员。对于很多运动员来说，在紧张的训练之余根本没有时间进行学习，所以有的高校不得不派教师专程前往训练基地给运动员上课，甚至有的运动员在四年的本科学习过程中基本没在学校待几天，这样的学习效果可想而知。2005年，国内某高校录取某知名运动员为硕博连读研究生，引发国内激烈的辩论。在这种高等教育入学的优惠录取制度下，很多孩子自幼便不再接受正规的学校教育，把绝大部分的精力投入体育训练。这种运动员的培养模式使得其一旦取得成绩，便可以取得各种待遇，甚至是高等教育的入学权。假如成绩一般，则未来的生存堪忧。例如，新闻媒体报道，某国内举重冠军求职碰壁后，便在一家浴室做搓澡工谋生，又如国内某项目的球队在出访欧洲时，因为每场球赛都要与对方殴斗，被欧洲媒体誉为“中国武术队来了”。目前，我国体育事业虽然表面欣欣向荣，但背后却是奖牌至上的功利性培养模式。接受训练的孩子失去了接受正确教育的机会，而大众性的体育运动也并没有很好发展起来。所以，对于运动员在高等教育方面的入学优惠一定要慎重，优惠标准应在一定幅度之内，这样才能发挥教育优惠正确的导向作用，避免让孩子和家长受到“不用好好学习，只要刻苦训练就可以了”的错误导向。

第二种误区是个别确有发展前途的特长学生并没有得到优惠的升学机会。某些在某一领域有特长的学生假如能够得到高等教育的机会，一般会在其所擅长的领域取得非凡的成绩。例如，“韩寒现象”曾经令社会各界争论不已，韩寒在文学创作上虽有一定天赋，但他的某些科目成绩却一塌糊涂，这样的成绩假如参加高考是没有希望被正常录取的。但假如给予韩寒接受高等教育的机会，结果又会怎样？钱钟书当年数学零分进清华的故事至今还被人津津乐道，这种偏才和怪才是否应当得到优惠的升学机会呢？扈中平曾经指出：人的精力是有限的，要想在某一方面有较突出的发展，就不能平均使用力量，就必须使自己的发展有适当的偏移。《孙子·虚实篇》中讲：“故备前则后寡，备后则前寡，备左则右寡，备右则左寡，无所不备则无所不寡。”这虽然讲的是军事上的排兵布阵，但其哲理对我们理解人的发展问题也颇有启发。由此而引申，在人的发展上也是有所得必有所失，处处用力则处处无力，事事欲成则事事无成，要想有所为就要有所不为，要想有所重就得有所轻。在人的发展上，也是有“机会成本”的。不同侧重的发展目标对素质有不同的偏重和不同的组合，也必然产生相应的素质偏移，甚至产生素质上的盲点和盲区。所谓“通才”，既不是指那种什么都懂又什么都不通的人，也不是指那种平均发展、无棱无角的人，而是指那种既有较全面素质和较广博基础，又在某一方面具有较高造诣的人。[①]

我们看到，高等学校自主招生的工作已经在一些高校开展起来，为一些在某些方面具有发展前景的特长生提供一定的优惠，但这种优惠的力度还非常小。社会对于自主招生的顾虑，往往不是有特长的学生是否应当得到优惠入学机会的问题，而是高校这种自主招生的形式如何监管的问题。在我国目前的社会形式下，削弱高考的功能，增大高校自主招生的自主权，往往会使人对高校自主招生的监督和制约产生顾虑。但我们应当认识到，考核方式的多样性、入学形式的多元化、给具有不同潜质的人才以不同的发展机遇，应当是今后普通高等学校招生的一个发展趋势。随着高考制度的改革，对于一些在某些方面确实具有特长，在某个专业或领域确实有发展前途的偏才，我们在高等教育的入学机会上应当给予他们一些特殊的考虑和特定的优惠，从而使得各类人才都有发展空间。

三、教育优惠的理论分析框架：比例待遇理论

（一）比例待遇的含义

比例一词在汉语中的解释主要有以下几种：(1)比照、援例，拿以往的例子相比拟。北齐颜之推《颜氏家训·风操》：“如此比例，触类慎之，不可陷于轻脱。”(2)同类的两数量相除为比，此两数相比等于彼两数相比，则四数成为比例，如12:4 =3:1。(3)比较同类数量的倍数关系，其中一数是另一数的几倍或几分之几，如“教师和学生的比例，已经达到规定的标准”。(4)事物在整体中

① 扈中平：《“人的全面发展”内涵新析》，载《教育研究》，2005(5)。

所占的分量,如“我国工业在整个国民经济中的比例逐年增加”。[1] 比例这一词语,本义是一个数学概念,在 $a:b=c:d$ 这一数学等式中,我们说 ad 和 bc 成一定的比例关系。如果再对这一数学等式做进一步分析,可以发现其实这是一种关系的称谓。既然是关系的概念,就意味着某种元素的存在,也就是说,这个词由两个要素组成:第一个是由两个或多个参数间的相应关系所构成的固定要素,第二个是由该相应关系的程度或强度所构成的变量(或弹性)要素。更简单地说,它同时包含两个或两个以上客体间的“关系的存在”(固定要素),以及“此关系的强度”(弹性要素)两个要素。因此,比例这一词语是由常量和变量构成的,应该说变量即常量关系的强度是这个词语所要强调的核心,强度对比不同所产生的效果也就不同。[2]

比例原则是对差别现象的肯定。事物与事物之间,存在着或多或少的差异,世界上不可能有完全相同的两个事物,也不可能有完全相同的两个人。要使存在差异的事物与人群在这个世界上和谐相处,就需要适当的比例来协调。例如,简单的七个音符构成了无数美妙的音乐,音乐之间的差异性是由音色、音高、音长和强弱等因素决定的。一曲平时慷慨激昂的《歌唱祖国》,在北京奥运的开幕式上,却被一个悠扬的童声演绎得如一潭清泉沁入心底,拨动人们的心弦。毕达哥拉斯学派就曾得出结论:“音乐是对立因素的和谐的统一,把杂多导致统一,把不协调导致协调。”美学上的黄金分割线也是一样。对黄金分割线的研究起源于公元前6世纪毕达哥拉斯学派对正五边形和正十边形的研究。公元前4世纪,古希腊数学家欧多克索斯首次系统研究了这一问题,并建立起比例理论。公元前300年前后欧几里得撰写《几何原本》时吸收了欧多克索斯的研究成果,进一步系统论述了黄金分割,成为最早的有关黄金分割的论著。中世纪后,黄金分割被披上神秘的外衣,意大利数学家帕乔利称其比为神圣比例,并专门为此著书立说。德国天文学家开普勒称黄金分割为神圣分割。到19世纪黄金分割这一名称才逐渐通行。黄金分割数有许多有趣的性质,人类对它的

---

① 庄哲维:《相当性原则在宪法解释上之运用——法学方法论观点考察》,6页,新北,“国立”台北大学法学系,2004。

② 姜昕:《公法上比例原则研究》,6页,长春,吉林大学法学院,2005。

实际应用也很广泛。最著名的例子是优选学中的黄金分割法或0.618法。黄金分割线的理论说明了一个道理,事物等分并不是最美的,但事物随意的差异分割也很难得到合理的结构,只有两个事物之间的比例达到一个固定数值:0.618,这个结构才是最为稳定的。不仅在美学方面是这样,甚至在建筑学、经济学等学科中都有相关的理论。

在法学领域,也处处体现着比例,如刑法中的"罪责刑相适应原则"。《中华人民共和国刑法》第五条规定:"刑法的轻重,应当与犯罪分子所犯罪行和承担的刑事责任相适应。"其含义是:犯多大的罪,就承担多大的刑事责任。也就是说,对犯罪分子处罚的轻重,应当和犯罪行为所造成的社会危害性的大小以及犯罪行为人主观恶性的大小和人身危险性的大小成比例。在民事责任的划分中,也经常表现出比例的应用。《最高人民法院关于审理人身损害赔偿案件适用法律若干问题的解释》第七条规定:"对未成年人依法负有教育、管理、保护义务的学校、幼儿园或者其他教育机构,未尽职责范围内的相关义务致使未成年人遭受人身损害,或者未成年人致他人人身损害的,应当承担与其过错相应的赔偿责任。第三人侵权致未成年人遭受人身损害的,应当承担赔偿责任。学校、幼儿园等教育机构有过错的,应当承担相应的补充赔偿责任。"在这里,学校承担的是一种过错责任,即有过错担责任,无过错无责任,责任的轻重与过错的大小成比例。

在教育优惠中,受教育者之间得到的待遇并不是一样的,这种差别的比例也需达到一个合理的数值,才能达到最佳的和谐。这个适当的比例待遇恰好能使受教育者之间形成一种实质上的平等,从而推进社会的和谐和稳定发展。但因为受教育者之间差异的程度不同,所以该比例也不可能是一个固定的数值,也不可能恰好就是0.618,它是一个动态的,时时处于调整状态的比例。也就是说,教育优惠制度中的优惠待遇程度应当与受益人和一般受教育者之间的差距大小成比例。这种差距,有时表现为负向的差距,即受益人的程度低于一般受教育者;有时则表现为正向的差距,即受益人的程度高于一般受教育者。

同时,这种教育优惠必须要建立在一个前提之上,即国家对所有受教育者都已经提供了一个基本标准的教育供给。教育优惠的受益人不仅能够得到国家提供的这个基本标准的供给，同时还能获得国家额外给予的优惠待遇。

综上，本研究提出的比例待遇是指，在符合平等观念的前提下，教育优惠的受益人得到的教育优惠数额应当和其与一般受教育者的差距成比例。换句话说，教育优惠中的比例待遇是指国家给予受益人教育方面的优惠待遇必须符合优惠目的，并采取对其他受教育者最小侵害的方法，及教育优惠的手段与目的之间应当存在一定的比例关系。

（二）比例待遇的基础

比例待遇的基础就是差别性的存在，如果受教育者之间本身没有差别的存在，那么也就不会有比例待遇了。正因为自然或社会的原因，人与人之间不可能达到完全一致，所以对所有的受教育者都给予同样的待遇反而会形成社会的不公。

1. 差别性的含义

教育优惠的差别性有两层含义，其一是教育优惠的对象具有差别性；其二是教育优惠的内容具有差别性。前者是指教育优惠制度的指向对象——享受教育优惠的教育主体要与一般教育主体具有差别。差别性是这部分教育主体享受教育优惠的前提条件。在教育法律关系中，教育主体包含着国家机关、学校、教师、学生和监护人（家长）。其中，国家机关可以被我们视为一个单独的教育主体，因为虽然国家机关分为中央和地方国家机关、教育行政部门和其他政府、人大、政协、法院、检察院等部门，但都是国家机器，都是代表国家为制度化的教育正常运行提供服务的。另外，家长的差别虽然是客观存在的，但家长的差别不能绝对等同于学生的差别，尤其是不能单纯依据家长的身份而对受教育者进行分类，否则，教育优惠就有陷入封建世袭的特权式优惠的境地。所以，教育主体的差别性主要是指学校之间的差别、教师之间的差别和学生之间的差别。其中受教育者，即学生之间的差别性既有基于先天的差别，如性别、种族、天赋等，又有后天形成的差别，如社会环境、个人境遇等。但值得强调的是，这种差别绝对不是教育权利，尤其是受教育权本身的差别。受教育权作为一种基本的人权，意味着人与人之间是不能具有差别的，公民对于受教育权的享有和保障都是平等的。

教育优惠的差别性第二层含义是指教育优惠制度给予不同教育主体不同的待遇。在现代福利国家的趋势中，各国对包括受教育权在内的基本人权都会有一个基本的保护。国家对受教育权最基本的保护标准是给所有公民同等提供的，是所有公民都能平等享受到的。而教育优惠制度则是在这个最基本的受教育权保护标准之上，又针对部分受教育者，给予他们倾斜性的优惠待遇。

2. 差别性的原因

国家之所以实行差别式的教育优惠制度，其最根本的原因在于教育的培养对象——人本身的差别性。人人生而平等，但人人却也是生而不同的。巴赫金曾说："我以唯一不可重复的方式参与存在，我在唯一的存在中占据着唯一的、不可重复的、不可替代的、他人无法进入的位置。""我那个唯一之我（非理论之我），要参与到唯一的存在之中，我置身于其中。……我是实际的，不可替代的，因而我应该实现自己的唯一性"。[①] 在我们现实的教育中，往往忽视了人的差异性，而用统一的模式去培养人。正如托夫勒在《未来的冲击》一书中指出："学生的一大堆积怨是，教育不把他们当作具有个性的个人来看待，教给他们的不是有个性的东西，而是一锅烂粥。"[②]对不同的学生实施因材施教的差别教育，必定不可能在教育资源分配上做到完全的均等，所以人们在平等与差别这个问题上纠缠不休，有些人认为差别式的待遇有违公平理念，会造成教育领域内部的不平等。但这些人并没有注意到，差别正是实现平等的一种手段，对所有的人实施完全一样的教育，恰恰是教育中严重的不平等。冯建军认为，我们必须在肯定人性平等的前提下，确保每个人平等的受教育权利，再根据人的能力等方面的差异而实施相应的教育。在人性平等的基础上，差异和个性化是对能力发展而言的。在人性平等的基础上，追求差异的个性化发展。就此来说，教育不是平等主义，必须是能力主义。[③]

① 巴赫金著，钱中文译：《巴赫金全集·哲学美学》，41～42页，石家庄，河北教育出版社，1998。

② [美]阿尔温·托夫勒著，孟广均、吴宣豪、黄炎林等译：《未来的冲击》，239页，北京，中国对外翻译出版公司，1985。

③ 冯建军：《教育公正——政治哲学的视角》，267～268页，福州，福建教育出版社，2008。

亚里士多德很早就提出了完全平等与比例平等，他认为相同的人应当得到平等的对待，不同的人应当得到不同的对待。比例平等的基础就是人与人之间的差异性，正因为人与人之间存在着种种的差异，所以对所有的人提供同样的待遇反而是一种不公平。亚里士多德曾经指出，公正就是比例，比例有四个项，各项之间的比值相等。不公正就是违反比例。虽然两个人所得不同，但这是基于他们的差异。根据公正就是平等这一中介规则，不平等的所得也是公正的。相反，只有当平等的人占有或者分得不平等的份额，或不平等的人占有或者分得平等的份额时，违反了公正的平等原则，才会发生争吵和抱怨。① 在教育领域，教育制度的差别式存在并非是制造教育的不公，而恰恰是为了维护教育的公平与平等。所以，恰当的差别性教育优惠是维护教育公平的有效武器，也是激发受教育者积极向上的有效动力。

3. 差别性的表现

教育优惠制度是国家在有限的教育资源中，对部分受教育者实施的较一般受教育者优惠的倾斜式待遇。这种差别主要体现在数量的优惠以及次序的优先。数量的优惠是指教育优惠制度在资金划拨、人员配备等方面的数量上对某些受教育者予以倾斜。例如，根据笔者在 2008 年的调研，重庆市普通中小学的生均教育经费是 420 元，而特殊教育学校学生的生均教育经费为1 070元。次序的优先是指在某些受教育者受教育权的实现过程中次序先占的现象。孙霄兵曾在《教育优先的法理研究》中指出，教育方面的优先具有以下一些特征：优先受时空限制、优先是社会选择、优先是秩序安排、优先是地位确认和优先是权利位次。②

在教育优惠的制度安排中，优惠多以数量的形式体现，但以位次优先的形式出现的也不少。两者在一些具体的制度中经常同时出现。例如，在《重庆市 2008 年普通高等学校招生实施办法》中就既规定了可以优先录取的次序优先，又规定了增加分数的数量优惠。

① 亚里士多德著，苗力田译：《尼各马科伦理学》，93 页、94 页，北京，中国社会科学出版社，1990。

② 孙霄兵：《教育优先的法理研究》，4 页、5 页，北京，教育科学出版社，2008。

（三）比例待遇的内容

比例待遇包含三方面的内容，即比例待遇的必要原则、比例待遇的适当原则和比例待遇的比例原则。必要原则是指给予受益者的教育优惠必须对其他受教育者的受教育权影响最小；适当原则是指采取的教育优惠手段必须有利于教育优惠目的的达成；比例原则是指受益人得到的教育优惠幅度必须和其得到优惠的原因达成一定的比例关系。其中，必要原则是比例待遇理论的前提，适当原则是比例待遇理论的保证，比例原则是比例待遇理论的核心。同时，必要原则强调的是比例待遇的实施条件；适当原则强调的是比例待遇的实施内容；比例原则强调的是比例待遇的实施幅度。

1. 必要原则

必要原则是指给予受益者的教育优惠，必须既有助于实现优惠目的，又对其他受教育者的受教育利益影响最小。在对一个具体的教育问题进行规制时，国家往往可以采取多种优惠手段来保障和促进受教育者的受教育权，此时要求所采用的具体优惠必须具有不可替代性，即如果不采用这种教育优惠的形式，教育立法目的就不能达到，人的发展问题也不能得到有效实现。必要原则是手段与手段之间的比较与取舍，即在有多种可能的手段均能达到优惠目的时，因为各种手段对其他受教育者利益造成影响的程度不一样，所以必须以必要性为标准进行审查衡量。之所以规定必要原则，关键是因为教育优惠本身就是一种社会资源的划分方式，它决定着不同受教育者对教育资源的占有划分，此时如果不采取平均式的分配方式，则会引出教育的平等问题。同时需要考量的有两个因素，其一是教育优惠的采用能否实现制度制定者的目的，解决具体存在于教育领域的问题。在这里，制度制定者的目的首先应具有合理性，如果目的不具有合理性，就算采取的优惠措施能够达到立法的目的，也会产生方向性的问题。适当的目的必须是符合宪法和法律及其精神实质的，必须是为了公共利益，既要考虑到最大多数人的最大利益，又要考虑到少数群体的利益。这就要求制度在制定的过程中要尽力处于一个中立的位置，不能单从某一利益主体的角度出发，要对不同利益主体进行综合的考虑，更要从一个社会整体的角度对合理性进行分析。如果立法的目的本身存在偏差,就会直接导致教育优惠手段的偏差,影响教育平等的实现。其二是这种教育优惠手段的采用是否对其他受教育者的利益产生了影响?其影响的程度如何?在这里,我们假设有A、B、C、D、E、F六个解决方案,其中A不能实现立法目的,对其他受教育者的利益影响较大;B不能实现立法目的,对其他受教育者的利益影响较小;C能够部分实现立法目的,对其他受教育者的利益影响较大;D能够部分实现立法目的,对其他受教育者的利益影响较小;E能够完全实现立法目的,对其他受教育者的利益影响较大;F能够完全实现立法目的,对其他受教育者的利益影响较小。(如下表)

表:教育优惠的六种解决方案

	A	B	C	D	E	F
能否实现立法目的	不能实现	不能实现	部分实现	部分实现	能够实现	能够实现
对他人利益影响	大	小	大	小	大	小

此时F应当是教育优惠的最佳方案,而A是最差的方案。

在实践中,美国密歇根大学两起涉及教育优惠方面的诉讼案,法院判决的关键因素都是对必要性的考虑。2003年,在美国同时发生了两起针对密歇根大学入学优惠制度提起的诉讼,其中一起是针对密歇根大学法学院的入学制度,另一起是针对密歇根大学大学部的入学政策。这两起案件不仅在司法界引发了激烈的争论,而且战后延伸到美国的22个州,当时的美国总统布什和一些白宫的高官也参与到这场论战之中。

格鲁特是美国密歇根州的一位白人女性,1996年申请密歇根大学法学院入学许可。其在学平均成绩(GPA)为3.8分,法学院入学考试成绩(LSAT)为161分。虽然她的成绩没有进入“推定录取名单”,但是名列在等待录取名单中。密歇根法学院为每一名申请者设定了一个弹性的评价方式,除了LSAT及GPA成绩外,法学院会考虑一些其他软性(Soft)的变数,比如推荐信的强度、申请者以前就读大学的品质、申请者论文的品质、领导能力、工作经验、特殊才能以及申请者在大学时修习课程的难度,以上的变数可以弥补申请者在LSAT和GPA成绩上的不足。同样,为了实现学生群体的种族多元化,有利于维持非洲裔、西班牙裔和印第安裔等少数族裔考生在学生总数中所占的比例,密歇根大学采取了有利于少数族裔考生的"差别性优惠待遇"入学政策,在录取新生和分配奖学金时,实行有利于少数族裔考生的优惠政策。密歇根大学法学院在申请人的大学平均成绩、法学院测验分数、特殊才能及社区服务等情况相同或相近的条件下,优先考虑非洲裔、西班牙裔和印第安裔考生。格鲁特以密歇根大学违反了宪法第十四修正案为由提起了诉讼。此案经地方法院审理,判决密歇根大学败诉,而第六巡回法院则认为密歇根大学的优惠入学制度合宪。在联邦最高法院的审理中,9 名法官以 5 票对 4 票裁定密歇根大学法学院在招生过程中,对非洲裔、西班牙裔、印第安裔考生所执行的考虑种族因素的政策不违反宪法。因为法学院对每一个申请人实行个别审查,种族虽然是有利因素,但不是决定性因素。申请人能否被录取,是整体考虑的结果,法学院没有设立"巴基案"所禁止的"配额制"。[①] 但值得注意的是,联邦最高法院在判决密歇根大学胜诉的同时,也指出所有的种族优惠性入学措施都必须有时间限制,因为不管有多么重大迫切的政府利益,这种措施在维持政府利益所必要的期间过后都要被取消。欧康诺大法官更是定下了一个期许,希望 25 年以后这类措施都可以不再被需要。

格拉斯对密歇根大学部提起的诉讼以密歇根大学败诉告终。格拉斯女士在申请密歇根大学大学部时被拒绝,但是她如果具有少数族裔的身份,则可以顺利取得入学许可,于是格拉斯以违反宪法平等保护条款为由起诉密歇根大学。然而,密歇根大学大学部与法学院的招生政策不一样,其 1998 年开始为申请者设计了一套评鉴制度,该评鉴的满分为 150 分,申请者的分数被评鉴超过 100 分时便会被自动录取。在评鉴标准中规定了具体的得分细节,如本州州民可以加 10 分,校友后代可以加 4 分,一篇优秀论文可以得 3 分,其中还特别规定如果申请人属于少数族裔,便可以增加 20 分。

联邦最高法院在判决中认为,密歇根大学对少数族裔增加 20 分的举动,是出于自动加分而非个案审查,光这一点就已经对申请者的入学与否起到了决定

① 秦惠民:《平等的受教育机会》,见劳凯声《中国教育法制评论》,26 页,北京,教育科学出版社,2004。

性的作用。这种机械化的加分法,使得这种入学制度与配额制没有什么两样。最终联邦最高法院以6票对3票裁定,密歇根大学大学部在招生过程中盲目给少数族裔加分的方法违宪,应予取消。

以上两案也引发了美国社会关于是否应当给予少数族裔优惠性入学机会的争论。2003年1月15日,时任美国总统布什在白宫发表讲话,公开批评密歇根大学的优惠性入学政策。他表示:"政府将向法庭提交一个简要的议案来讨论密歇根大学的入学政策是违宪的。因为他们仅仅依据学生的种族就奖励他们额外的分数。"他认为,使少数族裔学生更容易地进入全美最主要公立大学的政策"容易导致纠纷,是不公平的,也不可能符合宪法"。布什总统认为,密歇根大学实行让某些特定的种族群体受益的种族优惠入学政策核心就是定额分配制。

而时任美国国务卿鲍威尔则公开表示,他与总统的立场和意见不同。他表示支持密歇根大学为保证少数族裔学生入学而采取的做法,并公开表示他与布什总统在优惠性差别待遇上的立场相距甚远。当时白宫级别最高的非裔美国人——国家安全顾问赖斯则认为在大学录取过程中应该把种族作为一个考虑因素,从而与布什总统的立场发生冲突。赖斯发表声明说,为了达到学生群体的多样性,将种族作为一个考虑因素是合理的。

同时,美国22个州向最高法院提交了支持密歇根大学种族优惠入学政策的文件,代表学术界、大公司、劳工会和国家前高级军官在内的超过300个组织宣布要向最高法院提交法律文件以支持密歇根大学种族优惠的入学政策,认为其虽不是完美的,却是目前最好的选择。①

在上述两起案件中,我们看到,对少数族裔的入学给予的优惠已经从当初肯定性行动(Affirmative Action)实施初期的"补偿"转向现在的"维护群体多样性"。有一点是明确的,在这两起案件的判决中,都肯定了一个问题,即给予少数族裔的特殊考虑是必要的,关键的因素在于采取的方式是否是必要的。格鲁特诉密歇根大学将少数族裔作为一个优先因素在录取时加以考量,即一个人具

① 秦惠民:《平等的受教育机会》,见劳凯声《中国教育法制评论》,27页,北京,教育科学出版社,2004。

有少数族裔的身份并不能在入学时占有绝对的优势，只有自己在其他方面也表现优异且与其他申请者竞争力相近时，少数族裔的身份才能作为一个因素在入学时加以考虑。而在格拉斯诉密歇根大学的案件中，对于150分的申请总分来说，密歇根大学对少数族裔20分的加分几乎就决定了一名少数族裔能否入学，所以布什总统将其抨击为“配额制”。这种身份就能决定能否入学的做法对其他入学申请者显然是不公的，因为大学的录取名额是有限的，对少数族裔采取绝对性优惠，会使其他白人申请者受非常大的影响。用我们上面的优惠类型划分来看，格鲁特案中学校的优惠方案应当属于F型，即既能实现优惠目的，对其他受教育者的影响也是较小的。而在格拉斯案中，学校的优惠方案应当属于E型，即虽然能够实现优惠的目的，但对其他受教育者的影响是较大的，并因此遭到了联邦法院的否决。

需要指出的是，优惠目的并非一成不变，会随着社会的变迁而发生变动。例如，上述案件中，美国针对少数族裔的优惠目的就从早期的“补偿”转为了目前的“多元化”。另外，教育优惠对受益人以外的其他受教育者造成的影响也会随着时间发生变化，一定的教育优惠在早期也许对其他受教育者的利益影响是有限的，但随着受益人自身的发展，同样的优惠就会对其他受教育者的利益产生较大的影响。例如，美国20世纪中期刚刚开展的肯定性行动（Affirmative Action）中，针对少数族裔的入学配额制就是一种经常被应用的优惠手段。但随着少数族裔自身社会地位、经济地位和整体受教育程度的提高，目前配额制已经被视为一种典型的“逆向歧视”，经常在诉讼案例中被联邦最高法院所禁止。

2. 适当原则

适当原则是指采取的教育优惠手段必须有利于教育优惠目的的达成，该原则是比例待遇内容方面的选择依据。在制定教育优惠制度时，往往面临着多种选择。对于这些选择，制度的制定者仅仅选择能够达到所追求目的的方法为之。若通过某一措施或手段的采用，预定追求的结果或目的较容易达成，那么这一措施或手段对于预定追求的结果或目的就是“适合”的；反之，若一个措施或手段的采取，并无助于结果或目的的达成，甚至有碍于该结果或目的的追求，则该措施或手段对于预定追求的目的就是不“适合”的。也就是说，优惠措施的采取必须能实现优惠目的或至少有助于目的的达成，并且使用正确的手段，在目的和手段的关系上，必须是适当的。此原则偏重“目的取向”上的要求，要求目的和手段之间要有一个合理的联结关系，且这种联结是正当的、合理的。

手段必须能够达到目的，这是适当原则的一个必须的条件。如果目的具有正当性，但手段不适当，以致优惠的目的不能达到时，便会违反适当原则。适当原则针对的是制度手段与目的之间的关系，即实现制度目的的手段必须适合于达成制度目的。比如，一个数天没有睡觉的人最需要的是“补觉”，而不是美食。又如，近些年国家对民族地区教育投入大量的资金，结果民族地区的“汉化”现象愈加严重，并没有实现对民族地区教育实施优惠的真正目的。民族地区最需要的是多元文化教育观念的支持，而非单纯的经济补助。当然，适当原则以目的正当为前提，而实现制度目的则是适当原则的核心。

综上，适当原则的要求便是目的适当、手段适当以及目的与手段之间具有必然联系。

3. 比例原则

比例原则，又称法益相称性原则，是指教育优惠所采取的优惠幅度，必须与受益人与一般受教育者之间的差异程度成一定比例。在教育优惠中，导致公民能否享受到教育优惠的决定性因素就是受教育者之间的差异。这种差异是判断教育优惠与否以及教育优惠幅度的决定性因素，即受益人与一般受教育者之间的差异越大，得到的优惠幅度相应也就越高，反之差异越小，得到的优惠幅度就越小，甚至有可能忽略不计。

在这里需要注意的是，并非所有的差异都能导致教育优惠。这种差异应是存在于教育领域的，是教育主体所特有的，直接影响人的发展的差异。比例待遇中的差异又包括数量性差异和方向性差异。前者分为负向差异和正向差异两种。负向差异是指受益人在某些方面与一般受教育者相比处于不利地位，为了弥补这种差异，所以要给予优惠。正向差异是指受益人在某些方面与一般受教育者相比处于优势地位，这种优势地位又必须是受益人通过个人的努力得到的，是为了激励受益人和其他受教育者充分发挥自己的潜力而设立的优惠。方向性差异则指受益人在数量上与一般受教育者没有明显差异，但其选择了国家鼓励的、社会需要的特定求学路径或发展方向,形成了方向性的差别。为了引导符合国家和社会的发展方向的选择,相应地要对其进行必要的优惠。

教育优惠的具体幅度一定要与上述的差异相联系,差异越大,得到优惠的幅度也就越大,两者之间形成一种正比的关系。正如台湾学者李惠宗指出的,某些制度依立法目的及事物本质,固有差别对待之必要,但也不可以“过度”或“过早”就予以差别对待。[①] 如果优惠幅度达不到这个恰当的比例,教育优惠的目的就不能充分地实现,而优惠幅度超越了这个恰当的比例,则会形成新的社会问题和社会矛盾,对受益人和其他受教育者的发展都不利。同样,一个优惠制度的过早出台和延迟执行也会产生诸多的不利影响,需要我们注意。总之,比例原则要求优惠的幅度取“中”,这个“中”的确定就需要在受教育者的差异和优惠幅度之间达成一个恰当的比例。

---

① 李惠宗:《教育行政法》,77页,台北,元照出版有限公司,2004。

第三章　教育优惠的制度分析

一、制度分析理论

(一)教育优惠中的制度

1. 制度

“制”在古代汉语中有这样一些用法:(1)裁断。《荀子·成相》:“臣谨修,君制变。”《韩非子·难二》:“管仲善制割。”《淮南子·主术训》:“犹巧工之制木也。”(2)制止。《淮南子·修务训》:“跳跃扬蹄,翘尾而走,人不能制。”《史记·项羽本纪》:“吾闻先即制人,后则为人所制。”(3)规定、制订。《淮南子·汜论训》:“此皆因时变而制礼乐者。”(4)制度。《淮南子·汜论训》:“先王之制,不宜则废之。”(5)法式、式样。《考工记·弓人》:“弓长六尺有六寸,谓之上制,上士服之。”(6)帝王的命令。如:制诰;制书。《史记·秦始皇本纪》:“命为‘制’,令为‘诏’。”①

“度”在古代汉语中的含义主要有以下几种:(1)计量长短的标准。《书·舜典》:“同律度量衡。”郑玄注:“阴吕阳律也。度如字,丈尺也。”(2)按一定计量标准划分的单位,如:温度、湿度、弧度、角度、经纬度。(3)程度;限度。《国语·周语下》:“用物过度,妨于财。”《淮南子·时则训》:“贡岁之数,以远近土地所宜为度。”(4)制度;法度。《左传·昭公三年》:“公室无度。”《左传·昭公

① 辛鸣:《制度论——关于制度哲学的理论建构》,25页,北京,人民出版社,2005。

四年》:“度不可改。”①

从中国最古老的书《尚书》开始,就有了对制度的记载。号称“三礼”的《周礼》《仪礼》和《礼记》,就对夏、商、周三代的礼乐文化做了大量描绘和评述。《礼记》中有这样的记载,“故天子有田以处其子孙,诸侯有国以处其子孙,大夫有采以处其子孙,是谓制度”。《商君书》中有过这样的叙述:“凡将立国,制度不可不察也,治法不可不慎也,国务不可不谨也,事本不可不抟也。制度时,则国俗可化而民从制;治法明,则官无邪;国务壹,则民应用;事本抟,则民喜农而乐战。”②在《辞海》当中,对制度的定义有两种,第一种是要求成员共同遵守的、按一定程序办事的规程或行动准则,如工作制度、学习制度;第二种含义是在一定的历史条件下形成的政治、经济和文化等各方面的体系,如社会主义制度。在《词源》中,对“制度”有以下界定:首先,是法令礼俗的总称。《易节》:“天地节而四时成,节以制度。不伤财,不害民。”《书周官》:“考制度于四岳。”《汉书·元帝纪》:“汉家自有制度,本以霸王道杂之。”其次,指规定、用法。元朝王实甫《西厢记》:“红云:用着几般儿生药,各有制度,我说与你。”汉语中“制”有节制、限制的意思,“度”有尺度、标准的意思。这两个字结合起来,表明制度是节制人们行为的尺度。③

在英文中有两个词一般都可以翻译为“制度”,即“system”与“institution”。这两个词除了翻译为“制度”外,还有别的含义,如“system”就有“系统”“体系”“体制”“秩序”“规律”“方法”等含义,“institution”有“公共机构”“协会”“学院”等含义。制度经济学中的“制度”都用“institution”,而不用“system”,制度经济学就是“institutional economics”。新制度经济学翻译为“new - institutional economics”,这实际上代表了制度经济学的不同历史发展阶段。一般认为“system”偏向于指较宏观的、有关社会整体的或抽象意义的制度,而“institution”则一般指较微观的、具体的制度。④ 辛鸣博士认为“system”侧重于制度含义中的

① 辛鸣:《制度论——关于制度哲学的理论建构》,26页,北京,人民出版社,2005。
② 张宇燕:《经济发展与制度选择》,107页、108页,北京,中国人民大学出版社,1992。
③ 董建新:《新制度经济学讲义》,http://www.beiwang.com/a/Article.asp? ArtID=230.
④ 董建新:《新制度经济学讲义》,http://www.beiwang.com/a/Article.asp? ArtID=230.

“系统、体系”这一层面；“institution”侧重于制度含义中“规则、条文”和“组织”这两个层面的意思。[①]

在社会科学的研究当中，法学、政治学、社会学和经济学等不同学科的学者从不同的角度对制度概念进行了界定。西方古典社会学家在研究社会制度时，大都把注意力集中在已形成的社会行为规范和社会结构上。孔德把社会制度看成是促使社会平衡稳定的力，也就是他所谓的社会静力。英国社会学家斯宾塞则把社会制度看成是社会运转的有机系统。斯宾塞主要是沿用达尔文主义，用生物进化论的观点来研究社会问题。美国早期的社会学家萨姆纳把社会制度看成是民风和民德的高级结晶。制度经济学家凡勃伦认为，制度实质上就是个人或社会对有关某些关系或某些作用的一般思想习惯；今天的制度，也就是当前公认的某种生活方式。而在康芒斯眼中，制度无非是集体行动控制个人行动。从以上看出，人们对“制度”一词在不同的角度有着不同的理解，所以德国学者柯武刚和史漫飞就曾指出：文献中的“制度”一词有着众多和矛盾的定义。不同时代和学派的社会科学家们赋予这个词以如此众多可供选择的含义，以至于除了将它笼统地与行为规则联系在一起外，已不可能给出一个普适的定义来。[②]

目前在对“制度”的界定中，主要有以下几种观点：

(1)制度是一种规则

马克思·韦伯认为：“制度应是任何一定圈子里的行为准则。”[③]“一种制度应该称之为：①惯例，如果在偏离它时，在可以标明的一定范围内的人当中，会遇到某种(比较)普遍的和实际上可以感受到的指责，在外在方面，它的适用有这种机会保证的话；②法律，如果在外在方面，它的使用能通过(有形的和心理的)强制机会保证的话，即通过一个专门为此设立的人的班子采取行动强制遵守，或者在违反时加以惩罚，实现这种强制”[④]。艾尔斯纳(Elsner)把制度定义

---

① 辛鸣：《制度论——关于制度哲学的理论建构》，25页，北京，人民出版社，2005。
② [德]柯武刚、史漫飞著，韩朝华译：《制度经济学》，32页，北京，商务印书馆，2000。
③ [德]马克思·韦伯著，林荣远译：《经济与社会》，345页，北京，商务印书馆，1997。
④ [德]马克思·韦伯著，林荣远译：《经济与社会》，64页，北京，商务印书馆，1997。

为一种决策或行为规则，后者控制着多次博弈中的个人选择活动，进而为与决策有关的预期提供了基础。布朗利(Bromley)将制度视为对人类活动施加影响的权利与义务的集合。[①] 龙冠海认为："社会制度可说是维系团体生活与人类关系的法则；它是人类在团体生活中为了满足或适应某种基本需要所建立的有系统的有组织的并为大众所公认的社会行为模式。"[②]孔泾源认为，制度是一套支配特定活动方式和相互关系的行为规则，而不具有社会经济形态意义上的制度含义。[③] 黄少安(1995 年)认为："制度是至少在特定社会范围内统一的、对单个社会成员的各种行为起约束作用的一系列规则。"[④]英国法学家麦考密克认为："制度存在于规范或规则的背景中，并为规范或规则而存在，这些规范或规则(以复杂的组合形式)各自对人在社会背景中的行为赋予意义，使之合法，加以管理甚至予以认可。"[⑤]樊纲认为："制度的一般定义是制约人们行为、调节人与人之间利益矛盾的一些社会承认的规则。"[⑥]张宇燕认为："所谓制度，无非是指那些人们自愿或被迫接受的、规范人类偏好及选择行为的各种规则和习惯。在这里，规则包括法律、规章以及政府政策等；而习惯则多指文化传统、风俗、禁忌、道德规范等。"[⑦]

(2)制度是一种模式

美国学者亨廷顿更多的是从无形的文化模式角度来理解制度，他认为世界的冲突根源于无形的文化模式冲突。在此基础上，亨廷顿在《变化社会中的政治秩序》一书中给"制度"下了一个定义："制度就是稳定的、受珍重的和周期性发生的行为模式。"[⑧]我国学者陈颐从更普遍的意义上对"制度"进行了界定，即

---

① 董建新：《新制度经济学讲义》，http://www.beiwang.com/a/Article.asp? ArtID =230.

② 龙冠海：《社会学》，162 页，台北，台湾三民书局，1985。

③ 孔泾源：《中国经济生活中的非正式制度安排》，载《经济研究》，1992(7)。

④ 黄少安：《产权经济学》，90 页，济南，山东人民出版社，1995。

⑤ 转引自黄艳芳：《远程教育：制度与质量》，16 页，南宁，广西人民出版社，2005。

⑥ 樊纲：《中华文化、理性化制度与经济发展》，载《二十一世纪》，1994(6)。

⑦ 张宇燕：《经济发展与制度选择》，载《改革》，1994(2)。

⑧ [美]塞缪尔·P. 亨廷顿著，王冠华等译：《变化社会中的政治秩序》，12 页，北京，生活·读书·新知三联书店，1989。

“制度是人们在社会生活中自然形成和创造出来的决定人们行为的文化现象”①。显然,陈颐在这里所说的“制度”,比一般社会学著作中讲的“制度”或仅仅作为行为规范的“制度性文化”的层次更高,内涵更丰富。他指出“制度”除了包括法律规章形态的制度外,还包括诸如风俗、习惯和道德等在内的非法律规章形态的规范。

(3)制度是一种系统

日本学者青木昌彦从博弈论的角度对“制度”进行了界定,他认为:“制度是关于博弈如何进行的共有信念的一个自我维护系统。制度的本质是对均衡博弈路径显著和固定特征的一种浓缩性表征,该表征被相关领域几乎所有参与人所感知,认为是与他们策略决策相关的。这样,制度就以一种自我实施的方式制约着参与人的策略互动,并反过来又被他们在连续变化的环境下的实际决策不断再生产出来。”②我国学者郑杭生认为:“社会制度指的是在特定的社会活动领域中围绕着一定目标形成的具有普遍意义的、比较稳定和正式的社会规范体系。”③袁亚愚、詹一之把“制度”看作是“社会结构中的‘软件’”,认为制度像计算机中的线路设计和计算程序一样,将社会中的各种因素、社会成员的社会活动,联结和组织成一个整体,保证社会生活有秩序地、正常地进行。④

以上各科学者从不同角度或不同侧面对“制度”进行的界定,其中绝大多数学者都将“制度”界定为一种规则,主要是从制度的规范性和强制性的角度来界定的。但我们也不能忽视制度的模式论和系统论,因为任何一种制度都是社会整体价值观的综合反映,有什么样的文化意识,就会有什么样的制度与其相适应。同时,制度也并非单纯指向单个条文,更包含着众多条文组合成的体系和系统。某一制度总是由众多条文,甚至多部法律汇集而成的。另外,诺斯在《制度,制度演变与经济绩效》一书中将制度划分为正式制度与非正式制度两种类型进行分析。而本研究涉及的制度主要指具有法律强制力的正式制度,即国家

① 陈颐:《简论以制度为学科对象的社会学》,载《社会科学研究》,1988(3)。

② [日]青木昌彦著,周黎安译:《比较制度分析》,28页,上海,上海远东出版社,2001。

③ 郑杭生:《社会学概论新编》,253页,北京,中国人民大学出版社,1987。

④ 袁亚愚、詹一之:《社会学历史、理论、方法》,87页,成都,四川大学出版社,1986。

或地方权力机关和行政机关制定或认可的具有法律效力的政策法规体系。

2. 教育制度

教育制度是制度的下位概念，是制度在教育领域的具体化。谢维和认为，所谓教育制度指的是整个教育领域中具有普遍性的、正式的行为规范体系。它强调三个方面：其一，这种教育制度注重的是具有整体性和普遍性的行为规范，而不是个别的和零散的；其二，这种教育制度强调的是比较正式的行为规范，而不是有一定约束性的风俗或习惯；其三，它基本上表现为一种规范体系，尽管规范体系的构成方式有所不同，但它们之间的联系却是稳定的和有机的。[①] 李江源认为：教育制度是用以调整个体行动者之间以及特定教育组织内部行动者之间关系的强制性或权威性的行为规则体系。[②] 冯建军认为，教育制度是根据一定社会的政治、经济制度和受教育者的身心发展特点所制定的，旨在实现教育目的，教育主体（政府、教育管理部门、学校、教师、学生、家长）在教育系统中的交往规则体系以及其社会互动方式。[③] 在教育学中对教育制度还有以下两种解释：一种解释认为教育制度是根据国家的性质制定的教育目的、方针和设施的总称；另外一种解释认为教育制度就是各种教育机构所构成的体系或系统。[④]

本文认为，教育制度应当具有一般制度的普遍特征。一方面，教育制度是一种行为规范，这种规范对教育机构的运行及教育主体的行为起到一定的引导作用；另一方面，教育制度具有一定的强制性，无论是正式制度还是非正式制度，都具有一定的约束力，这种约束力或是法律责任，或是内部处分，或是道德谴责。同时我们也应当看到，教育制度本身也具有自己区别于其他制度的特征，即教育制度的调整对象是教育法律关系，教育制度是规范教育主体行为的规范。而教育法律关系区别于其他法律关系的最显著特点就在于教育法律关系的育人性，即教育法律关系是围绕如何培养人这个核心，由教育的组织者、教

---

① 谢维和：《教育活动的社会学分析——一种教育社会学的研究》，215页，北京，教育科学出版社，2000。

② 李江源：《教育制度：概念的厘定》，载《河北师范大学学报（教育科学版）》，2003(1)。

③ 冯建军：《教育公正——教育哲学的视角》，286页，福州，福建教育出版社，2008。

④ 中国大百科全书总编辑委员会《教育》编辑委员会、中国大百科全书出版社编辑部：《中国大百科全书（教育）》，187页，北京，中国大百科全书出版社，1985。

育的实施者和教育的接受者来共同完成的。应当说,所有的制度都应当是以人为核心的,但在教育制度,人的问题和人的发展问题就是教育制度的调整对象。这种育人性的特征是教育制度区别于其他制度的显著特征。

有的学者还根据制度创生规则的起源,将教育制度划分为内在性的教育制度与外在性的教育制度。内在性的教育制度是在群体内部随着经验而演化的规则;外在性的教育制度是外在的设计出来并靠政治行动由上面强加于教育的规则。学校教育制度基本上都是属于内生性的,即内在性的教育制度,而国家教育制度基本上都属于外生性的,即外在性的教育制度。① 在本文中,研究的对象主要集中在国家层面的教育制度,即国家或地方国家机关制定的具有法律效力的法律、法规和规章等,因此应当属于外在性的教育制度。

综上,教育制度的内涵应当是由国家或地方权力机关及行政机关制定或认可的、以教育法律关系为调整对象、以人的培养和发展问题为核心的行为规范。

3. 教育优惠制度

根据上述教育优惠与教育制度的概念分析,我们可以对教育优惠制度的内涵进行逐层的分析。首先,教育优惠制度作为一种制度,是一种具有强制力的行为规范。其次,教育优惠制度作为一种教育制度,调整的是教育领域内的教育法律关系,这种关系是以育人性为主要特征的。再次,教育优惠制度是要给予部分主体较其他一般主体优惠待遇的制度。综上,我们可以对本文中教育优惠制度的内涵界定为:教育优惠制度是指国家或地方权力机关和行政机关制定或认可的、关于给予教育领域内部部分主体较其他一般同类主体优惠待遇的教育制度。

(二)制度分析理论的内容

制度分析是20世纪社会科学领域里开启的一种重要的理论规范分析方法。它因在经济学研究中所取得的巨大成就而迅速渗透公共管理、政策分析和比较政治学等学科系列,并以1984年詹姆斯·G. 马奇(James G. March)和约

① 苏君阳:《公正与教育》,112~113页,北京,北京师范大学出版社,2008。

翰·P. 奥尔森(Johan P. Olsen)发表于《美国政治科学评论》上的《新制度主义:政治生活中的组织因素》一文为标志,日渐发展成熟,继而成为继行为主义之后,与旧制度主义完全不同的一种新制度主义(the New Institutionalism)的分析框架。① 制度分析理论在政治学、社会学和经济学的创始者的研究中已经出现,其中最丰富的制度研究是在社会学中。而作为一种严格研究方法的制度分析却是产生于新制度经济学领域,并被迅速引入社会学、政治学、教育学等学科领域,"新制度主义政治学"和"新制度教育学"等概念逐渐走入人们的视野。

所谓"制度分析"(Institutional Analysis),就其字面而言,是对各种类型的政治与行政管理制度进行多层次、多方位的分析和研究。进一步来说,这种理论着力于根据当代政治经济学发展的成果,以及运用经济学的方法,对政府和行政管理制度进行分析,并形成一种特定的研究和分析方法,以及相对确定的研究范畴与对象,既注意宏观理论研究又强调微观政策分析,从而试图揭示人类社会及其相关制度的发展模式和方式。② 就现有的研究来看,制度分析还没有一个公认的定义。《经济新学科大辞典》对制度分析的解释为:"制度分析法:或称结构分析法。……加尔布雷思认为……宏观经济学只注意总需求水平的调节,微观经济学只注意成本和价格的形成,都忽视了社会的制度结构问题。二者只关心数量的变动而社会的制度结构中最基本的问题,即权力分配问题,恰恰被遗漏了。"③尽管制度分析本身是一个众说纷纭、尚无定论的分析方法,但也有许多共同之处。例如,普遍认为制度是重要的,甚至有人认为制度是第一生产力;认为历史是重要的,制度的起源与发展过程使得制度具有"路径依赖"的特点;制度要讲求成本收益的理性计算;人是有限理性的,信息是不完备的;人具有机会主义倾向;各种制度是相互关联的,只有协调一致的制度才能发挥应有的作用;等等。这些观点构成了制度分析的一般基础。但是,具体的制度分析方法所运用的理论与偏重则各不相同。就其分析的框架来看,也不完全一样。有人认为,制度分析要从以下五个方面进行:结构分析、博弈论分析、规则

① 张国庆:《公共政策分析》,310页,上海,复旦大学出版社,2004。
② 江峰、张昕:《奥斯特罗姆夫妇与当代制度分析理论》,载《中国行政管理》,1995(12)。
③ 陈永忠:《经济新学科大辞典》,547页,北京,三环出版社,1991。

分析、远期后果分析或长时段分析、规则变迁路径分析。[①] 谢维和认为可以从教育制度的目标系统、规范系统、组织系统和工具系统四个方面对教育制度结构的基本要素进行分析。[②] 有人认为，制度分析要进行这样的追问："制度如何发生？由谁制定？谁有权制定？是所有的游戏参加者吗？国家制定规则的权限与边界何在？制度到底是内生的，还是外部社会力量强加的？是什么导致制度变迁？制度变迁的目标是效率、公正还是人性？阻碍制度变迁的力量何在？是因为路径依赖，是特殊利益集团使然，还是其他尚未探明的因素作梗？"[③]还有人认为："历史分析是制度分析框架的基石。""注重整体分析和跨学科研究是制度分析的重要方法论原则"。[④]

对制度分析颇有研究的学者汪丁丁提出，作为方法论的制度分析应具有如下特点：①对制度做发生性的历史分析，考察制度的历史沿革形态；②注重制度差异的敏感性；③注重观念史和意识形态等心智结构对制度演化和政策活动的影响。[⑤] 刘国艳也提出类似的看法，认为这种研究范式的特点是注重制度差异，注重制度历史，以及注重观念、意识形态对制度演化的影响。[⑥] 汪丁丁指出，制度现象在当代中国社会，已经成为如此广泛和无所不包的一类现象了。故而当我们看到我们的研究对象的这种广泛性之后，我们就要求自己从经济学领域走出来，走进制度分析的领域。[⑦] 即使是制度经济学中的制度分析，其涉及的学科内容也是相当多的，如经济、政治、文化、法律、历史等，甚至有的制度经济学家已开始研究脑科学。可见，制度分析本身涉及多个学科。这种跨学科性带来分析视角的转换，而分析视角的转换有可能导致创新，这是因为"一个领域的思想被证明有可能在另一个领域中开花结果"。"哪里突破了学科的藩篱，哪里就会

---

① 邹吉忠：《论制度思维方式与制度分析方法》，载《哲学动态》，2003(7)。

② 谢维和：《教育活动的社会学分析——一种教育社会学的研究》，219～221页，北京，教育科学出版社，2000。

③ 林杰：《制度分析与高等教育研究》，载《北京师范大学学报(社会科学版)》，2004(6)。

④ 林义：《制度分析及其方法论意义》，载《经济学家》，2001(4)。

⑤ 汪丁丁：《制度分析的特征及方法论基础》，载《社会科学战线》，2004(6)。

⑥ 刘国艳：《制度分析视野中的学校变革》，13页，济南，山东师范大学，2007。

⑦ 汪丁丁：《制度分析基础讲义Ⅰ——自然与制度》，7页，上海，上海人民出版社，2005。

取得科学的进展”。[①] 不仅如此，在当今学术研究高度分化又高度综合的背景下，“要阐明和解决我们这个时代的任何一个主要问题，都需要从不止一个学科中选取材料、概念和方法”。[②]

二、各类教育优惠合理性的制度分析

合理性是教育优惠制度研究的一个重点内容。但在社会科学的领域，人们很难给合理性下一个定义，或是为一个事物的合理性确立标准。在合理性观点的多样性方面，劳丹曾指出：“20 世纪哲学最棘手的问题之一就是合理性问题。有些哲学家提出，合理性就是使个人效用达到最大的行为；另一些哲学家则提出，合理性就是相信那些我们有充足理由相信为真(或至少可能为真)的命题并按这些命题行动；还有一些哲学家暗示合理性随成本——效益分析而变；也有一些哲学家声称合理性只不过是提出能予以反驳的陈述，已有大量著作做了论述。”[③]邦格曾经对合理性的定义进行过系统的归纳，总结出合理性的七种定义：“一是概念的合理性：使模糊(含混合和不准确)最小化；二是逻辑的合理性：力求连贯一致(避免矛盾)；三是方法论的合理性：质疑(怀疑与批判)和证明(要求证据或事实，无论这些证据或事实是有利的还是不利的)；四是认识论的合理性：关心经验的支持，避免与科学技术知识不一致的臆断；五是本体论的合理性：采纳与时代的科学技术知识相一致的世界观；六是价值观的合理性：力求达到的并值得达到的目标；七是实践的合理性：采取有助于达到预期目的的手段。”[④]受教育权是最基本的人权之一，这意味着它是人人生而享有，不被剥夺的权利。但受教育权的保障并不能简简单单地从有没有得到保护进行判断，而要从其被保障的质量以及衡平性进行分析。因为权利是一种特殊的资源，因而权利的配置过程往往伴随着不同利益集团之间的激烈冲突以及彼此之间的妥协。

---

① [法]皮埃尔·布迪厄、[美]华康德著，李猛、李康译：《实践与反思——反思社会学导引》，197 页，北京，中央编译出版社，1998。

② [美]米尔斯著，陈强、张永强译：《社会学的想象力》，153 页，北京，生活·读书·新知三联书店，2001。

③ [美]劳丹著，刘新民译：《进步及其问题》，116 页，北京，华夏出版社，1990。

④ 胡辉华：《合理性问题》，81 页，广州，广东人民出版社，2000。

特别是教育优惠制度本身作为一种倾斜性的权利保护方式,愈发值得人们关注。对受教育者中的经济弱势群体进行差别性的保障,就意味着其他群体在教育资源配置中的份额要相应地进行削减。所以,其正当性问题便是人们激烈争辩的问题。也就是说,要阐述教育优惠制度本身的正当性,就必须要究问这种法律规则所维护的资源配置体系的公平性。这种论证实质上就是要"究问这种法律规则所维护的资源配置体系的合理性。归根到底,它涉及人类社会最根本的价值理念,以及为达成这种追求所选择的方法或技术上的恰当性,也就是说恰当调整和平衡各种社会群体及其成员之间相互冲突的利益关系,有赖于一种社会共同体都接受的共同理念,以及基于这种理念之上的各种制度安排和方法选择"①。本文则试图从教育优惠制度存在的合理性与教育优惠制度内容的合理性两个层面展开论述。其中,第一种合理性是基础,如果教育优惠制度本身的存在就是不合理的,那么也就没有必要再探讨教育优惠制度内容设计方面的合理性了。

(一)补偿式教育优惠制度的合理性分析

补偿式教育优惠制度的优惠对象是属于弱势群体的受教育者,即受教育权实现方面处于不利地位的受教育者。袁振国曾指出:对弱势群体来说,仅仅坚持一般原则,他们并不能得到真正的公平,他们没有条件和一般人进行平等竞争,甚至于对他们坚持一般原则就等于变相歧视。对弱势群体实施倾斜或补偿体现了社会正义的要求,是对人人享有良好教育机会的进一步落实。②

对于补偿式教育优惠制度,其补偿机制是其存在的最有力的论据之一。补偿机制就是通过对在受教育权实现方面处于不利地位的受教育者倾斜式的差别待遇,以实现受教育者之间受教育权保护的平等。早在 1965 年,美国的约翰逊总统在霍华德大学的演讲,可以说是对补偿理论做出的一个较早的诠释。他

---

① 周勇:《少数人权利的法理——民族、宗教和语言上的少数人群体及其成员权利的国际司法保护》,16 页,北京,社会科学文献出版社,2002。

② 袁振国:《更加注重教育公平》,见袁振国《中国教育政策评论 2008》,1 页,北京,教育科学出版社,2008。

指出："单是自由是不够的。我们不能将一个戴着镣铐多年的人除掉镣铐，带到赛场起跑线上对他说：'你现在可以自由地与其他所有人竞争了'，并理所当然地认为很公平。"[①]约翰逊总统还指出："如果我们要受奴役二百年的黑人家庭的子弟，与处处受优待的白人子弟，在一条起跑线上起跑，怎么会有平等的结果？积极作为是弥补少数族裔在社会所面对的先天不利的环境，使他们得以和白人公平竞争。"[②]正是在这种理念的推动下，美国于20世纪中叶广泛地在教育、就业等领域展开了针对少数族裔和女性等弱势群体的"肯定性行动"（Affirmative Action）。这场运动有效地提升了弱势群体接受教育的机会，提高了其在社会中的阶层与地位。在经过半个世纪之后，我们明显地注意到，在肯定性行动的影响下，一些在传统意义上处于社会底层地位弱势群体中的人士已经步入社会的高阶。例如，美国总统奥巴马是非裔出身，他在共和党的竞争对手希拉里则是一位女性。

对补偿机制最有竞争力的反对意见就是逆向歧视。这一观点认为，对于部分弱势群体实施教育优惠损害了其他群体成员的利益，是对其他群体成员的逆向歧视。我们看到，在美国很多针对少数族裔入学优惠的诉讼案中，反对者均持有该种观点。他们要求入学标准应当是"色盲"的，即对所有的人都一视同仁，而不应对个别的群体予以特殊照顾。而且我们也注意到，法院的判决结果也逐渐倾向于这种观点，判决的理由逐渐由补偿机制转向多元化的机制。对于这种结果，我们应当做如下三方面的分析。首先，现阶段美国少数族裔的社会地位和经济地位正在逐渐提高，已经不同于传统意义上的弱势群体，所以对他们的优惠更多意义上应当是从文化不利的角度出发，以多元化的机制促进这部分群体受教育权的保障和实现。其次，一个群体的弱势地位是有可能发生变化的，所以教育优惠制度也应当随之做适当的调整。如果一个特定个体已经摆脱了在受教育方面的弱势地位，还依然能够得到教育方面的倾斜性优惠，那无疑就是一种逆向的歧视。所以，以逆向歧视的观点对现有教育优惠制度抱有疑义

---

① Peter H. Schuck. Affirmative Action: Past, Present, and Future, 20 Yale Law and Policy Review, 2002(1).

② 李昌道：《美国平权措施的宪法争议》，载《复旦学报（社会科学版）》，2004(1)。

的人，更多的是针对不属于弱势群体的个体实施冠名为针对弱势群体的教育优惠不满。

在这里，我们可以利用滕星教授在《中国高等教育的少数民族优惠政策与教育平等》中提出的现象进行分析。滕星教授在对新疆少数民族考察时，当地生产建设兵团一职工（汉族）反映一情况：他的孩子和邻居孩子（维吾尔族）是同年生，同年一起上的幼儿园、小学、中学，高考时分数一样，但录取时，维吾尔族邻居的孩子享受降分优惠政策，上了北京一所全国重点大学，而他的孩子进了当地地方大学。他认为这是不公平的，并认为他是随父母来新疆的，他的全家两代人为建设边疆、巩固国防、加强民族团结“献了青春献子孙”，为支援边疆做出了贡献，理应也受到政府照顾。相比较而言，少数民族高考加分优惠政策使他感觉到他的孩子受到了不公平的待遇，认为其有悖于宪法和教育法规定的平等原则。①

在这个案例中，针对维吾尔族孩子的教育优惠主要是因为其族群文化在主流文化的冲击下处于不利地位，所以要进行优惠。另一方面，对于身处少数民族地区的汉族学生是否也应当给予一些优惠。我们看到生产建设兵团的这个学生自幼便在新疆长大，身处在民族文化的氛围当中，自己也潜移默化地受到一定程度的影响，从而在某种程度上形成对主流文化的不适应，构成文化不利的现象。对于这类学生，理所当然要根据补偿机制给予适当的教育优惠，以在一定程度上弥补其受教育方面的不利处境。

综上，对一些在受教育方面处于不利地位的弱势学生给予适当的教育优惠，是合情合理的。它能在一定程度上弥补这些学生的不利地位，使其与其他学生在量上享有同样受教育的机会，在质上享有同样适于自我实现的环境。

（二）激励式教育优惠制度的合理性分析

激励式教育优惠的优惠对象是在受教育过程中表现优异的学生。这些受教育者往往在自身的全面发展或单项发展方面表现比较突出，获得了一定的成

① 滕星、马效义：《中国高等教育的少数民族优惠政策与教育平等》，载《民族研究》，2005(5)。

绩。我们可以将他们分为综合表现优异的学生和单项表现优异的学生。激励式的教育优惠制度对部分优秀学生实施优惠性的待遇,与教育公平的理念并不违背。袁振国曾指出,教育公平的理想状态就是基础公平与自由选择的统一。一方面,我们要努力保证机会公平,争取过程公平,确保底线标准,在努力实现公共教育资源平等分享的过程中,必须优先实现的是确立底线公平,实行最低标准保障、最低限度保护,缩小绝对差距、消除边缘化;另一方面,要承认差异,尊重差异,为不同人有个性的发展和创新拔尖人才的茁壮成长创造条件。这也是多劳多得的社会主义分配原则在教育公平问题上的体现。① 在这里,部分优秀的人才或具有专长的人才如果得不到适当的教育,也会逐渐丧失其发展的潜力。例如,曾在我国文坛轰动一时的某青少年文学作家,虽然在文学创作上很有造诣,但因为没有适应的教育环境和教育评价,他的天赋并不能得到承认,也最终没有走入高等教育的殿堂,最终只能成为一名赛车手。试想,假如当初我们给予该青少年作家适当的教育环境,他今天的发展又会怎样呢?

激励式教育优惠之所以选择这些表现优秀或具有特长的学生进行优惠,主要是考虑到激励机制对人的发展具有一定积极的作用。激励是激发人的行为动机的导向和强度的心理过程。② 激励的概念是国外学者从心理学角度出发提出来的,最初的含义是指一个有机体在追求某种既定目标时的愿望程度,表示人类活动的一种内心状态,包括一切内心所要争取的条件,如希望、愿望和动机等都构成人的激励。后来这一概念被管理科学、行为科学所普遍引用,其含义演变为通过运用各种有效手段激发人的热情,调动人的积极性、主动性,发挥人的创造精神和潜能,使其行为朝向组织所期望的目标而努力。③ 不同的职业对激励有不同的解释。美国学者斯蒂芬・罗宾斯提出,激励就是解决个体在实现目标过程中努力的强度、方向与持续期的过程。琼斯(M. R. Jones)认为,激励涉及行为怎样发端,怎样被赋予活力而激发,怎样延续,怎样导向,怎样终止,以及

---

① 袁振国:《更加注重教育公平》,见袁振国《中国教育政策评论 2008》,9 页,北京,教育科学出版社,2008。

② 杨建良:《人的动力激励》,25 页,上海,同济大学出版社,1994。

③ 徐永森、戴尚理:《激励原理与方法》,1 页,长春,吉林大学出版社,1991。

在所有过程的进行中，使有机体呈现出何种主观反应。阿特金森（J. W. Atkinson）指出，激励是此时此刻对行动力的强度和持续性的影响。弗鲁姆（V. Vroom）对激励的描述是：它是一个过程，这过程主宰人们在多种自愿活动的备选形式所做出的选择。周三多认为，激励是指影响人们内在需求或动机的活动过程。作为企业管理者，曾任联想集团公关部总经理的陈惠湘先生认为，激励就是：（1）给做事的人以充分的权利；（2）给做事的人提供成就满足感的机会；（3）给有功的人提供必要的物质满足。最终就是一个道理，每一个人当家做主这也许就是激励的真谛。[①] 激励机制的作用对象是人，人的行动是由动机决定的，而人的动机又是由需要引起的。动机产生以后，人们就会寻找能够满足需要的目标，而目标一旦确定，就会进行满足需要的活动。需要是人类行为的基础，不同的需要在不同的条件下会诱发出不同的行为。[②] 关于激励机制的理论，学术界一般将其划分为内容型、过程型、行为改造型和综合型激励理论四大类，这四种理论分别从不同的侧面说明了激励对于人的潜能的调动机制。

合理的激励可以为每个人提供平等的机会和条件，付出的代价高，做出的贡献大，获得的评价和待遇就高；付出的代价低，做出的贡献少，获得的评价和待遇就低。这种合理的激励使得每个人为了得到自己所理想的待遇和评价，都会在最大程度上调动自己的主观能动性，从而形成一种驱动力，促进人的发展和完善。同时，对于优秀学生进行一定程度的优惠也会起到示范的作用，激励其他学生奋起直追。在教育优惠制度的作用下，优秀的学生通过自己的努力获得了经济或入学机会方面的优惠待遇，这为其他学生起到了一个示范的作用，为其他学生提供了一个积极向上的榜样。它向人们证明，只要通过自己坚持不懈的努力，每个人都会实现自己心中的梦想。学生争取通过自己的表现获得资助的过程就是努力成为社会所需要的有用之才的过程，这就有利于教育目的的实现。极富吸引力的优秀特长学生优惠政策能激励学生奋发向上，刻苦攻读，把外在的培养目标内化为自己努力的方向。同时，这种优惠无形中会在学生间促成竞争，而适度的竞争有益于人的发展。但我们也应认识到，如果激励的对

① 曾凯：《我国高校教师激励机制问题的研究》，5页，重庆，西南大学，2008。

② 周三多：《管理学》，212页，北京，高等教育出版社，2000。

象选择错误，则会在很大程度上挫伤人的积极性和主动性，更严重的是，错误的激励对象选择甚至会起到一个错误的示范作用，使人的发展发生方向性的偏移。例如，2005 年，国内某高校免试录取某知名运动员为硕博连读研究生，引发国内激烈的辩论。在体育运动上获得卓越成绩的运动员能否得到入学机会方面的优惠呢？我们知道，在我国高考制度中，专门设有高水平运动员的录取方式，给予这些人员一定的降分优惠。这些运动员也是具有一定特长的人才，在高等学校的体育训练专业中，也恰恰需要这样的人才，假如他们和普通学生一样按统一划定的分数线录取，可能很多优秀的体育人才只能与高等教育失之交臂。但笔者认为，特长学生的入学优惠应当与其特长的专业基本相符。例如，美术特长生只能在美术专业入学上优惠，文学特长生只能在中文等专业入学上优惠。而据媒体报道，前面提到的某高校免试录取某知名运动员时，承诺其可以随意选择在硕士和博士学位攻读阶段的专业，而该运动员最终选定的是体育管理学专业。[①] 正如上海大学顾骏指出："教育和体育同样都是国家办的，都是国家资源，国家可以用来互相调配，就是说各方面在利用运动员达到自身目的后，要对运动员有个交代的时候，学位和学术身份往往作为最低的经济成本用来补偿运动员。"[②]在这里，入学机会的优惠到底属于补偿式的优惠还是奖励式的优惠？这种优惠对象的确定是否合理？在现有体制下，研究生入学资格仍然是一种稀缺资源，而不是荣誉称号，所以这种入学机会的优惠一定要慎之又慎，决不能为了某种功利的目的而将人的发展黄金期延误，而后再通过补偿的方式对他们进行优惠。这种培养运动员的方式是不人道的，是以牺牲运动员的受教育权为代价，甚至是以牺牲一大批自幼放弃学业苦练体育的人一生幸福为代价的。所以笔者认为，对某些方面具有特长的人给予教育方面的优惠，一定要坚持激励的机制，而要慎用补偿机制。对高水平运动员，尤其是知名的运动员进行适当的入学优惠是可行的，因为高等教育也需要对竞技体育进行分析和研究，但切不可将学术和特长分割开来，从而使公众产生一些误解，甚至在社会上形成一种误导。

---

① http://news.163.com/41013/6/12JC7H800001122D.html.2009-2-20.

② http://sports.sohu.com/20041106/n222868989.shtml.2009-2-20.

综上，对某些整体优秀或具有特长的学生进行适当的教育优惠是合理的，一方面可以激励这些学生进一步发展，另一方面也可以对社会起到良好的示范作用，但其优惠范围的选定和优惠内容的确定一定要慎重。

（三）引导式教育优惠制度的合理性分析

引导式教育优惠制度的优惠对象是选择了特定发展路径、特定专业的受教育者。在引导式教育优惠中，其优惠对象选择的合理性可以用引导机制来解释。引导机制的驱动力来自于人类利益最大化的原始动机。行为科学证明，利益是人的需要及其满足；满足既是人的需要的实现，又是新的需要的起点和契机。追求利益是人类社会最一般、最普通的心理特征和行为规律。引导机制正是利用人们趋利的心理特征，通过设置一定的利益而引导人们行为的机制。美国思想家庞德曾给利益定义为："利益是人类个别的或在集团社会中谋求得到满足的一种欲望或要求，因此人们在调整人与人之间的关系和安排人类行为时，必须考虑到这种欲望或要求。"引导式教育优惠制度以具有诱惑力的资助并附加条件，有效地引导学校和学生调整发展方向，保证急需人才的培养。20世纪50年代美国就曾因国防的需要而颁布《国防教育法》，积极实施"国防学生贷款计划"，以培养高质量的人才。[①]

引导机制的作用在针对少数民族的教育优惠方面有明显的体现。前面我们谈到利用补偿式的教育优惠对少数民族的教育实施优惠，同时我们也可以利用引导式的教育优惠制度对少数民族教育进行必要的引导。例如，从目前来看，多元文化的教育在我国民族教育中还比较薄弱。笔者在一些民族学校走访时，当问及民族传统文化为何难以在学校的教学中体现时，几乎所有的学校领导都给出了一个共同的答案——缺少经费的支持。在民族教育中，民族学生的弱势地位并非单纯由于经济原因形成，那种简单地将民族地区视为经济落后地区，企图仅仅用经济的方式扶植民族教育的想法是值得商榷的。事实上，国家

① 孙绵涛：《教育政策论：具有中国特色的社会主义教育政策研究》，241页，武汉，华中师范大学出版社，2002。

近些年在一些民族地区的教育上投入了大量的资金，但是产生的效率非常低，甚至一些地方的民族学生厌学、弃学的现象还非常严重。在以往的民族教育优惠中，实际得到优惠的往往是“汉化”程度较高的民族学生，这就导致了越优惠，民族文化的传承就越困难的结果。很多民族学生的家长宁愿把孩子送到汉化程度较高的学校就学，也不愿将孩子送到地方政府专门设置的民族学校。

这种情况下，在原有补偿机制的基础上，利用引导机制来带动民族地区教育的发展是非常必要的。因此，民族教育优惠政策的制定可以和利益设定相结合，以利益为激励动力调动民族地方开展民族教育的积极性。例如，可以设定民族教育专项资金，向开展民族教育卓有成效的学校倾斜；可以设定民族语言文化水平考试，通过者可以享受较高升学优惠；等等。

在这方面，台湾地区的一些政策经验值得借鉴。根据《原住民学生升学优待及公费留学办法》的有关规定，到 2012 年取得原住民文化及语言能力证书的原住民学生可以享受到 35% 的加分，而没有该证明的学生只能享受到 10% 的加分。这种加分的引导性机制极大地调动了原住民学习自己传统文化的积极性，客观上促进了多元文化社会的构建。美国在 20 世纪 60 年代以后开展的肯定性行动中，也很好地应用了优惠政策的引导机制。很多学校为了获得联邦的经费资助，主动招收少数族裔学生，使少数族裔学生在全体学生中占有一个适当的比例，在一定程度上促进了多元文化在美国的发展。

同样，国家在其他一些教育领域，也需要针对一些教育的发展方向加以调整，但这种调整的行政命令色彩越来越淡，更多的是通过对利益的设定方式加以调整，以吸引部分公众沿着国家设定的方向设计自己的求学轨迹。通过这种引导机制，许多学生被吸引而报考，成为国防生、免费师范生、中等职业学校学生，享受到了国家给予的倾斜式优待。同时，国家也因为大量受教育者加入到国家需要引导的教育类型中，在一定程度上保证了教育的良性发展及一些行业和专业对人才培养的需要，实现了国家在教育方面的发展规划。这更多的是通过给予部分个体优惠的方式，以求得群体利益的最终实现。所以，目前针对特定教育形式、特定专业的学生给予引导式的教育优惠也是合情合理的。

（四）连带式教育优惠制度的合理性分析

连带式的教育优惠制度是针对其监护人或其直系亲属具有某种身份的受教育者实施的教育优惠制度。换言之，受教育者之所以能够享受到某种教育方面的优惠待遇，完全是由其父母等监护人或直系亲属的因素所导致的。

连带式教育优惠制度存在的原因是多方面的。从连带式教育优惠制度的设定目的来看，大致有这样几种：第一种是出于吸引人才或投资的考虑。基于这种考虑，一些地方政府通过设定对高级人才和投资商的子女就学予以特殊的优惠，以促进人才的引进和资金的流入。应当说，人才的引进和投资的流入对地方文化和经济的发展起到了积极促进作用，也在一定程度上促进了地方公共利益的增长，同时地方政府又通过将公共利益不均衡的分配进一步促进人才和资金的流入。第二种是为奖励一些为社会发展做出重大牺牲的人员设置的。例如，对一些因公牺牲的军人和警察子女给予入学优惠。这种优惠的目的是解除一些特殊行业从业人员的后顾之忧，为社会营造一种积极向上的氛围。第三种是为了贯彻国家的一些其他制度，利用对子女给予优惠的方式鼓励公民更好地执行国家的一些方针政策。其中，最具有代表性的就是很多地方都规定，对农村独生女在升学时应给予一定的加分优惠。连带式教育优惠制度的作用机制与引导式教育优惠制度的作用机制非常相似，但两者的不同点是后者是行为人通过实施引导的行为使自己在教育的范畴内享受到优惠待遇，而前者是行为人通过实施引导的行为使自己的子女在教育领域内享受到优惠待遇，也就是说最终的受益人是不同的，这是两者最本质的区别。另外，对于一些为社会发展做出重大牺牲人员子女设置的教育优惠还带有补偿的性质，即因为该学生的父母在某一方面为社会的发展做出重大牺牲，所以用对其子女实施一定的教育优惠的方式，对其进行补偿。

作为受教育者，假如其他条件基本一致，仅仅因为父母是高级人才、投资商、烈士和劳模等就可以得到优惠待遇，是值得商榷的。例如，2007 年人事部、教育部等十六部委联合印发的《关于建立海外高层次留学人才回国工作绿色通道的意见》（以下简称《意见》）中规定：“妥善安排回国工作的高层次留学人才的配偶和子女。……随迁子女入托及义务教育阶段入学,由其居住地教育行政部门按照就近入学的原则优先办理入、转学手续,不收取国家规定以外费用;参加高中升学考试和高考的,同等条件下可优先录取。”解决高级人才的配偶和子女就学问题,本身无可厚非。但是给予这种高级人才子女在高中升学考试和高考时优先录取的特殊优惠,则有违权利平等的原则。所有的教育优惠都应当建立在“自己责任”的基础上,只有自己具备了某种条件或达到了某种标准时,才可以享有教育优惠,而不应当依照父母等直系血亲的身份而确定是否能够享有教育优惠。从某种程度说,这样的教育优惠是建立在封建等级制度和人身依附制度的基础之上的。再例如,很多西部地区都规定,农村独女户在高考等考试中可以享受加分的优惠,这样的规定对于促进当地的计划生育工作应当是有积极促进作用的。但我们也要注意到,这样的规定造成的结果是:因为父母执行计划生育工作好,自己是独生女,所以就可以享受加分;因为父母执行计划生育工作不好,自己不是独生女,所以就不能享受加分。在这里,那些不能享受加分的学生是因为自己有错吗?不是的,他们完全是在代替自己的父母承担计划生育工作不好的责任,这更是有违“责任自负”这一法治国家必须坚持的基本精神。对于那些为社会发展做出重大牺牲的人员子女,在升学方面享有的优惠也是不妥的。如果因为学生的父母已经牺牲,可以相应地给予该学生一定的经济补助,但这种补助严格来说不属于教育方面的优惠,而属于其他的范畴。在这里,情感和理智一定要加以区分,单纯依靠父母或其他亲属的原因而获得教育方面优惠的情况,在现代福利型社会中已经丧失了其存在的基础,所以笔者认为是不可取的,应当在今后的教育优惠制度中逐步消除。

综上,笔者认为,连带式的教育优惠制度在实践中的运用一定要慎之又慎。在特定的历史时期,为了达到或实现某种社会、政治和经济等方面的目标,连带式的教育优惠制度曾经在一定的时期内存在,但制度的制定者应当本着教育平等的观念,尽量将当前这种连带式教育优惠的副作用降到最低。

三、我国教育优惠制度中存在的问题

(一)教育优惠制度的对象分层

我国的教育优惠对象具有特殊性和普遍性双重特征。特殊性是指教育优惠的对象和一般受教育者相比具有差异,正是因为本身与一般受教育者存在一定的差异,所以才能得到教育方面的优惠待遇,即差异是优惠的前提。但并非所有的差异都能得到教育方面的优惠,只有特定的差异才能得到这种优惠的待遇。教育优惠对象的普遍性是指在接受教育优惠的对象中,大家接受的教育优惠形式和幅度基本相同。例如,根据重庆市财政局、重庆市教育委员会联合颁布的《关于调整完善我市农村义务教育经费保障机制改革有关政策的通知》的有关规定,农村义务教育阶段经济困难家庭寄宿生、主城九区城市义务教育阶段享受城市最低生活保障政策家庭寄宿生和进城务工农民子女家庭经济困难寄宿生都可以享受发放生活补助的优惠待遇。其标准是完全统一的,即小学生每生每天补助2元,初中生每生每天补助3元,学生每年在校天数均按250天计算。这样的计算标准虽然在实践中便于操作,但是因家庭经济困难的学生贫困程度和重庆市各个区县消费水平不尽相同,对所有的贫困学生都采取整齐划一的补助标准,难免有失公平。

我们应当看到,实行优惠是基于人的差别性,即因为人与人之间存在着不同,此时如果对所有的人实行一样的待遇,反而会不公平。国家作为社会福利的分配者,在对所有的人提供基本权利保护的基础上,也会基于某些因素考虑,对一些个体实行差别式的优惠待遇。这种优惠是基于差别的比例,也就是说,优惠的有无以及优惠的多少,应当同差异的大小成比例。根据这种比例原则,相同的人应当得到相同的待遇,不同的人得到不同的待遇。比例原则首先是由亚里士多德提出。亚里士多德曾指出,既然公正是平等,基于比例的平等就应是公正的。米尔恩在《人的权利与人的多样性》一书中也提出了比例原则,并进行了详尽的论述:“比例原则要求:(a)某种待遇在一种特定的场合是恰当的,那么在与这种待遇相关的特定方面是相等的所有情况,必须受到平等的对待;

(b)在与这种待遇相关的特定方面是不相等的所有情况,必须受到不平等的待遇;(c)待遇的相对不平等必须与情况的相对不同成比例。”①比例平等主张,社会应该“不平等”地分配每个人非基本的权利。换言之,在符合教育优惠条件的个体之间,也存在着彼此之间的差距。如果无视这种差距的存在,给予他们同样的优惠,也是不公平的。

针对少数民族的升学优惠在很多省市都普遍存在,即不同地区、不同民族和不同阶层的民族学生都可以享受到教育优惠。《2008年普通高等学校招生工作规定》要求,边疆、山区、牧区及少数民族聚居地区的少数民族考生可以降低20分以内的录取分数线;散居在汉族地区的少数民族考生,在与汉族考生同等条件下,优先录取。在这里,得到优惠的基本条件是以民族来划分的,即只要具有少数民族身份,就可以享受优惠。随着社会的发展,民族教育受惠群体在价值取向和自身发展上发生了变化,民族差异在横向(民族之间)和纵向(单个民族内部)上也发生了变化,社会分层和资源配置面临着重新组合和分配,因此,应建立和完善民族地区和非民族地区的教育资源配置的平衡体系。② 例如,根据2000年的统计数据,我国塔塔尔族和俄罗斯族接受过高等教育的人口都占到了该民族总人口的13.8%,而该比例在高山族仅为0.2%,在乌孜别克族和东乡族仅为0.4%。③ 可见,目前各个民族之间的差距也是十分巨大的,如果对所有的少数民族实施同样的教育优惠政策,显然是不妥当的。基于这种考虑,民族教育的优惠政策应当根据民族学生的民族、地区和阶段等因素进行层级划分,以区分出不同的优惠等级,实行差别式的优惠。对于在民族聚居地区生活的汉族学生,也可以考虑其文化环境背景的因素给予适当的优惠。实际上,民族教育优惠的分层性已经得到了很多地方的重视,并加以落实。例如,在2008年云南、新疆等地的普通高等学校招生规定中,都对民族学生和生活在民族聚居区的汉族学生进行了分层优惠,对于不同民族、不同区域和不同应试语言的

① [英]A. J. M. 米尔恩著,夏勇、张志铭译:《人的权利与人的多样性》,48页,北京,大百科全书出版社,1995。

② 滕星、马效义:《中国高等教育的少数民族优惠政策与教育平等》,载《民族研究》,2005(5)。

③ 马戎:《民族社会学——社会学的族群关系研究》,508页,北京,北京大学出版社,2004。

学生给予了不同程度的优惠。

所以，对于符合教育优惠条件的受教育者，也要依据比例原则，根据他们之间的不同情况，对其再次进行区分，分出不同的层级，并按照程度的不同给予不同幅度的优惠。

（二）教育优惠制度的内容引导

如前所述，补偿机制、激励机制和引导机制都不同程度地在各类教育优惠制度中发挥着作用。但是，教育优惠制度能否发生预期效果，更重要的还是教育优惠制度本身的适应性。我国自古便有“对症下药”的说法，对待不同的病人，即使他们表现的症状相同，也要根据其病灶的不同使用不同的方法。教育优惠制度也是一样，比如在补偿式教育优惠中，虽然优惠对象在表面上都表现为受教育权保障不力，但背后却有着各种各样的原因。用同一种优惠手段对待所有问题，效果也许会适得其反。例如，对于民族教育的优惠，从以前的政策立法来看，大多还是定位于经济或物质的补偿。我国有少数民族9 121万人，其中78%的少数民族人口分布在西部地区。民族自治区总面积达619万余平方公里，占全国总面积的64.5%。[①] 由于历史原因，我国西部地区的经济发展明显落后于中东部地区，这也使人们一提及民族地区就将其等同于贫困地区。的确，我国大部分民族聚集地区尚属于贫困地区，但如果简单地将对待民族地区的教育优惠等同于对待贫困地区的教育优惠，不仅不能解决民族学生文化不利的困境，反而会对文化传承产生一些负面的作用。笔者在一些民族地区考察时发现，目前国家对民族地区教育的扶植力度非常大，很多学校都盖起了崭新的校舍，添置了电脑等教学设备。但由于对受教育者学习成功与否的判断标准与非民族地区基本一样，能够考取大学的学生往往是汉化程度高的学生，所以就造成了很多民族学生不愿意学习本民族的语言和文化。政府专门设置的双语教学和以民族文化传承为特点的学校往往不被当地群众认可和接受，甚至一些参与学校建设的民族干部也不让自己的孩子上这种学校，而将其送到汉化程度

① 西部开发课题组：《中国西部大开发指南》，55页，长春，吉林文史出版社，2000。

高的学校接受教育，以便能够在今后的高考中取得好成绩。所以，对贫困地区的民族学生当然应以经济扶植的方式帮助他们摆脱困境，使其具备更好的受教育条件。但是，仅仅利用针对贫困学生的优惠措施来辅助民族学生却是远远不够的。民族学生在受教育权保障上真正的弱势是属于文化层面的，即本民族的文化在主流文化的冲击下面临着传承的危机，而具有这些文化背景的学生，在接受建立在主流文化意识形态基础上的课程标准时，往往具有劣势。我们此时不能简单地靠经济补助，靠高考降分。事实证明，这样对民族教育扶植的教育优惠并没有触及实质，所以应当充分发挥教育优惠制度本身的引导作用，调动民族学生学习本民族语言与文化的热情，让那些真正继承了民族文化精髓的学生在教育优惠制度中受益。基于以上的考虑，笔者建议国家和地方可以考虑设置民族语言文化水平测试，对通过这种水平测试的民族学生，在高考、研究生入学考试和公务员考试等选拔性考试中给予大幅度的加分优惠，以促进民族文化的传承及多元文化的繁荣。

（三）教育优惠制度的幅度规范

在教育优惠制度的内容中，当我们选定了优惠的对象和方式之后，面临的另一个问题就是：优惠的幅度要有多大。在这个问题上往往容易出现两种情况，第一种是优惠的力度不够；第二种是优惠的幅度过大。笔者在重庆市某县考察时了解到，国家和地方都对特殊教育非常重视，对特殊教育的发展实行倾斜性的财政投入。例如，重庆市为了支持特殊教育学校发展，专门安排财政资金 176 万元，用于提高特殊教育学校学生生均公用经费补助标准，即在 2008 年特殊教育学校学生公用经费每人每年 420 元的基础上，每人每年再增加 650 元的公用经费。这样，重庆市特殊教育学校学生生均公用经费每年将达到1 070 元。此外，从 2008 年秋季学期起，重庆市将安排财政资金 121 万元，免费向全市特殊教育学校在校学生每天供应一袋鲜牛奶。但笔者在一些特殊学校走访时了解到，国家对特殊学校的受教育者缺乏针对学生个体的经济补助，如在特殊学校学习的学生因为身体的残疾，往往需要更多的医疗开支。这些生活不便使得他们增加了生活费用的支出，所以给家庭造成了很大的经济压力。地方教育行政部门为了解决这部分学生的实际困难，将所有在特殊教育学校接受教育的残疾学生都纳入了家庭经济困难的学生范围，小学生每年补助500元，初中生每月补助750元。但是，针对残疾学生个人的专项补助基本还属于空白。另外笔者还在一些贫困地区的中小学校了解到，小学生每天2元、初中生每天3元的经济补助对于贫困学生来说，虽然保证了基本的生活需要，但是这些孩子的生活依然十分艰苦，营养缺乏和衣物短缺使得他们在与其他学生的学习竞争中处于不利地位。另外，还有相当数量的贫困学生受指标的限制，不能申请到贫困生的补助。因为指标紧张，一些学校在评定贫困生时，还往往将学生的学习和平时表现的因素考虑进来，给那些平时表现好的学生优先发放困难补助。根据以上情况，目前贫困生资助范围和资助力度都需要进一步加大，以便更好地解决所有贫困学生的就学和生活问题。

我们需要注意的是，"过犹不及"，凡事都应当把握一定的度量，短缺和匮乏是不妥的，但过分的倾斜也是教育优惠制度在内容设计方面应当注意的。过分的优惠往往容易造成一部分学生等、靠、要的思想，这不但不能调动他们的学习积极性，反而容易使他们对学习产生倦怠。另外，过分的优惠也会损害其他受教育者的利益，形成新的社会不公。这也是教育优惠制度今后在制定当中应当注意的问题。

第四章　完善我国教育优惠制度的建议

一、我国教育优惠制度体系的建构

（一）我国的教育法律体系

1. 我国现有的教育法律体系

国内学者从不同的角度对教育法律体系的概念加以了界定。例如，劳凯声先生认为，教育法律体系是法律体系中的一个子系统，就其性质和内容而言，它是国家制定的以教育内外关系为主要调整对象的法律规范的综合。[①] 公丕祥认为，教育法律体系是教育法作为社会主义法律体系的一个重要组成部分的系统结构，它是指一国现行教育法律规范所构成的完整的、内部协调一致的、有机联系的教育法律的整体系统 。[②] 杨颖秀认为，教育法律体系是指以一国现有的教育法律法规形成的门类齐全、协调一致的统一体。[③] 蒋超认为，教育法律体系是指教育法作为一个独立的部门法，它包含教育法的各个部分、方面、层次和环节的法律规范，以及这些法律规范在整个部门法中的地位、作用及其相互关系。[④] 袁芳认为所谓教育法律体系，就是指按照一定的横向联系和纵向联系，将具有不同内容的教育法律规范有机地结合为一个具有内在协调联系的、和谐统一的

① 劳凯声：《教育法论》，242 页，南京，江苏教育出版社，1993。
② 公丕祥：《教育法教程》，55 页，北京，高等教育出版社，2000。
③ 杨颖秀：《教育法学》，28 页，北京，中央广播电视大学出版社，2004。
④ 蒋超：《教育法基本问题研究》，294 页，成都，巴蜀书社，2006.

法律规范体系。[1] 而崔彩贤、杜德鱼、谷爱仙认为，教育法律体系是指教育法作为一个专门的法律部门，按照一定的原则组成的一个相互联系、相互协调、完整统一的整体。[2]

在“文革”结束之后，我国百废始兴。1981 年《中华人民共和国学位条例》的出台标志着我国教育立法的重新起步。2006 年 6 月 29 日，随着《中华人民共和国义务教育法》修订完成，教育法又一次成为社会瞩目的焦点。至此，中国已构建起了以教育法为基本法，以义务教育法、教师法、高等教育法、职业教育法、民办教育促进法和学位条例为重要法律，紧密联系《中华人民共和国未成年人保护法》《中华人民共和国预防未成年人犯罪法》及《中华人民共和国妇女权益保护法》等法律的教育法律体系。

2. 我国教育法律体系的立法规划

在建设社会主义法治国家的提法已经入宪的背景下，党的“十五大”和“十六大”相继提出，到 2010 年要初步形成具有中国特色的社会主义法律体系。《国家教育事业发展“十一五”规划纲要》也指出，要加快完善中国特色社会主义教育法律法规体系。按照教育部的立法工作规划，在未来几年中，将陆续起草教育督导条例、考试法、终身学习法、学校法、学前教育法、教育投入法，修订职业教育法、教师法、学位条例及高等教育法等法律。同时，还要根据需要制定一系列的教育法规和规章，从而推进中国特色社会主义教育法律法规体系建设。2010 年颁布的《纲要》也提出：“按照全面实施依法治国基本方略的要求，加快教育法制建设进程，完善中国特色社会主义教育法律法规。根据经济社会发展和教育改革的需要，修订教育法、职业教育法、高等教育法、学位条例、教师法、民办教育促进法，制定有关考试、学校、终身学习、学前教育、家庭教育等法律，加强教育行政法规建设。各地根据当地实际，制定促进本地区教育发展的地方性法规和规章。”在这一背景下，教育立法的任务异常艰巨。

---

① 袁芳：《关于建立和完善我国教育法律体系的思考》，苏州，苏州大学，2001。

② 崔彩贤、杜德鱼、谷爱仙：《关于构建有中国特色社会主义教育法律体系的探讨》，载《陕西师范大学学报（哲学社会科学版）》，2003（5）。

3. 我国教育法律体系的结构设计

目前,我国的教育法学论文论著普遍从纵向和横向两个方面对教育法律体系进行划分,但其纵向的层次数量和横向的子部门构成有所不同。例如,劳凯声先生将我国的教育法律体系划分为纵向四个层次和横向九个部门。纵向四个层次包括教育法、部门教育法、教育行政法规和规章、地方性教育法规。其中,部门教育法由基础教育法、职业技术教育法、高等教育法、成人教育法、残疾人教育法、社会教育法、义务教育法、教师法、教育经费法九个部门组成 。杨颖秀将我国现有的教育法律体系分为纵向和横向两个层面,纵向层面是由宪法、法律、行政法规、地方性法规、自治条例和单行条例、部门规章构成的统一体;横向层面依照现行教育法调整对象的不同,将教育法体系划分为教育基本法、基础教育法、职业教育法、高等教育法、民办教育法、教师法和经费投入法七个方面。公丕祥认为,从教育法内部的横向关系来看,教育法的结构系统由教育根本法、教育基本法、教育主体法、义务教育法、学前教育法、中小学教育教学法、高等教育法、职业教育法、教育行政法、教育程序法以及与教育法紧密相关的法律法规十一个教育法律子部门所构成。李恩慈认为,教育子部门法应划分为基础教育法、高等教育法、职业教育法、成人教育法、教师法和教育投资法六个子部门法。教育法律体系的纵向构成应该与教育法律的渊源有着密切的关系,应该在宪法的指导下,建立教育法—教育法律—教育行政法规—教育行政规章—地方性教育法规和规章五个层次。除此之外,我国的教育法律体系还应包括香港、澳门特别行政区以及台湾的教育法律 。笔者更倾向于在横向结构上,教育法律体系由教育基本法、教育行政法、各级教育法、各类教育法和教育主体法五个子部门构成。

(二)我国教育优惠制度体系的地位

在教育法律体系中,教育优惠制度在纵向与横向中都有所体现。从教育法律体系的纵向结构来看,目前教育优惠制度在宪法、教育法律、教育行政法规、教育部门规章以及地方教育法规等几个层级中都有所体现。从教育法律体系的横向机构来看,教育优惠制度的有关规定散见于教育法、义务教育法、教师法、高等教育法和职业教育法等教育法律中。

那么，教育优惠制度是否应当在教育法律体系中拥有独立的位置，换言之，是否要专门设立教育优惠法来对教育领域的优惠制度加以规制呢？笔者认为，教育优惠制度可以分布在各个教育法律中发挥自己的作用，而没有必要建立一个独立的教育优惠法。因为教育优惠制度既可以在学前教育法到终身教育法等层级性的教育法律中得到体现，也可以在特殊教育法、民族教育法、职业教育法和招生考试法等类别型的教育法律中得到体现，同时还可在学校法、教师法等教育主体法中得到体现。除此之外，教育法也会对教育优惠制度做一些原则性的规定。如果此时设立一个教育优惠法的话，必然涉及各个教育法律之间彼此协调的问题，而且在今后修法的过程中，也有可能遇到教育优惠法与其他教育法律之间出现抵触的情况。所以，笔者认为将教育优惠制度规制在各个具体的教育法律中，一方面可以避免发生法律之间的冲突，另一方面也可以使具体的教育优惠制度更有针对性。

(三)我国教育优惠制度体系的构成

本文所探讨的教育优惠制度体系并不仅限于目前的教育立法，而是以发展的眼光，探讨在今后的教育法律体系框架中构建教育优惠制度体系的问题。

首先，作为教育基本法的《中华人民共和国教育法》应当规定教育优惠制度的基本范围和基本原则。在现行教育法中主要有以下关于教育优惠制度方面的规定。《中华人民共和国教育法》第十条规定："国家根据各少数民族的特点和需要，帮助各少数民族地区发展教育事业。国家扶持边远贫困地区发展教育事业。国家扶持和发展残疾人教育事业。"第三十七条规定："国家、社会对符合入学条件、家庭经济困难的儿童、少年、青年，提供各种形式的资助。"第三十八条规定："国家、社会、学校及其他教育机构应当根据残疾人的身心特性和需要实施教育，并为其提供帮助和便利。"第五十六条规定："国务院及县级以上地方各级人民政府应当设立教育专项资金，重点扶持边远贫困地区、少数民族地区实施义务教育。"第六十四条规定："地方各级人民政府及其有关行政部门必须把学校的基本建设纳入城乡建设规划，统筹安排学校的基本建设用地及所需物资,按照国家有关规定实行优先、优惠政策。”其中,第六十四条属于教育外部的优惠,其他的属于教育内部的优惠。教育法具体内容涉及针对贫困学生的优惠、针对残疾学生的优惠、针对民族学生的优惠,即主要属于补偿式的优惠。在今后对教育法的修订过程中,可以再增加一些针对优秀学生、特长学生、师范生和国防生等的优惠内容。另外,进行教育优惠时的一些基本原则也应在教育法中得到体现。总之,教育法应当概括性地规定教育优惠的主要对象、基本原则、基本方式,以便于在具体的教育法律条文中得以贯彻和体现。

其次,在教育行政立法方面,与教育优惠制度相关的主要是教育投入法。在教育投入法中,应当明确教育资金投入的差别性原则,即向部分贫困地区、民族地区倾斜,向特殊教育、职业教育、师范教育等倾斜,并设立专项的资金加以扶植。

再次,在学前教育法、义务教育法、高级中学法和高等教育法等针对各个具体教育阶段的专门教育法律中,应当对需要加以优惠待遇的对象进行规定,并明确优惠的内容和方式。例如,在2006年最新修订的《中华人民共和国义务教育法》中就规定了针对贫困学生、民族学生、残疾学生的教育优惠。其中第四十三条规定:“特殊教育学校(班)学生人均公用经费标准应当高于普通学校人均公用经费标准。”第四十四条规定:“各级人民政府对家庭经济困难的适龄儿童、少年免费提供教科书并补助寄宿生生活费。”第四十七条规定:“国务院和县级以上地方人民政府根据实际需要,设立专项资金,扶持农村地区、民族地区实施义务教育。”但在《中华人民共和国义务教育法》中,上述规定尚属于一些原则性规定,如特殊教育学校学生的人均公用经费标准应当高于普通学校人均公用标准,但是具体高多少,还需要各地在《中华人民共和国义务教育法实施细则》(以下简称《细则》)中加以细化。又如,针对民族地区倾斜的教育经费往往都用在学校的硬件建设中,而没有对当地的多元文化教学起到促进作用,这也需要在今后的《细则》中规定,专门预留扶植民族文化教学的资金。

职业教育法、特殊教育法、民族教育法和招生考试法中的教育优惠内容在整个教育优惠制度体系中都占有非常重要的地位,这是因为职业教育、特殊教育和民族教育都是需要给予倾斜式优惠待遇的教育形式。例如,在特殊教育中，残疾学生的教育经费、师资培训、建筑设计、特殊器材、康复训练和课程教学等都需要得到优于普通学生的待遇，这些都需要在特殊教育法的制定过程中得到明确和细化。台湾地区 2004 年最新修订的有关特殊教育的有关规定中，第十九条就专门针对特殊教育学校学生的教育优惠规定：“Ⅰ接受国民教育（相当于大陆的义务教育）以上之特殊教育学生，其品学兼优或有特殊表现者，各级政府应给予补助；家境贫寒者，应给予助学金、奖学金或教育补助费。Ⅱ前项学生属身心障碍者，各级政府应减免其学杂费，并依其家庭经济状况，给予个人必需之教科书及教育辅助器材。Ⅲ身心障碍学生于接受国民教育时，无法自行上下学者，由各级政府免费提供交通工具；确有困难，无法提供者，补助其交通费。Ⅳ前三项奖助之对象、条件、金额、名额、次数及应遵行事项之办法，由各级政府定之。”另外，我国目前正在起草考试法。但笔者认为有很大比例的考试实际是和招生工作紧密联系在一起的，如高考、研究生入学考试等，所以将招生内容纳入考试法的范围，将其扩充为招生考试法似乎更为妥当。特别是升学优惠是教育优惠制度中的一个重要内容，升学优惠具有哪些形式，哪些人可以享受到升学方面的优惠，可以通过哪些渠道得到升学方面的优惠，这些问题尚需在招生考试法中加以规制。

最后，在各个调整教育主体的教育法律中，都要针对自己的调整对象制定相关的教育优惠制度。例如，《中华人民共和国教师法》中要求对一些具备一定条件的教师给予优惠待遇。现行《中华人民共和国教师法》第二十七条规定了地方各级人民政府对教师以及具有中专以上学历的毕业生到少数民族地区和边远贫困地区从事教育教学工作的，应当予以补贴。另外，一些其他法律规定对特殊岗位教育给予优惠的内容也应在《中华人民共和国教师法》的修订中予以补充。例如，《中华人民共和国义务教育法》中规定：“特殊教育教师享有特殊岗位补助津贴。”2008 年最新修订的《中华人民共和国残疾人保障法》规定：“特殊教育教师和手语翻译，享受特殊教育津贴。”《残疾人教育条例》规定：“从事残疾人教育的教师、职工根据国家有关规定享受残疾人教育津贴及其他待遇。”根据以上法律法规的有关规定，从事特殊教育应当享受特殊岗位津贴的内容也应纳入今后的教师法修订内容。

二、我国教育优惠制度基本原则的确立

法律是利益的外衣,法律本身就是社会利益划分的依据和保障。在教育领域,有限的教育资源同人们日益增长的教育需求形成了矛盾,教育资源在所有的受教育者之间如何进行分配成为教育法律不可回避的问题。从某种程度上讲,法律是社会各个利益集团之间的斗争与妥协的结果。近些年,这种利益集团之间的斗争与妥协现象在制度的建立过程中表现得越加明显。同时,制度的设计过程还表现为政府与非国家公共权力主体交互影响的过程,也是政府对社会施加影响的过程。在这种情形下,建立具有一定共识性价值观指导的立法原则,在制定法律和政策的过程中便显得尤为重要。立法的原则是法律的基础性真理或原理,为其他规则提供基础性或本源的综合性规则或原理,是法律行为、法律程序、法律决定的决定性规则。[①] 基本原则是立法的前提,只有一项制度的基本原则确立下来,才能在此基础上设计具体的规则。同时,基本原则也是执法的保证,在法律的具体规则不能解决或者不能完全解决待解决问题时,就需要适用立法中的基本原则对问题加以解决和处理。例如,民法中的公平责任原则就经常成为解决平等主体之间争议的法律依据。甚至在有些情况下,基本原则可以具有超越具体规则的法律效力。例如,曾有人在遗书中将属于自己份额的全部遗产赠予情人,该行为按照《中华人民共和国继承法》的有关规定本身是没有问题的,但在其合法妻子诉上法庭后,法官根据公序良俗的基本原则剥夺了该遗书的法律效力。所以,制度中的具体规则一般只是针对特定情势进行规定,而制度中的基本原则却是在更为普遍的情势下得以使用的依据。任何一个国家的法律制度中都会有一些法律原则,为制度中的规则确定提供依据。对于一项具体的法律制度来说,既有一般性的原则,也有特殊性的原则。一般性的原则是指在一个国家的法律体系中都应遵循的基本原则,如,"法律面前人人平等原则"或刑法当中的"无罪推定原则"。而特殊性原则则是指一项具体的法律制度所应遵循的原则。本文探讨的是在教育优惠制度的设计与应用中应当遵

① 张文显:《法理学》,95 页,北京,高等教育出版社,2003。

循的一些基本原则，也就是教育优惠制度的特殊原则。

（一）公益原则

在教育中，公益原则是指教育活动应当尊重社会全体成员的共同利益。在我国教育中，公益原则的确立，既是我国法律明确规定的，也是教育的基本属性决定的。在社会主义市场经济条件下，正确认识和维护教育的公益原则，对政府制定正确的教育政策，保证教育事业的顺利发展，办出让广大人民群众满意的教育具有重要意义。教育不是实现少数人利益的工具。教育体制改革的最终目的是为了维护教育的公益性，为了实现最广大人民的根本利益，教育体制改革的具体措施必须有利于维护教育的公益性。如果我们口头上高喊维护教育的公益性，而在具体措施的制定上却只考虑部分人的利益，那么维护教育的公益性就只能是一句空话。[①] 无论在我国，还是在其他国家，尽管教育优惠的适用范围正在逐渐扩展，但直接在教育优惠制度中受益的只能是部分群体。这种现象并不是对教育公益原则的违反。相反，在教育优惠制度的构建中，更应当注意教育的公益性，其原因有以下三方面：首先，教育优惠的目的就是为了达到受教育者之间的实质平等，使每一位公民都能平等地享有受教育的权利。所以在教育优惠的设计当中，一定要综合考虑各方利益主体的需要，不能偏听偏信。其次，因为教育优惠的倾斜性差别，所以更需要注重教育公益原则在制度构建中的重要性。教育优惠本身是教育平等的调整器，但是一旦"矫枉过正"，反而会形成社会的不公，所以教育优惠的设计应当以是否符合社会的整体利益为出发点，以是否促进社会的整体和谐为评价标准。最后，教育的公益原则更加强调了政府在教育优惠中的责任。政府作为公益原则中最为主要的义务主体，承担着对不同需要对象进行教育优惠的义务，政府通过教育优惠方面的制度建设、队伍建设、执行监督和财政保障等方面的举措来满足公民自我实现需求。

---

① 张维平：《维护教育的公益性》，载《求是》，2005(14)。

（二）差别原则

差别原则起始于对事物进行的分类。世界上没有两片完全相同的树叶，如果将达·芬奇的名作与街头的涂鸦给予相同保护的话，无疑是一种糟糕僵硬的强求一律。因此，差别原则并非平均地分配教育资源，而是先要对保护的对象进行区别与分类，而后根据事物的本质给予公正合理的对待，以此构成了罗尔斯提出的平等原则的两大层面。因此，为实现真正的平等保护，我们完全有理由对不同事物给予差别待遇，但是这种差别待遇一定是一种合理的差别待遇，否则就构成歧视。特别是，遭到歧视待遇的往往是社会中的少数或弱势群体。歧视现象显然违背了社会中某些群体希望得到尊重、得到平等发展条件的愿望，使他们的人格和共同的人性遭受侵损，这会激起社会部分群体的挫折感，导致各阶层之间社会地位的不平等，那么强力和压迫在所难免，社会各阶层的融合与沟通也将成为难题。因此，坚持合理的差别待遇是平等原则的正义性所在。①

在教育优惠制度中，差别原则有三层含义。

首先，差别原则中的差别是一种可以作用于自身的差别，使自己的学习或生活受到改变的差别。这种差别既有落后于一般人的差别，也有领先于一般人的差别，还有不同发展轨迹的差别。差别原则在理念上基于一种社会的整体公平，着眼于不同需求受教育者的差异性。其目的不是数量上的平均，而是现实世界中差异向平等靠拢而刻意为之的补偿或奖励。差别原则的理念和平均主义迥然相异，是通过不平等的形式来实现社会公正、促进受教育者得到理想发展的一种手段。

其次，差别原则要在规范层面有所反映，即必须符合立法目的，对差别的认定以客观的事实为基础，以促进事实上的平等为标准，以公平正义的实现为诉求。从法理上说，必须尽可能剔除教育优惠对象选择中的“人为因素”，保证“差别”的客观纯净属性。例如，2008 年湖北省某地在高考前夕对该市 56 名少数民

---

① 原新利：《平等原则的制度正义原理——兼论社会救助制度的正当性》，载《法制与社会》，2008（2）。

族考生进行公示，结果发现其中至少有29名考生在报名之前，利用各种关系修改了民族成分，由汉族“摇身一变”成为少数民族。事后，湖北省对该地公安局、民宗局的部分滥用职权修改民族成分的工作人员进行了处理。

再次，恰当的差别必须以“合理”为判断标准，也就是差别原则所着眼的差别待遇实现要有一定的限度。正如列宁所言：“只要再多走一小步，仿佛是向同一方向迈的一小步，真理便会变成错误。”[①]差别原则的度应当具有合理的衡量标准和依据，而且这种标准和依据应当得到“一个理性人”的认同。如何判断差别是合理的，常见有几种标准：立法裁量、事物本质、恣意之禁止以及比例原则。合理的差别对待，虽然在形式上有别于平等对待而看似不平等，但实质上是为了达到更高层次的平等。因此，从这个意义上说，不平等恰恰是正义的一个必要的辅助原则。法律对不平等的设定，必须符合几点：第一，必须符合立法目的；第二，必须以客观的分类为标准；第三，必须以实质性的差别为基础；第四，必须以促进事实的平等为目标；第五，必须公正。[②]

（三）比例原则

比例原则为当今国家公权力行使的最高指导原则，无论是立法还是行政或司法机关，在行使公权力以达成任务的过程中都要受到比例原则的拘束。公法上比例原则的作用就在于规制公权力行使的手段与方法，引导国家机关妥善、审慎地行使国家公权力，除必须能达到公益目的的手段外。众所周知，一个法律规范是要设定一定的构成要件，这种构成要件本身就有衡量、斟酌的要求。而斟酌、衡量的目的就在于寻求一种平衡。此平衡能够存在，就是因为相关参数彼此成一定的比例关系。例如，刑法上的正当防卫与紧急避险，都要求该权利行使人不得过当反应。过当与否的判断，与比例的意义密切相关，因为通常所谓“过当”的行为，往往也是不合比例的行为，如民法上有关“权利滥用”的判断，及警察法中规定使用警械“不得逾越必要限度”。必要与否的判断，也是一

① ［苏］列宁：《列宁选集》，第四卷，211页，北京，人民出版社，1995。

② 姜昕：《论比例原则的正当性基础》，载《法学杂志》，2008(4)。

种衡量的行为,而比例概念即衡量的标准或尺度。比例原则兼具价值性和技术性的特点,但是更多的是要落实到实证层面进行具体分析,侧重于技术性更甚于价值性,这是法律作为一种价值理性和工具理性的必然。比例原则通过运用经济学中的成本——效益分析,对各种变量进行量化操作,是一种具有很强的可操作性的原则。①

在教育优惠当中,首先,比例原则要求优惠的目的应当正当,符合社会整体的价值判断。因为教育资源是有限的,所以对部分受教育者的教育优惠,必然会对其他受教育者产生或多或少的影响,所以在保证目的正确的情况下,教育优惠应当尽量减少对其他受教育者利益的影响。其次,比例原则要求优惠的形式要符合优惠的目的。例如,在教育优惠中,受教育者最需要的是多元文化教育手段的支持,而非单纯的经济补助。最后,比例原则要求教育优惠的幅度应当与受益人的具体情况达成一个适当的比例,即要对导致其能够得到优惠的具体情况进行分析,根据情况不同划分不同的等级,给予不同的优惠。此时一定的比例是决定一个教育优惠是否妥当的重要因素,优惠幅度过小,不能完全达到教育优惠的目的,但是如果优惠的幅度过大,就会形成对其他受教育者的不公,甚至构成“逆向歧视”,这更是需要注意的。综上,适当的比例保证了教育优惠的受益人与其他受教育者之间的平等,也是保障教育优惠受益人内部平等的一个重要考量因素。

三、我国教育优惠制度立法内容的发展趋势

(一)补充教育优惠的法条

我国的教育立法尚处在起步阶段,教育立法的框架刚刚建构,同社会的发展和教育的需要相比,教育立法尚有艰巨的任务需要完成。目前,教育立法的不完善也导致了一些教育制度方面的空白,教育优惠也是如此。在各个教育阶段之中,目前针对义务教育的教育优惠最为完善;针对高等教育和职业教育的

① 姜昕:《公法上比例原则研究》,长春,吉林大学法学院,2005。

教育优惠尚需改进;针对学前教育和高中教育的教育优惠还非常薄弱。从立法背景考察中,我们不难发现,《中华人民共和国义务教育法》制定于 1986 年,是继《中华人民共和国学位条例》之后,我国制定的第二部教育法律。但当时的《中华人民共和国义务教育法》较为简单,只有十八条内容。随着社会的发展,全面建设小康社会的目标对义务教育提出了新的要求,国家也须将出台新的义务教育政策、措施上升为法律规范。更为重要的是,对近年来义务教育实施中出现的新问题需要增加相应的法律规范。《中华人民共和国义务教育法》修正案于 2006 年 6 月经全国人大常委会第二十二次会议审议通过,并于 2006 年 9 月 1 日开始实施。《中华人民共和国义务教育法》的修订对强化我国政府在教育中的责任,落实义务教育阶段的教育经费,保障地区教育均衡发展起到了积极的作用。在该法中,教育优惠方面的规定也占有一定比重,如规定了针对贫困学生、民族学生、残疾学生的教育优惠。其中,第四十三条规定:"特殊教育学校(班)学生人均公用经费标准应当高于普通学校人均公用经费标准。"第四十四条规定:"各级人民政府对家庭经济困难的适龄儿童、少年免费提供教科书并补助寄宿生生活费。"第四十七条规定:"国务院和县级以上地方人民政府根据实际需要,设立专项资金,扶持农村地区、民族地区实施义务教育。"我国的高等教育法是在 1998 年制定颁布的,随后十多年里,高等教育有了迅速的发展,办学规模和办学层次都达到了一个很高的水平,同时高等教育的发展模式、办学理念也发生了很大的变化,因此,该法也需要在适当的时候进行修改。在这种立法背景下,义务教育阶段和高等教育阶段的教育优惠相对比较完善,而在学前教育和高中教育阶段,却因为本身的立法空白,导致了这两个阶段的教育优惠还非常薄弱。另外,特殊教育法、民族教育法、招生考试法等法律的空白也直接影响到这些教育形式中教育优惠的落实和开展。因此,加大教育立法力度,减少教育立法当中的空白和缺失,是关系到教育优惠制度完善的一个主要因素。

(二)明确教育优惠的对象

1. 全面性

教育优惠的适用范围应当囊括所有的应受益对象,不能让任何一名应当享受到教育优惠的学生丧失这种机会。例如,对于贫困学生的优惠性待遇,义务教育阶段、高等教育本专科阶段的优惠待遇基本建立起来;学前教育阶段、高中教育阶段的优惠待遇也从2010年开始正式启动;而我国研究生教育阶段的优惠待遇目前还几乎属于空白。国务院学位办主任、中科院院士杨玉良针对我国研究生教育,特别是博士生培养中存在的问题指出,"国内博士生待遇过低,造成了一种隐性的教育不公平"。杨玉良分析,博士生有双重身份,既是高等院校的"高年级"学生,又是科学研究工作者。他们年龄大多超过25岁,面临着结婚生子、经济上回报父母等诸多现实问题。许多家庭不富裕的优秀学生,靠每月几百元的补贴,很难安心读书,潜心科研。[①] 所以,教育优惠的范围在国家经济允许的情况下应当进一步加大,形成所有教育阶段的全覆盖。让每一个有天赋、有能力的学生受到应有的教育,不让任何一名学生因为经济原因而放弃学业应当成为教育优惠追求的目标之一。再以特殊教育为例,截至2005年,我国盲聋哑三类适龄残疾儿童的入学率已经达到了80%。但在这个数字背后,我们看到尚有20%的残疾儿童不能接受到学校教育。2008年笔者在台北访学时,经常在公共场所见到残疾人,其实并不是因为台北的残疾人比例就比大陆多。我认为真正的原因有两个方面,其一是台北公共场所的无障碍设施非常完备,在学校里也是一样,这就使残疾人行动比较方便;另一方面,社会也对残疾人采取了宽容和理解的心态,这种轻松的氛围也使残疾人的外出意愿增强。同理,如果针对残疾人的交通设施和学校设施不完备,就很容易造成残疾学生失学。让每一个孩子都接受到适当的教育是一个国家的责任,这种责任不能因为对某些有身心障碍的学生实施的难度过大就予以推卸。

保证教育优惠的全面性,应当做好以下几方面。首先,教育优惠制度的制定者应当明确教育优惠的目的和意义,了解教育优惠的性质及其作用机制,在观念上建立正确的教育优惠观念。其次,应当使教育优惠覆盖到所有需要的领域,使每一位应当得到教育优惠的受教育者都能真正享有优惠的待遇,尽量减少教育优惠的空白和死角。再次,应当加强舆论宣传方面的作用,使教育优惠

---

① 《中国博士生待遇过低》,http://news.sina.com.cn/c/edu/2007-11-15/155312909548s.shtml.

的具体内容能够通过顺畅的信息通道传达到优惠对象，避免因信息的闭塞引起的优惠缺失。最后，教育优惠的全面性是指应享有教育优惠的对象能够得到教育优惠，而不是说所有的教育主体都要得到教育优惠，更不是说那些本不应享有优惠的对象也可以得到优惠的待遇。所有人都能得到的是一种普惠，而不是本文所说的优惠。本不应得到优惠的对象得到了优惠便是一种畸形的反映，是对社会稳定和教育公平形成威胁的隐患，所以也应当加快对现有教育优惠制度的审查，以保证教育优惠制度的合理性。

2. 区分性

教育优惠主体的区分性是指按照教育优惠主体的不同类型和特征，对教育优惠的主体进行分类，予以差别式的优惠待遇。教育优惠主体的区分性是运用个别差异的方法，针对不同教育法律关系中的主体实际情况和需求，根据不同的优惠活动、优惠方式和优惠程序安排教育优惠，以保证教育优惠能够更加符合教育教学的实际情况和人的身心发展规律。所有的教育优惠法律关系中的权利主体都有一个共同的特征，其具有依照自己所具有的条件和特征获得差别性待遇的权利。但是每一种具体的教育优惠制度有不同的主体及不同的主体特点、需求和动机，因此， 个放之四海皆准的教育优惠主体选择办法是不存在的。教育优惠主体的区分性就是要了解每一种教育优惠主体的特征及其实际需求，在此基础上对其加以区分。这种区分又包括分类和分层两个层面。

对教育优惠主体的分类是在教育优惠主体的所有属性中撇开非本质的属性，而抽取出与其他教育优惠主体的本质性的差别，并以此为根据，进行不同类别的划分。从教育优惠的实践中看，教育优惠主要有“奖”和“助”两种不同的优惠主体。其中，“奖”的对象包括优秀特长学生和选择了政策引导路径的学生，前者主要通过激励机制激发学生积极向上的潜力，以促进受教育者的发展；后者通过利益的引导，使受教育者选择符合国家和社会发展目的的求学路径。“助”的优惠对象主要针对在受教育权实现中处于不利地位的受教育者，其中包括经济不利、身体不利、文化不利等。国家和政府只有在进行合理分类的基础上，才能制定出有针对性的措施，保证每一个受教育者都能得到应有的教育优惠，保证每一个得到教育优惠的受教育者都能从教育优惠中受益，保障自己受教育权的实现。

对教育优惠主体的分层是在同一类的教育优惠中，针对教育优惠对象的差异性不同，将其进行不同层次的划分。在同一类教育优惠主体中，虽然他们都具有属性相同的特征，但具有该特征的程度却有着不同的差异。也就是说，不同类教育优惠主体之间的差别是属于质的差异，而同一类教育优惠主体之间的差异是属于量的差异。根据这种量的不同，可以再次对教育优惠主体进行不同的分级，并在分级的基础上，再来确定具体的优惠幅度。这样做可以避免对同一类的优惠主体进行同等的优惠，因为对差异幅度不同的对象给予相同的优惠待遇实际上是有违公平精神的。

由此，教育优惠主体的区分涉及分类的标准与分层的标准问题。具体标准的确定应当根据社会的政治、经济、文化等不同因素综合考虑而定。不可能有一个通用于所有国家和地区的标准，也不可能有一个永久不变的标准。

（三）健全教育优惠的方式

从广义讲，教育优惠的方式包括直接优惠和间接优惠。直接优惠是优惠对象能够直接得到教育优惠给予的差别性待遇，间接优惠的优惠手段并不直接作用于优惠对象，而是间接对优惠对象产生影响。例如，国家给予特殊教育的倾斜性资金扶植并没有直接给予接受特殊教育的学生实际经济利益，而是通过特殊教育教学条件的改善为学生提供了间接的优惠。

1. 完善教育优惠的形式

我们对于教育优惠可以采取以下一些形式。

（1）经济优惠

①专项资金

专项资金是政府对于某一特定区域或某一类受教育者制定专门的财政预算，从资金上予以倾斜支持的经济辅助方式。这种专项资金往往具有一定的实效性，即每一个专项资金一般都有一定的周期。例如，1995 年至 2000 年，教育部（原国家教委）、财政部联合组织实施了第一期“国家贫困地区义务教育工程”。为实施这一工程，中央财政投入 39 亿元，地方财政配套 87 亿元，共计 126

亿元。“十五”期间，国家和地方又投入专款72.5亿元，实施第二期“国家贫困地区义务教育工程”，以帮助贫困地区实现普及义务教育的目标。

②经济奖励

经济奖励是政府对于学业等方面表现优异的受教育者所给予的经济优惠。例如，国家在高等教育阶段专门设立了国家奖学金，用于奖励普通本科高校和高等职业学校全日制本专科在校生中特别优秀的学生，每年奖励5万名，奖励标准为每生每年8 000元，所需资金由中央负担。中央与地方共同设立国家励志奖学金，用于奖励资助普通本科高校和高等职业学校全日制本专科在校生中品学兼优的家庭经济困难学生，资助面平均约占全国高校在校生的3%，资助标准为每生每年5 000元。

③经济扶助

经济扶助是政府对经济上存在困难影响学业的受教育者所给予的经济补助。例如，国家在高等教育阶段专门设立了国家助学金，用于资助普通本科高校、高等职业学校全日制本专科在校生中家庭经济困难学生和中等职业学校所有全日制在校农村学生及城市家庭经济困难学生。国家助学金资助面平均约占全国普通本科高校和高等职业学校在校生总数的20%。财政部、教育部根据生源情况、平均生活费用和院校类别等因素综合确定各省资助面，平均资助标准为每生每年2 000元，具体标准由各地根据实际情况在每生每年1 000～3 000元范围内确定，可以分为两档或三档。

④费用减免

费用减免是国家对于一些经济上存在困难的受教育者减免部分或全部教育费用的优惠。例如，国家在农村义务教育阶段推行的免费教科书优惠制度，使农村义务教育阶段的中小学生免除了课本费用。从2008年起，国家补助免费教科书的费用已逐步提高到了小学生每人每年90元，初中生每人每年180元。

（2）升学优惠

①优先录取

优先录取是指在同等条件下，对于部分特定的受教育者可以优先录取接受高一阶段教育的优惠制度。例如，教育部颁布的《2008 年普通高等学校招生工作规定》第四十七条规定，退出部队现役的考生，在与其他考生同等条件下，优先录取。残疾军人、因公牺牲军人子女、一级至四级残疾军人的子女，驻边疆国境的县（市）、沙漠区、国家确定的边远地区中的三类地区和军队确定的特、一、二类岛屿部队现役军人的子女报考高等学校，在与其他考生同等条件下优先录取。残疾人民警察、因公牺牲人民警察子女、一级至四级残疾人民警察子女报考高等学校，在与其他考生同等条件下优先录取。散居在汉族地区的少数民族考生，在与汉族考生同等条件下，优先录取。

②加分录取

加分录取是指部分特定的受教育者在考取高一阶段教育的考试中，可以在原有分数的基础上享受到一定加分的优惠制度。例如，教育部颁布的《2008 年普通高等学校招生工作规定》第四十七条规定，有下列情形之一的应届高级中等教育学校毕业考生，由省级招生委员会决定，可在考生统考成绩总分的基础上适当增加分数投档，由学校审查决定是否录取。其范围具体包括：按《中共中央办公厅国务院办公厅关于适应新形势进一步加强和改进中小学德育工作的意见》（中办发〔2000〕28 号）和《教育部关于学习贯彻〈中共中央办公厅国务院办公厅关于适应新形势进一步加强和改进中小学德育工作的意见〉的通知》（教基〔2001〕1 号）评选获得省级优秀学生称号者；高级中等教育阶段思想政治品德方面有突出事迹者；高级中等教育阶段获得全国中学生学科奥林匹克竞赛省赛区一等奖或全国决赛一、二、三等奖者；高级中等教育阶段获得全国青少年科技创新大赛（含全国青少年生物和环境科学实践活动）或“明天小小科学家”奖励活动或全国中小学电脑制作活动一、二等奖者；高级中等教育阶段在国际科学与工程大奖赛或国际环境科研项目奥林匹克竞赛中获奖者；高级中等教育阶段参加重大国际体育比赛或全国性体育比赛取得前 6 名者（须出具参加比赛的原始成绩）；高级中等教育阶段获国家二级运动员（含）以上称号，且在报考当年通过省级招生委员会同体育行政部门统一组织的测试并被认定的考生。

③降分录取

降分录取是指部分特定的受教育者在考取高一阶段教育的考试中，可以在原有分数的基础上享受适当降低录取分数线予以录取的优惠制度。例如，教育部颁布的《2008 年普通高等学校招生工作规定》第四十四条规定，有下列情形之一的考生，由省级招生委员会决定，可在高等学校调档分数线下适当降低分数要求投档，由学校审查决定是否录取。其范围包括：边疆、山区、牧区、少数民族聚居地区的少数民族考生；归侨、华侨子女、归侨子女和台湾省籍考生；烈士子女。

④保送升学

保送升学是指符合一定要求的学生，无须参加升学考试，经学校推荐，即可进入上一层学校就读。在我国目前的高考当中，不同省份的保送升学政策略有区别，省级优秀学生、高中阶段在全国中学生学科奥林匹克竞赛省级赛区中获得奖项以及获得全国决赛奖项的应届高中毕业生以及一些外国语学校的学生一般都被纳入保送的对象范围。

（3）环境建设优惠

①硬件建设优惠

硬件建设优惠是指国家对于一些特殊的受教育者，在对其进行教育的硬件设施上，根据其特点进行特殊设计，以满足其接受适当教育需要的优惠制度。例如，在特殊教育学校逐步设置了听音室、律动室、测试室和康复室等特殊的教育设施，使身心障碍学生能够接受到适应其身心发展的教育。另外，为了保证一些肢残学生能够在普通学校中正常学习生活，一些国家在学校的建筑设置标准中专门要求设置无障碍设施，以满足这些特殊学生的需要。

②软件建设优惠

软件建设优惠是指国家对于一些特殊的受教育者，在对其进行教育的软件环境上根据其特点进行相关的设计，以满足其接受适当教育需要的优惠制度。例如，我国在《全国民族教育发展与改革指导纲要（试行）》中规定："积极发展和改革民族师范教育，大力加强民族师资队伍建设。办好各级民族师范学校和少数民族师资培训中心。大力培养当地土生土长的本民族教师，加强在职教师的培训提高工作，是当前发展民族教育事业，提高教育质量的关键。各级政府要把优先发展与改革民族师范教育和培训在职教师作为发展民族教育的一项重要任务抓紧抓好。国家、省、自治区和地(州)三级教育部门,在安排教育事业费、专项补助费和世界银行贷款等各种经费时,要对各级民族师范院校实行倾斜政策,帮助这些学校改善办学条件、提高师资水平和进行教学改革。从现在起到21世纪末,要开展对民族师范院校的对口支援协作,切实搞好一批民族中等师范学校和民族地区的师范专科学校的建设。在办好民族地区高等师范教育的同时,充分发挥委属师范大学的优势,为民族地区高等学校培养一批骨干教师。逐步形成布局合理、适应民族教育发展需要的师范教育体系。"在一系列教育培训优惠政策的引导下,我国民族师资在数量和质量上都有了很大提高。

2. 提高教育优惠的适应性

这里适应性有两方面的含义,第一层含义是制度的设计要与制度环境相适应。社会是发展变化的,制度也要随之进行调整,以适应社会变迁的需求。一种制度过早地出台和拖延出台,都会对社会的发展产生牵制性的负面影响。适应性的第二层含义是教育优惠制度的设计要与教育优惠对象的特点相适应。例如,对于文化不利的学生,应当在民族文化传承和学业评价标准等方面进行特殊的优惠,单纯的以经济援助的形式并不能真正解决民族地区教育的问题。妥当的教育优惠应当是"对症下药",针对教育优惠对象的实际情况,来决定教育优惠的具体方式方法,并不是优惠的面越大越好,也不是优惠的幅度越高越好,而是要抓住问题的症结所在。在教育优惠中,补偿式的教育优惠更加强调的是平等,激励式教育优惠与引导式教育优惠更加强调的是效率。但两者的落脚点都是人的发展问题,即如何才能保障每一个公民都能最大限度地达到现实中的自我完善。所以,教育优惠制度的设计一定要"以人为本",以能不能保障和促进人的发展、使人达到自我完善作为制定制度的出发点与落脚点。

(四)完善教育优惠的程序

"程序"一词,英文为"process",从法律学的角度来看,主要体现为按照一定的顺序方式和手续来做出决定的相互关系。其普遍形态是按照某种标准和条件整理争论点,公平地听取各方意见,在使当事人可以理解或认可的情况下做出决定。[1] 张文显教授从法律行为的方式出发,认为法律程序是指人们进行法律行为时必须遵循或履行的法定时间与空间上的步骤和形式,是实现实体权利和义务的合法方式和必要条件。[2] 还有的学者认为:"从法律运作的角度来看,法律程序是法律生命在时空中展开的过程,法律程序是从事法律行为、做出法律决定时必须遵循或履行的步骤和手续。"[3]

法律程序决不仅仅象征着时间过程的步骤,其间还有更为重要的因素,这就是任何实体性的追求,只有在过程或程序中才真正具有可能。从这层意义上讲,在法律的世界,只存在着某种程序中的实体,而没有游离于程序之外的实体。人们经常有如下说法,如"程序是法律的生命","程序优越于权利"。在法律世界内部,既有实体性规范,也有程序性规范。但任何实体的目标定位都需要借助程序的技巧予以安排和落实,也就是说,法律上实体性的目标追求只有被装置于程序性的逻辑框架中时,才能真正体现出其实践意义。例如,几个人分一个蛋糕,从实体的规范来讲,几个人的份额需要一样多,但在程序的角度讲,如何保证实体规范的落实,而且成本又最低呢?最好的答案就是由其中一个人来负责切蛋糕,但是其必须最后一个选择切好的蛋糕。这样,切蛋糕的人为了使自己分得的蛋糕尽可能的大,必须付出最大的努力保证每一块蛋糕都一样大。在法学领域,这个分蛋糕的例子就是解释实体与程序关系的经典案例。

在教育优惠的制度设计中,程序设计也是其中非常关键的一个因素。因为教育优惠能够给受教育者带来种种的利益,所以一些本来不能享受教育优惠的人往往通过各种特殊的手段来获得教育优惠的资格。例如,2008 年湖北省某地参加高考的民族考生中,有超过半数都是通过不正当手段获得民族身份的。《中国青年报》2006 年报道:某省"上千'体育竞赛优胜者'是水货"。又如 2013 年 6 月底,清华大学四川招生组官方微博连续发出声明:"清华坚决抵制四川的体育加分,是为了让更多的真材实料的优生进到清华大学学习。"并称,清华大学招生不承认四川"二级运动员"的 20 分加分,此政策已执行多年。同时,该官

---

① 季卫东:《法律程序的意义——对中国法制建设的另一种思考》,17 页,北京,中国法制出版社,2004。
② 张文显:《法理学》,386 页,北京,法律出版社,1997。
③ 周永坤:《法理学——全球视野》,418 页,北京,法制出版社,1999。

方微博还点出去年提前批因体育加分被退档的三位考生:“一些孩子体弱得连我都跑不过(800 米成绩 2 分 24 秒),还是田径、足球二级运动员。90% 都是假的,你信不? 反正我是信的!”“有的连无线电测向是什么东西都不知道,还是该方向的二级运动员? 你要来试试你的能力,清华可以给你专项测试。”因此,如何界定优惠对象,杜绝假冒的优惠资格也是教育优惠制度设计必须加以考虑的。

对此,上海市在 2009 年专门针对高考中高水平运动员和体育特长生的资格认定做出了具体规定,在规定中设置了六道关口来保证上述人员高考加分优惠资格的真实性。附《关于加强上海市 2009 年普通高校招收高水平运动员和体育特长生监察工作的通知(节选)》。

关于加强上海市 2009 年普通高校
招收高水平运动员和体育特长生监察工作的通知(节选)

一、认真把好材料申报关。凡符合高水平运动员条件的考生应提供本人运动成绩、运动员证书、就读学校学习成绩等原始材料;凡以同等学力报考的运动员,必须提供与高中教育相当的学习证明和成绩单。推荐单位应提供被推荐考生所在队运动员名册、运动员注册记录、运动员训练考勤、运动队训练记录、运动员获奖的运动竞赛的秩序册和成绩册、运动员就读学校的推荐公示证明等材料原件。凡被推荐具有体育特长的考生的推荐材料,应由主训教练员签字确认,运动员所在学校分管体育的校领导复核;涉及考生文化成绩的推荐材料应由班主任签字确认,就读学校分管教学的校领导复核。推荐材料必须由推荐人单位负责人审核签名并加盖单位公章,并报所在区县的体育、教育行政部门核准,分管领导批准同意。

二、认真把好审核、验证关。高水平运动员和体育特长生的资格审核、验证单位应明确责任要求,根据教育部和本市有关规定完善审核程序,严格审核环节,认真审核考生报名资格及相关证件,做好公示上报工作。考生材料汇总后,各有关单位应认真查验考生推荐材料的真实性,凡提供材料不齐者,一律不得受理。推荐者和审核者应签署本人意见,要落实各级审核责任,加强各级审核工作。

三、认真把好推荐、录取公示关。高水平运动员和体育特长生在训单位须将被推荐考生参加训练并获体育运动成绩的情况在本单位公示栏公示5个工作日，并提供在训单位负责人签名并加盖单位公章的公示证明；同时，须向考生就读学校提供考生体育运动成绩和签署推荐人姓名的推荐材料，由考生就读学校公示5个工作日，并提供考生就读学校负责人签名并加盖单位公章的公示证明。凡高校拟录取的高水平运动员考生名单，须在规定时间内上传教育部阳光高考平台，由市教育考试院核对、补充相关信息，报市教委共同审核。考生名单在教育部阳光高考平台网站、市教育考试院网站、高校网站上公示，接受监督。凡公示期间有异议的，应进行调查后，将结果一并报上级备案，严禁不符规定考生被推荐录取。

考生的体育专项测试成绩合格后，有关单位应按规定告知考生，并向社会公示，接受社会的监督。

四、认真把好专项测试和文化考试关。体育专项测试承办单位应认真细致制定各项目的测试方案及应急方案，应选派政治素质好、业务能力强的人员担任测试工作人员，并应组织测试工作人员进行专题培训和纪律教育。在测试过程中应认真校验考生身份，公正、客观评定测试成绩，并及时告知考生测试成绩。如在测试中发生与规定不相符合的情况，工作人员应及时请示汇报，不得擅自越权决定。测试单位应组织专人做好测试结果分项目排序、汇总、登录、造册工作，测试的原始记录应立档保存备查。凡未按规定参加体育专项测试的考生，一律不得享受高水平运动员和体育特长生相关政策。

获得一级运动员、运动健将、国际健将及武术武英级（或以上）称号之一的外地考生，经本人申请，可参加招生高校的单独考试。各有关高校对此类考生的考试标准，应按照体育测试标准不得低于上海统一组织的体育测试要求、文化课考试标准不得低于高级中等教育毕业考试的要求执行，凡拟录取的考生名单和相关材料应报上海市教委备案。

五、认真把好录取程序关。招生高校应认真制订并执行高水平运动员招生简章，应在招生工作开始前公布招生项目、招收对象、条件、程序和录取办法等。根据教育部2009年相关文件规定，招生简章应分别明确参加文化统考、文化单考考生的报考条件、测试内容及录取办法。招生高校应根据考生体育专项测试成绩和排位,依照运动项目、计划和按需择优的要求提出录取名单,经校招生领导小组集体讨论决定,并经学校招生部门负责人、监察部门负责人和学校分管领导审核签字后,报市教委备案。录取结果应向社会公示,接受监督。

六、认真把好监督、复核、查处关。各有关单位监察部门要加强对高水平运动员和体育特长生推荐、测试、录取、公示等重要环节的监督。考生录取后,应按有关规定组织人员对考生资格进行复核,对存在提供虚假证明、弄虚作假等违规行为的人员和单位,坚决查处并追究责任;对不符合报考资格或采用提供虚假证明、冒名顶替等违反招生纪律规定的手段骗取报考资格的考生,取消报名、考试资格,违规事实记入高考诚信电子档案,已被录取的,则取消学籍。

(五)调整教育优惠的时效

制度作为一定历史时期的产物,必定受当时的文化背景影响,留下时代的烙印。在一定的历史阶段,制度首先要有一定的稳定性,以保证制度的权威性。对此,亚里士多德就曾指出:"法律所以能见成效,全靠民众的服从,而遵守法律的习性须经长期的培养,如果轻易地对这种或那种法制常常做这样或那样的废改,民众守法的习性必然消失,而法律的威信也就跟着削弱了。""人们倘使习惯于轻率的变革,这不是社会的幸福,要是变革所得的利益不大,则法律和政府方面所包含的一些缺点还是姑且让它沿袭的好"。①

同时,我们也应当注意到,制度作为一种社会的产物,是要随着社会的变迁而发生相应的变化。世界上不存在恒久不变的制度,随着社会发展不断调整的制度才能促进社会发展;相反,如果社会的政治、经济、文化发生一定变化,而已有的制度却总是僵化不变,就会对社会的发展产生一定副作用。钱穆曾指出:"研究制度,不该专从制度本身看,而该会通着与此制度相关之一切史实来研究。这有两点原因,一因制度必针对当时实际政治而设立而运用。单研究制度本身而不贯通之于当时之史事,便看不出该项制度在当时之实际影响。一因每

① [古希腊]亚里士多德著,吴寿彭译:《政治学》,81页,北京,商务印书馆,1997。

一制度自其开始到其终了，在其过程中也不断有变动，有修改。历史上记载制度，往往只举此一制度之标准的一段落来做主，其实每一制度永远在变动中，不配合当时的史事，便易于将每一制度之变动忽略了，而误认为每一制度是凝滞僵化，一成不变的存在。"[1]在我国政治与经济的转型期，这种制度伴随着社会变迁发生变化的情况尤为明显。伴随着我国的社会发展，教育领域也出现了一系列的新问题，对此往往原有制度却没有规制或者没有妥当的规制，这就需要对已有的制度进行一定的修订，以适应这种变化。例如，近几年，因为原有的义务教育法等法律对进城务工人员子女的义务教育问题并没有做出明确的规定，如许多地方的教育行政部门和学校对流动人口的子女拒绝接收，或者对流动人口子女收取高额费用，所以该问题就成了社会的突出矛盾，引起群众强烈反响。针对这个问题，在《中华人民共和国义务教育法》2006 年的修订案中做出了专门的规定，对解决流动人口子女的就学问题起到了积极的推动作用。

教育优惠制度作为一种具有差别性对待的制度，较之一般教育制度时效性更为明显。其时效性主要表现为以下两个层面：第一个层面是教育优惠制度本身的时效性。教育优惠制度的设置本身是为了针对不同主体进行倾斜式的保护，其主体的确定往往与社会整体的政治经济结构密切相关。一个群体可能在一定的阶段需要接受教育优惠制度的倾斜性保护，但经过一段时间，当该群体的社会政治经济地位发生根本性的改变之后，针对该群体的教育优惠就应当根据实际情况及时地削减或取消。我国目前正处在政治和经济的转型期，各个群体的社会地位和经济地位都在发生着明显的变化。因此，教育优惠制度应当根据社会的发展和变化，及时调整优惠对象和优惠方式，以适应社会的发展需要。第二个层面是教育优惠对象的时效性。一个人目前属于教育优惠制度的优惠对象，并不代表永远属于教育优惠的对象，或者经过一段时间之后，优惠的方式和程度需要调整，所以教育的优惠制度要在合理的时间段内对优惠对象进行测评，以评估其是否要继续接受教育方面的优惠待遇，或者接受教育优惠的方式和程度是否需要根据其实际情况做出适当的调整。例如，休厄德针对特殊教育

---

① 转引自辛鸣：《制度论——关于制度哲学的理论建构》，32 页，北京，人民出版社，2005。

儿童的复查和评估指出:“特殊教育不但是证明了的具体的、强化的、以目标为导向的教育,而且也是不断评估的教育。一个孩子的个别教育计划的所有方面——长短期目标的进展、具体训练和相关服务的提供、安置的合理性——都要经过复查,它是开放的,可以改变的。个别教育计划必须在一年的基础上彻底地、正式地进行复查。”①综上,教育优惠制度本身要根据社会的发展及时加以调整,同时,教育优惠制度的优惠对象、优惠方式和优惠幅度也要根据受教育者的实际情况及时复查、评估,以满足每一名受教育者自我实现的需要,促进教育的平等与公平。

① [美]威廉·L.休厄德,孟晓等译:《特殊儿童——特殊教育导论》,48页、49页,南京,江苏教育出版社,2007。

结　语

这是一个权利的时代，被压抑已久的人们终于可以大声地呼唤权利。

这又是一个平等的时代，尽管以往禁锢人们思想的等级观念依然残存，但人们终于可以理直气壮地要求平等的权利。但究竟什么是平等，这个看似简单却又古老的问题在历史的长河中始终没有一个标准的答案。直到今天，人们也一直在不断地追问，到底什么才是真正的平等？

教育优惠的法理研究始终和教育平等的基本理论纠缠在一起，是否符合平等的理念是评价教育优惠制度是否应当存在，或者是否合理的一个最基本的评价标准。教育优惠制度本身又仿佛是一把双刃之剑，妥当的教育优惠制度可以维护人与人之间教育上的平等，促进人的全面发展。而教育优惠制度的规制一旦失调，就容易偏离平等的轨道，甚至形成一种“特权”，对社会的公平和正义形成挑战，甚至成为人类自身发展的藩篱。所以，深入地研究教育优惠的基本理论，对现有教育优惠制度进行深入剖析，探索教育优惠自身的基本规律是非常必要和急迫的。

本研究尝试对教育优惠制度理论进行一些初步的分析，对现有教育优惠制度的合理性进行理论和实践两方面的论证。在理论上，本文从多学科的角度对教育优惠进行了较为充分的论证，提出了实质平等是教育优惠制度的基本平等取向，全体人的全面发展是教育优惠制度的基本价值追求的观点。在此基础之上，笔者尝试构建了比例待遇的基本理论，提出了必要原则、适应原则和比例原则的教育优惠分析框架。在实践上，本文尝试构建了教育优惠立法的基本构架结构，提出了完善我国教育优惠制度的具体对策和建议。

本文认为，教育是培养人的过程，是使一个只具有生物特征的人成为适应社会发展的人的过程。我们在这个过程中必须承认差异的存在,并且以这些差异为依据,对部分受教育者在教育资源划分上进行倾斜式的优惠。教育优惠以差异补偿和能力区分的理念为基础来构建制度与理论的框架,从而达到实质平等的优惠目的。合理的教育优惠制度,一方面可以缩小差距,消除边缘化和保障公民的基本受教育权;另一方面也可以充分调动受教育者的主观能动性,从而使教育的过程既能适应社会的发展,又能保障个人的自我实现。

以往,对教育优惠制度理论的研究基本都集中在一些具体的教育优惠制度上,缺乏对教育优惠制度整体性的理论论证,本文在这方面仅仅进行了一个初步的探索。基于本文自身的特点以及笔者自身的研究功力,还有一些教育优惠制度方面的具体问题尚需在今后进一步展开和论证。

参考文献

[1]阿尔温·托夫勒. 未来的冲击[M]. 孟广均,吴宣豪,黄炎林,等译. 北京:中国对外翻译出版公司,1985.

[2]艾德勒. 六大观念[M]. 郗庆华,译. 北京:生活·读书·新知三联书店,1998.

[3]敖俊梅. 个体平等,抑或群体平等——少数民族高等教育招生政策理论探究[J]. 清华大学教育研究,2006(6).

[4]奥尔德里奇. 简明英国教育史[M]. 李洪绪,尹斌苗,译. 北京:人民教育出版社,1987.

[5]波斯纳. 法律与经济分析[M]. 蒋兆康,译. 北京:中国大百科全书出版社,1997.

[6]波斯纳. 法理学问题[M]. 苏力,译. 北京:中国政法大学出版社,2001.

[7]E. 博登海默. 法理学:法律哲学与法律方法[M]. 邓正来,译. 北京:中国政法大学出版社,1999.

[8]詹姆斯·M. 布坎南. 自由、市场和国家　　20世纪80年代的政治经济学[M]. 吴良健,桑伍,曾获,译. 北京:北京经济学院出版社,1988.

[9]曹洪."不让一个孩子掉队"法案之回顾与启示[J]. 外国中小学教育,2008(2).

[10]曾凯. 我国高校教师激励机制问题的研究[D]. 重庆:西南大学,2008.

[11]查有梁. 教育建模[M]. 南宁:广西教育出版社,1998.

[12]陈恩伦. 教育法学[M]. 重庆:重庆出版社,2006.

[13]陈鹏,祁占勇. 教育法学的理论与实践[M]. 北京:中国社会科学出版

社,2006.

[14]陈小鸿. 论人的自由全面发展[M]. 北京:人民出版社,2004.

[15]陈学恂. 中国近代教育文选[G]. 北京:人民教育出版社,1983.

[16]陈颐. 简论以制度为学科对象的社会学[J]. 社会科学研究,1988(3).

[17]陈永忠. 经济新学科大辞典[M]. 北京:三环出版社,1991.

[18]陈有春,奉艳云. 新中国高校学生资助制度的历史嬗变[J]. 湖南农业大学学报(社会科学版),2006(1).

[19]陈中原. 中国教育平等初探[M]. 广州:广东教育出版社,2004.

[20]成有信. 九年普及义务教育[M]. 北京:人民教育出版社,1985.

[21]崔彩贤,杜德鱼,谷爱仙. 关于构建有中国特色社会主义教育法律体系的探讨[J]. 陕西师范大学学报(哲学社会科学版),2003(5).

[22]戴剑波. 权利正义论——基于法哲学与法社会学立场的权利制度正义理论[M]. 北京:法律出版社,2007.

[23]德沃金. 至上的美德[M]. 冯克利,译. 南京:江苏人民出版社,2003.

[24]德沃金. 自由的法[M]. 刘丽君,译. 上海:上海人民出版社,2001.

[25]罗纳德·德沃金. 认真对待权利[M]. 信春鹰,吴玉章,译. 北京:中国大百科全书出版社,1998.

[26]恩斯特·卡西尔. 人论[M]. 甘阳,译. 上海:上海译文出版社,2004.

[27]拉法格. 思想起源论[M]. 王子野,译. 北京:生活、读书、新知三联书店,1963.

[28]《法学词典》编委会. 法学词典[M]. 上海:上海辞书出版社,1984.

[29]樊纲. 中华文化、理性化制度与经济发展[J]. 二十一世纪,1994(6).

[30]丰向日. 教育平等观念在中国[D]. 上海:华东师范大学教育科学学院,2008.

[31]冯建军. 教育公正需要什么样的教育平等[J]. 教育研究,2008(9).

[32]冯建军. 教育公正——政治哲学的视角[M]. 福州:福建教育出版社,2008.

[33]冯涛. 和谐社会背景下的高校贫困学生资助体系重构[J]. 教育评论,

2007(4).

[34]弗朗西斯·C. 福勒. 教育政策学导论[M]. 南京:江苏教育出版社,2007.

[35]弗里德里希·包尔生. 伦理学体系[M]. 何怀宏,廖申白,译. 北京:中国社会科学出版社,1988.

[36]高家伟. 教育行政法[M]. 北京:北京大学出版社,2007.

[37]高丽,程宝良. 我国特殊教育公平现状及应对策略的研究[J]. 中国特殊教育,2006(6).

[38]格劳秀斯. 战争与和平法[M]. 何勤华,等译. 上海:上海人民出版社,2005.

[39]公丕祥. 教育法教程[M]. 北京:高等教育出版社,2000.

[40]龚向和. 受教育权论[M]. 北京:中国人民公安大学出版社,2004.

[41]顾明远. 教育大词典(第六卷)[M]. 上海:上海教育出版社,1999.

[42]顾明远. 中国教育大全——马克思主义与中国教育(下)[M]. 武汉:湖北教育出版社,1994.

[43]郭彩琴. 教育公平论[M]. 徐州:中国矿业大学出版社,2004.

[44]郭道晖. 法理学精义[M]. 长沙:湖南人民出版社,2005.

[45]郭晓君. 人的全面发展理论初探[J]. 中国人民大学学报,1997(2).

[46]国家教育发展研究中心. 2003 年中国教育绿皮书:中国教育政策年度报告[M]. 北京:教育科学出版社,2003.

[47]哈特. 法律的概念[M]. 张文显,郑成良,杜景义,等译. 北京:中国大百科全书出版社,1996.

[48]哈耶克. 自由秩序原理(上)[M]. 邓正来,译. 北京:生活·读书·新知三联书店,1997.

[49]哈耶克. 自由秩序原理(下)[M]. 邓正来,译. 北京:生活·读书·新知三联书店,1997.

[50]郝铁川. 教育法基础[M]. 上海:上海教育出版社,1998.

[51]何东昌. 中华人民共和国重要教育文献[M]. 海口:海南出版社,1998.

[52]何怀宏.公平的正义[M].济南:山东人民出版社,2002.

[53]何勤华.西方法律思想史[M].上海:复旦大学出版社,2005.

[54]河清.笔墨未必随时代[J].读书,2002(12).

[55]何银辉.高考加分制度的宪法分析[J].湘潭师范学院学报(社会科学版),2007(3).

[56]何致瑜.国际教育政策发展报告2004[M].天津:天津人民出版社,2004.

[57]黑格尔.法哲学原理[M].范扬,张企泰,译.北京:商务印书馆,1979.

[58]洪朝辉.论社会权利的贫困[J].当代中国研究,2000(4).

[59]胡辉华.合理性问题[M].广州:广东人民出版社,2000.

[60]胡劲松.从教育公平看弱势群体的受教育权[N].中国教育报,2001-07-21.

[61]胡艳.关于实施免费师范生制度的思考[J].陕西师范大学学报(哲学社会科学版),2007(11).

[62]扈中平."人的全面发展"内涵新析[J].教育研究,2005(5).

[63]华桦,蒋瑾.教育公平论[M].天津:天津教育出版社,2006.

[64]黄蓓,唐勇.平等原则的法理学考量[J].法制与社会,2007(4).

[65]黄少安.产权经济学[M].济南:山东人民出版社,1995.

[66]黄葳.教育法学[M].广州:广东高等教育出版社,2002.

[67]黄艳芳.远程教育:制度与质量[M].南宁:广西人民出版社,2005.

[68]季卫东.法律程序的意义——对中国法制建设的另一种思考[M].北京:中国法制出版社,2004.

[69]贾馥茗.教育的本质[M].北京:世界图书出版公司北京公司,2006.

[70]江峰,张昕.奥斯特罗姆夫妇与当代制度分析理论[J].中国行政管理,1995(12).

[71]姜昕.公法上比例原则研究[D].长春:吉林大学法学院,2005.

[72]姜昕.论比例原则的正当性基础[J].法学杂志,2008(4).

[73]蒋超.教育法基本问题研究[M].成都:巴蜀书社,2006.

[74]蒋超. 学校法通论[M]. 成都:巴蜀书社,2006.

[75]教育部民族教育司. 实施双语教学,加强少数民族文字教材建设[J]. 中国民族,2001(2).

[76]经济合作与发展组织. 教育政策分析2001[M]. 范文曜,谢维和,等译. 北京:教育科学出版社,2003.

[77]康永久. 教育制度的生成和变革[M]. 北京:教育科学出版社,2003.

[78]考夫曼. 法律哲学[M]. 刘幸义,等译. 北京:法律出版社,2004.

[79]科恩. 论民主[M]. 聂崇信,朱秀贤,译. 北京:商务印书馆,2004.

[80]柯武刚,史漫飞. 制度经济学[M]. 韩朝华,译. 北京:商务印书馆,2000.

[81]孔泾源. 中国经济生活中的非正式制度安排[J]. 经济研究,1992(7).

[82]拉德布鲁赫. 法哲学[M]. 王朴,译. 北京:法律出版社,2005.

[83]劳丹. 进步及其问题[M]. 刘新民,译. 北京:华夏出版社,1990.

[84]劳凯声. 变革社会中的教育权与受教育权[M]. 北京:教育科学出版社,2003.

[85]劳凯声. 教育法论[M]. 南京:江苏教育出版社,1993.

[86]劳凯声. 中国教育法制评论第1—5辑[M]. 北京:教育科学出版社,2002—2007.

[87]黎婉勤. 关于师范生免费教育的若干思考[J]. 教师教育研究,2007(3).

[88]李步云. 宪法比较研究[M]. 北京:法律出版社,1998.

[89]理查德·利基. 人类的起源[M]. 吴汝康,吴新智,林圣龙,译. 上海:上海科学技术出版社,1995.

[90]李昌道. 美国平权措施的宪法争议[J]. 复旦学报(社会科学版),2004(1).

[91]李大钊. 李大钊全集(第三卷)[M]. 石家庄:河北教育出版社,1999.

[92]李丹阳. 封建官当制度和官僚特权政治[J]. 学术研究,2000(10).

[93]李惠宗. 教育行政法[M]. 台北:元照出版有限公司,2004.

[94]李江源,杜长忠.论社会、非社会提供的教育机会平等[J].河北师范大学学报(教育科学版),2008(1).

[95]李江源,王蜜.论教育机会平等[J].河北师范大学学报(教育科学版),2007(7).

[96]李江源.教育制度:概念的厘定[J].河北师范大学学报(教育科学版),2003(1).

[97]李守庸,彭敦文.特权论[M].武汉:湖北人民出版社,2000.

[98]李双元,李赞,李娟.儿童权利的国际法律保护[M].北京:人民法院出版社,2004.

[99]李晓燕.教育法学[M].北京:高等教育出版社,2006.

[100]联合国教科文组织,国际教育发展委员会.学会生存——教育世界的今天和明天[M].华东师范大学比较教育研究所,译.北京:教育科学出版社,1996.

[101]列宁.列宁选集第四卷[M].北京:人民出版社,1995.

[102]林杰.制度分析与高等教育研究[J].北京师范大学学报(社会科学版),2004(6).

[103]林义.制度分析及其方法论意义[J].经济学家,2001(4).

[104]刘复兴.教育政策的价值分析[M].北京:教育科学出版社,2003.

[105]刘国艳.制度分析视野中的学校变革[D].济南:山东师范大学,2007.

[106]龙冠海.社会学[M].台北:台湾三民书局,1985.

[107]娄成武,魏淑艳.公共政策学[M].沈阳:东北大学出版社,2003.

[108]卢洁莹.哲学视野下"教育机会均等"内涵[J].西南民族大学学报(人文社科版),2004(12).

[109]卢梭.论人类不平等的起源和基础[M].高煜,译.北京:商务印书馆,1962.

[110]卢梭.爱弥尔[M].李平沤,译.北京:商务印书馆,1978.

[111]芦杨.浅议中国的基尼系数与贫富差距[J].辽宁行政学院学报,2008

(6).

[112]罗斯科·庞德.法律与道德[M].陈林林,译.北京:中国政法大学出版社,2003.

[113]罗斯科·庞德.通过法律的社会控制[M].沈宗灵,译.北京:商务印书馆,1984.

[114]罗素.西方哲学史(上卷)[M].何兆武,李约瑟,译.北京:商务印书馆,1976.

[115]洛克.政府论(下篇)[M].叶启芳,瞿菊农,译.北京:商务印书馆,1964.

[116]马凤岐.自由与教育[M].北京:北京师范大学出版社,2006.

[117]马骥雄.外国教育管理史略[M].北京:人民教育出版社,1993.

[118]马克思,恩格斯.马克思恩格斯选集[M].北京:人民出版社,1995.

[119]马克思·韦伯.经济与社会[M].林荣远,译.北京:商务印书馆,1997.

[120]马戎.民族社会学——社会学的族群关系研究[M].北京:北京大学出版社,2004.

[121]孟德斯鸠.论法的精神(上)[M].张雁深,译.北京:商务印书馆,1959.

[122]孟德斯鸠.论法的精神(下)[M].张雁深,译.北京:商务印书馆,1963.

[123]孟万金.全社会都要关注残疾儿童教育[J].中国特殊教育,2006(9).

[124]A. J. M.米尔恩.人的权利与人的多样性[M].夏勇,张志铭,译.北京:大百科全书出版社,1995.

[125]米尔斯.社会学的想象力[M].陈强,张永强,译.北京:生活·读书·新知三联书店,2001.

[126]米歇尔·W.拉莫特.学校法学:案例和观念[M].南京:江苏教育出版社,2006.

[127]莫江平. 我国公民的平等权及其误区[J]. 广西社会科学,2002(3).

[128]倪愫襄. 制度伦理研究[M]. 北京:人民出版社,2008.

[129]涅尔谢相茨. 古希腊政治学说[M]. 蔡拓,译. 北京:商务印书馆,1991.

[130]宁骚. 公共政策学[M]. 北京:高等教育出版社,2003.

[131]皮埃尔·布迪厄,华康德. 实践与反思——反思社会学导引[M]. 李猛,李康,译. 北京:中央编译出版社,1998.

[132]朴永馨. 特殊教育[M]. 长春:吉林教育出版社,2000.

[133]巴赫金. 巴赫金全集·哲学美学[M]. 钱中文,译. 石家庄:河北教育出版社,1998.

[134]乔·萨托利. 民主新论[M]. 冯克利,阎克文,译. 北京:东方出版社,1993.

[135]秦梦群. 美国教育法与判例[M]. 北京:北京大学出版社,2006.

[136]青木昌彦. 比较制度分析[M]. 周黎安,译. 上海:上海远东出版社,2001.

[137]邱生. 当代日本教育改革与教育立法[M]. 沈阳:辽宁教育出版社,1989.

[138]塞缪尔·P. 亨廷顿. 变化社会中的政治秩序[M]. 王冠华,等译. 北京:生活·读书·新知三联书店,1989.

[139]塞缪尔·亨廷顿. 文明的冲突与世界秩序的重建[M]. 周琪,刘绯,张立平,等译. 北京:新华出版社,1998.

[140]桑德尔. 自由主义与正义的局限[M]. 万俊人,译. 北京:译林出版社,2001.

[141]圣西门. 圣西门选集第三卷[M]. 董果良,赵鸣远,译. 北京:商务印书馆,1985.

[142]苏君阳. 公正与教育[M]. 北京:北京师范大学出版社,2008.

[143]孙绵涛. 教育政策论:具有中国特色的社会主义教育政策研究[M]. 武汉:华中师范大学出版社,2002.

[144]孙培青. 中国教育史[M]. 上海:华东师范大学出版社,2000.

[145]孙霄兵. 教育优先的法理研究[M]. 北京:教育科学出版社,2008.

[146]孙霄兵. 受教育权法理学[M]. 北京:教育科学出版社,2003.

[147]谭光鼎,刘美慧,游美惠. 多元文化教育[M]. 台北:高等教育文化事业有限公司,2008.

[148]滕星,马效义. 中国高等教育的少数民族优惠政策与教育平等[J]. 民族研究,2005(5).

[149]托尔斯顿·胡森. 平等——学校和社会政策的目标[G]//张人杰. 国外教育社会学基本文选. 上海:华东师范大学出版社,1989.

[150]托马斯·R. 戴伊. 理解公共政策[M]. 彭勃,等译. 北京:华夏出版社,2004.

[151]万传华,陈何. 中国高考加分规定的法律问题研究[J]. 社会与法制,2005(7).

[152]万明钢. "积极差别待遇"与"教育优先区"的理论构想[J]. 教育研究,2002(5).

[153]汪丁丁. 制度分析基础讲义 I ——自然与制度[M]. 上海:上海人民出版社,2005.

[154]汪丁丁. 制度分析的特征及方法论基础[J]. 社会科学战线,2004(6).

[155]王川. 西方经典教育学说[M]. 成都:四川人民出版社,2000.

[156]王鉴. 论中华民族多元文化教育[J]. 青海民族研究(社会科学版),2000(2).

[157]王蕾. 宪法平等规范的诠释观:理念、规范与实践[M]. 北京:法律出版社,2008.

[158]王天一,夏之莲,朱美玉. 外国教育史(下册)[M]. 北京:北京师范大学出版社,1993.

[159]王晓迪. 美国多元文化主义权利理论评析[D]. 乌鲁木齐:新疆大学,2008.

[160]王晓辉. 法国新世纪教育改革目标:为了全体学生成功[J]. 比较教育研究,2006(5).

[161]威尔·金里卡. 少数的权利[M]. 邓红风,译. 上海:上海译文出版社,2005.

[162]威廉·L. 休厄德. 特殊儿童——特殊教育导论[M]. 孟晓,等译. 南京:江苏教育出版社,2007.

[163]威廉·N. 邓恩著,谢明,伏燕,朱雪宁译. 公共政策分析导论[M]. 北京:中国人民大学出版社,2002.

[164]魏姝. 政策中的制度逻辑——美国高等教育政策的制度逻辑[M]. 南京:南京大学出版社,2007.

[165]温辉. 受教育权入宪研究[M]. 北京:北京大学出版社,2003.

[166]C. W. 沃特森. 多元文化主义[M]. 叶兴艺,译. 长春:吉林人民出版社,2005.

[167]吴康宁. 教育社会学[M]. 北京:人民教育出版社,1998.

[168]吴宁. 社会弱势群体权利保护的法理[M]. 北京:科学出版社,2008.

[169]吴清山. 教育法规理论与实务[M]. 台北:心理出版社,2006.

[170]吴汝康. 人类的起源和发展[M]. 北京:科学出版社,1980.

[171]西塞罗. 论共和国论法律[M]. 王焕生,译. 北京:中国政法大学出版社,1997.

[172]夏勇. 法治源流——东方与西方[M]. 北京:社会科学文献出版社,2004.

[173]夏勇. 人权概念起源[M]. 北京:中国政法大学出版社,1992.

[174]夏勇. 中国民权哲学[M]. 北京:生活·读书·新知三联书店,2004.

[175]向莉娟,孟立军. 教育公平视阈下我国高考加分政策探析[J]. 内蒙古师范大学学报(教育科学版),2008(6).

[176]谢维和. 教育活动的社会学分析——一种教育社会学的研究[M]. 北京:教育科学出版社,2000.

[177]谢维和. 中国的教育公平与教育发展(1990—2005)[M]. 北京:教育

科学出版社,2008.

[178]辛鸣.制度论——关于制度哲学的理论建构[M].北京:人民出版社,2005.

[179]休谟.人性论(下册)[M].关文运,译.北京:商务印书馆,1980.

[180]徐永森,戴尚理.激励原理与方法[M].长春:吉林大学出版社,1991.

[181]徐梓."天地君亲师"源流考[J].北京师范大学学报(社会科学版),2006(2).

[182]许崇德.宪法学[M].北京:中共中央党校出版社,2003.

[183]许育典.法治国与教育行政[M].台北:高等教育文化事业有限公司,2002.

[184]亚里士多德.亚里士多德选集(伦理学卷)[M].苗力田,译.北京:人民大学出版社,1999.

[185]亚里士多德.尼各马科伦理学[M].苗力田,译.北京:中国社会科学出版社,1990.

[186]亚里士多德.政治学[M].吴寿彭,译.北京:商务印书馆,1997.

[187]严复.原强[A]//陈学恂.中国近代教育文选.北京:人民教育出版社,1983.

[188]杨昌勇.新教育社会学:连续与断裂的学术历程[M].北京:中国社会科学出版社,2004.

[189]杨成铭.受教育权的保护和促进[M].北京:中国法制出版社,2004.

[190]杨东平.教育公平的理论和在我国的实践[J].东方文化,2000(6).

[191]杨东平.教育公平是一个独立的发展目标——辨析教育的公平与效率[J].教育研究,2004(7).

[192]杨东平.中国教育公平的理想与现实[M].北京:北京大学出版社,2006.

[193]杨建良.人的动力激励[M].上海:同济大学出版社,1994.

[194]杨仁聪.教育平等与教育公平之辨析[J].黑龙江教育学院学报,2008(6).

[195]杨颖秀.教育法学[M].北京:中央广播电视大学出版社,2004.

[196]姚云.美国高等教育法治研究[M].太原:山西教育出版社,2004.

[197]药师泰藏.公共政策[M].张丹,译.北京:经济日报出版社,1991.

[198]叶必丰.行政法的人文精神[M].武汉:湖北人民出版社,1999.

[199]俞荣根.中国法律思想史[M].北京:法律出版社,2000.

[200]余少祥.弱者的权利[M].北京:社会科学文献出版社,2008.

[201]余秀兰.社会弱势群体的教育支持[M].北京:中国劳动社会保障出版社,2007.

[202]余雅风.论公民受教育权平等保护的合理差别对待标准[M].北京师范大学学报(社会科学版),2008(4).

[203]禹岩.少数民族语言文字在社会主义初级阶段的地位和作用[J].民族语文,1989(2).

[204]袁芳.关于建立和完善我国教育法律体系的思考[D].苏州:苏州大学,2001.

[205]贠杰.公共政策研究的理论与方法[M].郑州:河南人民出版社,2003.

[206]袁久红.正义与历史实践[M].南京:东南大学出版社,2003.

[207]原新利.平等原则的制度正义原理——兼论社会救助制度的正当性[J].法制与社会,2008(2).

[208]袁亚愚,詹一之.社会学历史、理论、方法[M].成都:四川大学出版社,1986.

[209]袁振国.论中国教育政策的转变——对我国重点中学平等与效益的个案研究[M].广州:广东高等教育出版社,1999.

[210]袁振国.中国教育政策评论2008[C].北京:教育科学出版社,2008.

[211]约翰·S.布鲁贝克.高等教育哲学[M].王承绪,郑继伟,张继平,译.杭州:浙江教育出版社,1987.

[212]约翰·罗尔斯.正义论[M].何怀宏,何包钢,廖申白,译.北京:中国社会科学出版社,1988.

[213]翟俊卿.英国《为了全体学生:更高的标准,更好的学校》白皮书评述[J].外国教育信息,2006(3).

[214]张步仁.论马克思的人的全面发展学说及其当代意义[J].南京航空航天大学学报(社会科学版),2003(1).

[215]张福娟,马红英,杜晓新.特殊教育史[M].上海:华东师范大学出版社,2000.

[216]张国庆.公共政策分析[M].上海:复旦大学出版社,2004.

[217]张金马.公共政策分析:概念、过程、方法[M].北京:人民出版社,2004.

[218]张静.学生权利及其司法保护[M].北京:中国检察出版社,2004.

[219]张民选.理想与抉择——大学生资助政策的国际比较[M].北京:人民教育出版社,1998.

[220]张敏杰.中国弱势群体研究[M].长春:长春出版社,2003.

[221]张诗亚.活的教育与教育学的活[J].西南教育论丛,2005(4).

[222]张诗亚.强化民族认同[M].北京:现代教育出版社,2005.

[223]张时飞,唐钧.城乡最低生活保障制度建设的最新进展[J].红旗文稿,2008(3).

[224]张舜徽.仞庵学术讲论集[M].长沙:岳麓书社,1992.

[225]张维平,马立武.美国教育法研究[M].北京:中国法制出版社,2004.

[226]张维平.平衡与制约[M].济南:山东人民出版社,1996.

[227]张维平.维护教育的公益性[J].求是,2005(14).

[228]张文显.法理学[M].北京:法律出版社,1997.

[229]张文显.法理学[M].北京:高等教育出版社,2003.

[230]张宇燕.经济发展与制度选择[J].改革,1994(2).

[231]张宇燕.经济发展与制度选择[M].北京:中国人民大学出版社,1992.

[232]赵连文,张玉玲.社会学论纲[M].开封:河南大学出版社,2006.

[233]赵小红.改革开放30年中国特殊教育的发展及政策建议[J].中国特

殊教育,2008(10).

[234]赵中建.教育的使命——面向二十一世纪的教育宣言和行动纲领[M].北京:教育科学出版社,1996.

[235]郑杭生.社会学概论新编[M].北京:中国人民大学出版社,1987.

[236]郑新蓉,卓挺亚.我国义务教育阶段少数民族文字教材调查研究[J].广西民族学院学报(哲学社会科学版),2004(5).

[237]中国大百科全书总编辑委员会《教育》编辑委员会,中国大百科全书出版社编辑部.中国大百科全书(教育)[M].北京:中国大百科全书出版社,1985.

[238]中国科技促进发展研究中心,希望工程效益评估课题组.希望工程效益评估报告[R].希望月刊,1998(增刊):3.

[239]周三多.管理学[M].北京:高等教育出版社,2000.

[240]周勇.少数人权利的法理——民族、宗教和语言上的少数人群体及其成员权利的国际司法保护[M].北京:社会科学文献出版社,2002.

[241]周永坤.法理学——全球视野[M].北京:法制出版社,1999.

[242]庄哲维.相当性原则在宪法解释上之运用——法学方法论观点考察[D].新北:“国立”台北大学法学系,2004.

[243]邹吉忠.论制度思维方式与制度分析方法[J].哲学动态,2003(7).

[244]邹文开,张蕾.弱势群体子女教育问题研究[M].北京:团结出版社,2006.